# HISTOIRE
# DE
# L'ART
# CHEZ LES ANCIENS.

*TOME SECOND.*

# HISTOIRE
# DE
# L'ART
## CHEZ LES ANCIENS.

Par Mr. J. WINCKELMANN,

*Président des Antiquités à Rome, Membre de la Societé Royale des Antiquites de Londres, de l'Academie de Peinture de St. Luc à Rome, & de l'Académie Etrusque de Cortone, &c.*

OUVRAGE TRADUIT DE L'ALLEMAND.

*TOME SECOND.*

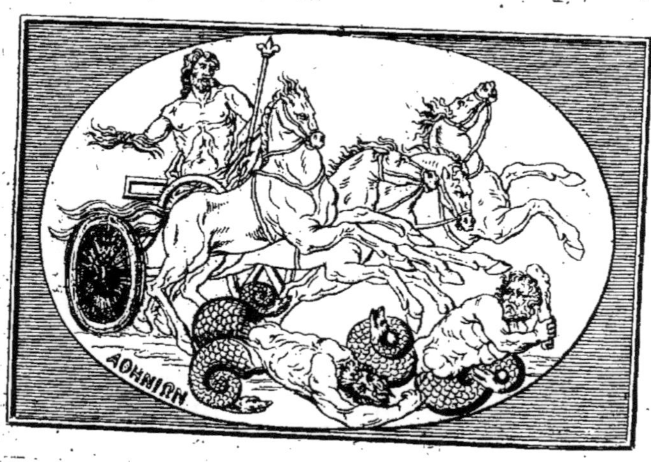


*A PARIS*

Chez SAILLANT, rue S. Jean de Beauvais.

MDCCLXVI.

# EXPLICATION

*Des Figures dont on a orné cette Hiſtoire de l'Art & qui repréſentent des Ouvrages dont les deſſins n'avoient point encore été publiés.*

## NUMERO I.

*Frontiſpice du Tome premier.*

UNE Cornaline du Cabinet de Stoſch, ſur laquelle ſont repréſentés cinq des ſept Héros célebres dans l'Expédition contre Thebes. Cette Pierre dont on donne l'explication dans le Chapitre troiſieme de la premiere partie, eſt peut-être la plus rare & la plus précieuſe qui exiſte.

## NUMERO II.

*En tête de la Préface.*

Un Ouvrage en relief qui ſe voit dans la Maiſon de Campagne du Cardinal Alexandre Albani : les Figures ont deux empans de hauteur. Il faut que ce ſujet ait été fort du goût des anciens Artiſtes, puisqu'il se trouve souvent répété. Il y à au même endroit trois autres morceaux parfaitement ressemblans à celui-ci. Il en est parlé dans le Chapitre quatrieme.

## NUMERO III.

*A la fin de la Préface.*

Une Cornaline du Cabinet de Stoch (p. 315. n. 6.) représentant Prométhée occupé à former un Etre raisonnable, même une Femme, comme l'ont observé Hesiode (1) & Lucien après lui (2). Cette représentation fait allusion à l'origine de l'Art. C'est pourquoi on l'a placée avant le Chapitre premier.

## NUMERO IV.

*Premiere partie. Au commencement du Chapitre premier.*

Ce dessin n'est pas un Monument. C'est un composé de différens morceaux

(1) Theogon vs. 572.
(2) Dial. Prometh. & Jov. p. 204.

qui m'a paru être une représentation convenable au commencement de ce Chapitre. On y voit des morceaux de l'Architecture & de la Sculpture les plus anciennes. Le fragment de Colonne est pris d'un des Temples qui subsistent encore à Pesto. J'ai parlé le premier de ces bâtimens dans la Préface de mes observations sur l'Architecture des Anciens. Il est probable que ces Temples furent construits peu après la LXIIme. Olympiade; & suivant toutes les apparences, ils sont plus anciens que tout ce qui nous reste des édifices Grecs. Le dessinateur auroit dû faire la Colonne un peu plus conique qu'il ne l'a faite. La Statue couchée est du Style Egyptien le plus antique. Le Sphynx viril & barbu est pris d'un Ouvrage en relief de terre cuite qui est au Palais Farnese & dont j'ai parlé dans ma description des Pierres gravées du Cabinet de Stosch (Préf. p. XVII.) Le Vase est un Vase dit Etrusque du Cabinet de Mr. Antoine Raphaël Mengs: on y voit deux personnes auprès d'un tombeau ſur lequel eſt une Urne cinéraire.

## NUMERO V.

*A la fin du Chapitre premier.*

Prométhée aſſemblant les membres de l'homme qu'il fait. C'eſt une alluſion au commencement de l'Art. Cette Pierre eſt dans la collection de Stoſch; & cette idée ſe trouve rendue d'une autre maniere dans le deſſin de la Cornaline que nous venons d'annoncer ci-deſſus Numero III.

## NUMERO VI.

*En tête du Chapitre ſecond.*

Le Sphynx de la pointe de l'Obéliſque du Soleil, qu'Auguſte fit tranſporter à Rome briſé & fort endommagé par le feu. Il ſe voit encore au même endroit où il a été trouvé. Le Sphynx eſt placé ici comme un des plus anciens monumens de l'Art des Egyptiens. C'eſt le ſeul que l'on connoiſſe avec des mains humaines : il tient un Obéliſque.

## NUMERO VII.

*A la fin du Chapitre ſecond.*

Ouvrage imité d'après le Style Egyptien, du temps des Romains. Ce monument n'exiſte plus. On en voit le deſſin dans le Cabinet du Cardinal Alexandre Albani, d'où on l'a pris. On en donne l'explication dans le Chapitre ſecond.

## NUMERO VIII.

*Au commencement du Chapitre troiſieme.*

Trois Figures autour d'un Autel, ſavoir, Apollon, Diane & Mercure. Cet Ouvrage, qui ſe conſerve au Capitole, eſt un véritable monument de l'Art Etruſque, comme on le prouve dans le Chapitre troiſieme où il eſt décrit.

## NUMERO IX.

*A la fin de la seconde Section du même Chapitre.*

Tydée, un des Sept Héros de l'Expédition contre Thebes, dessiné d'après une Cornaline du Cabinet de Stosch (p, 340.) Comme l'Autel du Numero précédent peut être regardé comme un des plus anciens Ouvrages de l'Art Etrusque, ainsi cette Pierre est un des premiers chef-d'œuvres des Artistes de la même Nation.

## NUMERO X.

*Au commencement de la troisieme Section du même Chapitre.*

Un Vase Campanien, très-antique, du Cabinet de Mr. Antoine Raphaël Mengs, où l'Artiste a peint avec beaucoup d'adresse & d'habileté une parodie de l'amour de Jupiter pour Alcmene. On en a donné l'explication en son lieu.

## NUMERO XI.

*A la fin du même Chapitre.*

La forme du même Vase Campanien dont on vient de parler, sert ici de cul-de-lampe.

## NUMERO XII.

*A la tête du Chapitre quatrieme.*

Une Pierre gravée, des plus belles de l'antiquité, bien propre a donner une idée générale de la perfection de l'Art chez les Grecs. Le sujet est Thesée saisi de compassion & de remords à la vue de la beauté de Laya ou Phaya qu'il vient de tuer. Plutarque dans la vie de ce Héros fait mention de cette action, mais d'une maniere très-succincte, & sans en rapporter aucune circonstance. Les autres Historiens n'en parlent point du tout. Cette Cornaline étoit autrefois dans le Cabinet Farnese à Naples, d'où elle a disparu depuis vingt ans.

## NUMERO XIII.

*A la fin de la premiere Section du même Chapitre.*

Cornaline dont il est parlé dans le Chapitre troisieme, représentant Pelée, Pere d'Achille, faisant vœu au Fleuve Sperchion en Thessalie, de lui consacrer la chevelure de son Fils s'il revient sain & sauf du Siege de Troye. Cette Pierre est placée à la fin de cette Section comme un monument du plus ancien Style de l'Art Grec, quoique l'Ouvrage soit Etrusque, parce que dans les temps les plus reculés le Style Grec & le Style Etrusque se ressembloient.

## NUMERO XIV.

*En tête de la seconde Section du même Chapitre.*

Une Pierre gravée en bosse, qui se conserve dans le Cabinet Farnese à Naples: elle représente Bacchus & Ariane. Comme cette Section traite du dessin, &

en particulier du dessin de la beauté, j'avois choisi ces têtes comme un modele de beauté; mais le dessinateur n'a pas atteint tout-à-fait les idées sublimes de beauté qui sont si élégamment empreintes sur l'original, quoique ce soit la troisieme gravure que j'en aie fait faire.

## NUMERO XV.

*Frontispice du Tome Second.*

NB. Nous n'en avons point trouvé l'explication dans l'Original.

## NUMERO XVI.

*Au commencement de la troisieme Section du même Chapitre.*

Deux des plus anciennes Médailles d'argent de Syracuse: l'une est du Cabinet de Stosch, & l'autre est entre les mains de l'Auteur. Elles indiquent le Style le plus ancien des Grecs, dont l'explication commence avec cette Section.

## NUMERO XVII.

*Section cinquieme; au commencement.*

NB. Nous n'avons point trouvé l'explication de cette Pierre Gravée dans l'Original Allemand.

## NUMERO XVIII.

*A la tête du Chapitre cinquieme.*

Le dessein placé au commencement du Chapitre cinquieme fait partie de la gravure d'un Vase cylindrique dont il est parlé dans cet Ouvrage & auquel l'Artiste Romain a mis son nom. Il remonte jusqu'aux plus anciens temps de la République. L'Expédition des Argonautes pour la Colchide, dont furent Castor & Pollux, est gravée sur ce Vase. Lorsque ces Héros Grecs mirent pied à terre dans le pays du Roi Amycus, celui-ci proposa à l'un d'eux de se battre contre lui à coups de courroie, comme il avoit coutume de le proposer à tous les étrangers qui abordoient dans son pays. Pollux plus exercé que les autres dans cette sorte de lutte accepta le défi & vainquit Amycus. La plupart des Historiens (1) prétendent que ce Roi resta mort sur la place. Le seul Théocrite (2) dit que Pollux lui accorda la vie. Il faut que l'Artiste qui a travaillé ce Vase ait suivi une autre tradition qui sans-doute s'est perdue: car ici Pollux attache Amycus à un arbre; & de plus Pallas est présente à ce châtiment: circonstance qu'on ne lit dans aucun Historien. La Figure assise est Castor: il porte un bracelet au bras gauche, & sur la tête une espece de Guirlande, celle sans-doute qui lui étoit particuliere & qu'on nommoit *Stroppus* (1). La Figure debout est un des Argonautes. Une autre Figure couchée au pied de l'arbre garde les habits de Pollux: elle s'enve-

(1) Apollon. Argonaut. Lib. II. vs. 97. Val. Flac. Argon. Lib. IV. Apollod. Bibl. Lib. I, p. 30. b. l. 25. Edit. Rom.

(2) Idyl. XXIII.

(3) Festus verb. Stroppus.

loppe du Manteau du Héros Vainqueur, comme pour témoigner l'horreur que lui inſpire la punition que ſubit le Roi vaincu. Aucun autre monument ne montre ſi diſtinctement les courroies dont les lutteurs s'armoient pour ſe battre. On voit encore quelques particularités qui ne ſe trouvent point ailleurs; par exemple, des ſouliers garnis de courroies de cuir, au moyen deſquelles on pouvoit les ſerrer ou les élargir ſelon la proportion du pied. On voit à la chauſſure de Caſtor des pointes qui ſont ſans-doute des éperons: car il aimoit à monter à cheval:

*— — puerosque Ledæ*
*Hunc equis, illum ſuperare pugnis*
*Nobilem.*

HORAT. *Lib. I. Od. XII.*

Les demi-bottines d'Amycus ſont auprès de lui. Ceux qui vont à la chaſſe aux environs de Rome, en portent encore de pareilles aujourd'hui.

## NUMERO XIX.

*A la fin de la premiere Partie.*

Forme du Vaſe cylindrique dont le Numero précédent contient une partie de la gravure.

## NUMERO XX.

*Au commencement de la ſeconde Partie.*

Bas-relief repréſentant un pere habillé en Sénateur ayant les pieds ſur un eſcabeau & tenant de la main droite le buſte de ſon fils : vis-à-vis de lui eſt une Figure de femme qui paroît répandre de l'encens ſur un chandelier.

## NUMERO XXI.

*A la fin de la troiſieme Section.*

Un Ouvrage en relief où ſont repréſentés Bellerophon & Pegaſe presque de grandeur naturelle. Cet Ouvrage ſe voit au Palais Spada à Rome avec ſept autres de la même grandeur. Tous les huit morceaux servoient de degrés à l'escalier de l'Eglise de St. Agnès de Rome; & telle étoit l'ignorance de ces siecles de ténebres que le côté travaillé étoit en dedans: ce qui, par un effet du hazard a conservé la Sculpture. Ils en furent tirés lorsqu'on raccommoda cet escalier au dernier siecle.

## NUMERO XXII.

*Au commencement de la quatrieme Section.*

Les têtes de Diomede & d'Ulisse prises d'une base antique du Cabinet de Stosch.

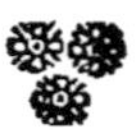

# TABLE DES ARTICLES DU TOME SECOND.



## SUITE

Du Chapitre quatrieme de la Premiere partie.

## TROISIEME SECTION

## QUATRIEME SECTION.

## CINQUIEME SECTION.

## SECONDE SECTION.

## SECONDE PARTIE.

### DU SORT DE L'ART CHEZ LES GRECS.



### PREMIERE SECTION.

## SECONDE SECTION.

## TROISIEME SECTION.

## QUATRIEME SECTION.

## CINQUIEME SECTION.

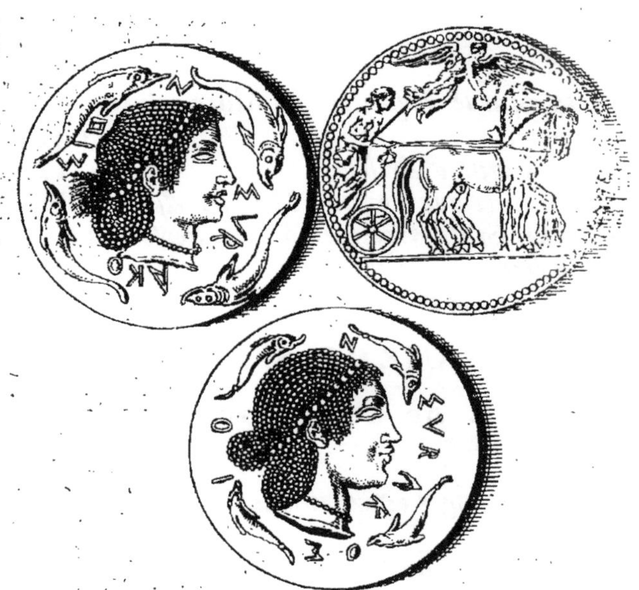

# HISTOIRE DE L'ART CHEZ LES ANCIENS.

---

## SUITE DU CHAPITRE QUATRIEME DE LA PREMIERE PARTIE.

### *SECTION TROISIEME.*

### DES PROGRÈS ET DE LA DÉCADENCE DE L'ART CHEZ LES GRECS.

LA troiſieme ſection de l'hiſtoire de l'Art chez les Grecs, ayant pour objet ſes progrès & ſa décadence, appartient d'aussi près à la nature de l'Art, que la précédente. On trouvera ici quelques Observations générales de la Section que nous venons de finir, déterminées avec plus de précision par leur application à des Monumens remarquables de l'Art dont il sera fait mention dans celle-ci.

*Quatre époques & quatre Styles de l'Art Grec.*

Selon Scaliger, l'Art & la Poésie eurent quatre époques principales parmi les Grecs, & nous pourrions absolument en assigner une cinquieme : car chaque événement ou action a cinq parties, ou cinq degrés, qui sont le commencement, l'accroissement, son état de perfection, ou d'accomplissement, sa décadence & sa fin, & ces cinq parties font la base des cinq actes des Pieces théatrales, & le fondement de cinq époques. Mais, comme la fin est au-delà des bornes de la chose, on ne peut guere à la rigueur considérer l'Art que sous quatre degrés.

Le plus ancien Style embrasse les commencement de l'Art jusqu'à Phidias. Cet Artiste & ses contemporains donnerent à l'Art la grandeur dont il étoit susceptible, de sorte qu'on peut appeller ce second Style le grand & le sublime. Depuis Praxiteles jusqu'au temps de Lysippe & d'Apelles, l'Art acquit plus de graces & d'agrémens, & mérite par conséquent le nom de beau Style. Quelque temps après ces Artistes & la chûte de leur école, l'Art commença à décliner. Leurs successeurs & imitateurs resterent bien loin en deçà d'eux, & ce Style d'imitation amena assez rapidement la corruption & la fin de l'Art.

## §. I. *De l'ancien Style de l'Art Grec.*

DANS cette considération de l'ancien Style de l'Art Grec, nous examinerons d'abord les principaux monumens qui nous en sont restés; cet examen nous fera connoître les propriétés qui le caractérisent; & nous le verrons ensuite se perfectionner, & se changer dans le Style grand & sublime.

### 1. *Des Monumens de l'ancien Style.*

On ne peut alléguer de monumens plus anciens & plus autentiques de cet ancien Style que des Médailles dont le coin & l'inscription attestent la haute antiquité. J'y ajouterai une Cornaline du Cabinet de Stosch.

#### *Médailles.*

L'inscription des Médailles Grecques du plus anciens Style, va de droite à gauche comme celle de la Cornaline dont je veux parler: maniere décrire qui n'étoit plus en usage assez longtemps avant Hérodote. Car, lorsque cet

Hiſtorien met en oppoſition les mœurs & les uſages des Egyptiens avec ceux des Grecs, il dit expreſſément que les premiers écrivoient en un ſens contraire des autres, ſavoir de droite à gauche (1). Je ne me rappelle pas d'avoir lu cette obſervation nulle part, quelque propre qu'elle ſoit à déterminer la forme de l'Ecriture des Grecs. Pauſanias (2) remarque comme une choſe ſinguliere que l'inſcription qui ſe liſoit ſur la baſe de la Statue d'Agamemnon à Elis, qui étoit une des huit Statues qu'Onatas avoit faites d'autant de Heros qui s'étoient offerts à tirer au ſort pour ſavoir qui d'eux combattroit contre Hector, alloit de la droite à la gauche; ce qui paroît avoir été quelque choſe de rare même ſur les plus anciennes Statues; & Pauſanias en jugeoit ainſi puiſqu'il ne le remarque que de cette inſcription-là ſeule.

Parmi les plus anciennes Médailles, on en trouve de quelques villes de la grande Grece, & principalement de Sybaris, de Caulonia & de Poſſidonia ou Pæſtum en Lucanie. Il eſt impoſſible que les premieres aient été frappées

(1) Herodot. Lib. I. p. 56. l. 13.
(2) Pauſan. Lib. V. p. 444. l. 24.
(3) Herodot. Lib. VI. p. 215. l. 3.
(4) On lit VM au lieu de ΣΥ, & le Sigma ſur les Médailles de Poſſidonia ſe trouve auſſi formé comme M.

après la soixante-douzieme Olympiade, dans laquelle Sybaris fut détruite par les Crotoniates (3), & la forme des lettres dans le nom de la ville indique des temps beaucoup antérieurs (4). Le bœuf sur ces Médailles, & le cerf sur celles de Caulonia sont assez informes. On voit un Jupiter sur d'antiques Médailles de cette même ville, & un Neptune sur celles de la ville de Possidonia, qui sont tous les deux d'un meilleur coin, mais du Style appellé communément Etrusque. Neptune tient son sceptre comme une lance & dans l'attitude d'un homme qui voudroit frapper de la lance; il est nud, comme Jupiter, à l'exception seulement d'un vêtement ramassé & jetté par dessus les deux bras comme pour lui servir de bouclier; à peu-près de la même maniere qu'un Jupiter sur une Pierre gravée enveloppe son bras gauche de son égide (5). Les Anciens combattoient quelquefois de cette façon faute de bouclier, comme Plutarque le dit d'Alcibiade (6), & Tite-Live de Tibere Gracchus (7). Le coin de ces Médailles est creux d'un côté & élevé de l'autre, non pas comme dans quelques Médailles

---

Le Rho P a aussi une petite queue en cette maniere *R*. Caulonia est écrit ΛVΑΚ.

(5) Descript. des Pier. gr. du Cab. de Stosch, p. 40.

(6) Alcibiad. p. 388. l. 4.

(7) Liv. Lib. XXV. Cap. 16. Conf. Scalig. Conject. in Varron. p. 10.

Impériales où le coin creux d'un côté est une méprise ; mais on remarque distinctement sur les premieres deux poinçons différens, ce que je puis prouver par celle qui porte un Neptune. Quand il est relevé en bosse il a une barbe & des cheveux crêpus ; quand il est jetté en creux, il est sans barbe & a des cheveux plats. Au premier le vêtement pend en avant sur le bras ; au second il pend en arriere. Là regne à l'entour du bord un ornement qui semble formé de deux cordes lâchement entrelacées, ici cet ornement ressemble à une guirlande d'épis. Des deux côtés le sceptre est élevé.

Du reste il est difficile de prouver, comme quelqu'un l'avance sans preuves (1), que ce ne fut qu'avant ou bien peu après la cinquantieme Olympiade que le Gamma des Grecs s'écrivit de cette maniere C & non pas Γ, ce qui rendroit la connoissance des Médailles du plus ancien Style, douteuse & contradictoire : car il se trouve des Médailles très-bien frappées ou cette lettre paroît sous sa plus ancienne forme. Je ne citerai pour exemple qu'une Médaille de la ville de Gelas en Sicile, qui porte cette inscription CEΛΑΣ, avec un char attelé de deux chevaux, & la partie antérieure d'un Minotaure. Je puis encore prouver le contraire de cette assertion, par une Médaille de la ville de Sé-

(1) Reinold. Hist. Litter. Græc. & Lat. p. 57.

pelle aussi en Sicile où l'on trouve le Gamma rond; & j'espere démontrer dans la seconde Partie de cet Ouvrage que cette Médaille a été frappée longtemps après la cinquantieme Olympiade, même dans la quatre-vingt-quatrieme.

Les Artistes Grecs ne conçurent pas d'abord les vraies idées du beau; ou du moins ils ne parvinrent pas dès le commencement à la perfection de l'exécution. On voit que les Médailles Siciliennes des temps postérieurs surpassent de beaucoup les plus anciennes en beauté. J'en juge d'après des Pieces rares de Leontium, de Messine, de Segeste & de Syracuse, qui se trouvent dans le Cabinet de Stosch. J'ai fait dessiner deux Médailles de cette derniere ville à la tête de cette Section. La tête est une Proserpine. Les têtes de ces Médailles sont dessinées comme celle de Pallas sur les Médailles d'Athenes de la plus haute antiquité. Aucune partie n'est mieux formée; ainsi l'ensemble ne l'est pas mieux non plus: les yeux y sont plats & tirés en long: l'ouverture de la bouche remonte en haut par ses extrémités: le menton est pointu sans aucune sorte d'arrondissement élégant: en un mot, & c'est tout dire, les têtes de femmes se distinguent à peine de celles d'hommes. Cependant le revers est fort beau tant pour le coin que pour le dessin. Mais il y a tant de distance d'un dessin en miniature à un dessin en grand, que l'on ne peut rien conclure du premier au second,

Il étoit beaucoup plus facile de bien dessiner une petite Figure entiere de la grandeur d'un pouce, que de bien exécuter une tête de la même grandeur. La forme de ces têtes porte donc les caracteres indiqués des Styles Egyptien & Etrusque ; & c'est une preuve de la ressemblance des commencemens de l'Art chez les Egyptiens, les Etrusques & les Grecs, comme je l'avois annoncé dès l'exorde de cette Histoire ; & les Chapitres précédens en fournissent des preuves.

*Pierre gravée.*

La Cornaline du Cabinet de Stosch (1), qui représente Othryade mourant paroît être d'un Style aussi ancien que les Médailles dont je viens de parler. Suivant l'inscription, l'Ouvrage doit être réputé Grec. L'Artiste y a représenté le Lacédémonien Othryade mourant, avec un autre Guerrier blessé : le premier, ainsi que le dernier, s'arrache de la poitrine la fleche mortelle, & écrit avec son sang sur son bouclier ce mot A LA VICTOIRE (2).

---

(1) Descript. des Pierr. Grav. du Cabinet de Stosch, p. 405.

(2) Lucien & d'autres (*Lucian. Contemp. Cap.* 24. p. 525. *Rhetor. præcep. Cap.* 18. *p.* 20. *Val. Max. Lib. III. Cap.* 2 *&* 4.) disent que le Héros écrivit ce mot avec son sang. Plutarque (*Parall. p.* 545. *l.* 2.) prétend qu'il écrivit sur son bouclier ces deux mots ΔΙΙ ΤΡΟΠΑΙΟΥΧΩΙ, *à Jupiter Victorieux.* Peut-être que

Les Argiviens & les Spartiates se disputant la possession de la Ville de Thyrea, ils choisirent de part & d'autre trois cens hommes pour combattre ensemble, afin d'éviter un carnage général. Ces six cens hommes resterent tous sur la place à l'exception de deux Argiviens, & du seul Othryade du côté des Spartiates. Celui-ci mortellement blessé, ranima ses forces, dressa une espece de trophée des armes des Argiviens, s'arracha le trait de la poitrine, & sur un de ces boucliers il écrivit de son sang la victoire remportée par les Spartiates. Cette guerre se fit vers le temps de Crésus. Les Historiens, Hérodote à leur tête (3), different beaucoup dans la maniere dont ils rapportent cet événement; mais ce n'est pas ici le lieu de faire l'examen critique de ces différences. Le travail de cette Pierre est très-soigné: les Figures ne manquent pas d'expression; mais le dessin en est dur & plat, l'attitude gênée & sans graces. Quand on fait reflexion qu'aucun des morts illustres de l'Antiquité n'a terminé sa vie de la même ma-

l'Artiste a suivi une tradition différente lorsqu'il a mis *à la Victoire*; ou que l'espace étroit qu'il avoit pour exprimer l'idée du Héros la lui a fait resserrer en un seul mot. Du reste il écrit selon le Dialecte Dorien qui étoit propre aux Spartiates, & qui porte au Datif NIKAI au lieu NIKHI. On peut consulter la Dissertation que j'ai faite sur cette Pierre dans ma Description des Pierres gravées du Cabinet de Stosch.

(3) Herodot. Lib. I. Cap. 82.

niere & dans les mêmes circonſtances ; que la mort généreuſe & triomphante d'Othryade l'a rendu reſpectable aux ennemis même de Sparte, puiſqu'on lui dreſſa une Statue à Argos, on conviendra que cette repréſentation ne peut être appliquée à aucun autre Héros. On croira auſſi aiſément qu'il devint l'objet des Artiſtes de ce temps qui s'empreſſerent d'illuſtrer ſa mémoire, ce qui eſt très-vraiſemblable par la forme de l'inſcription du bouclier écrite de droite à gauche. Comme du reſte ſa mort ſe rapporte entre la cinquante & la ſoixantieme Olympiade, cet Ouvrage nous indiqueroit le Style de l'Art au temps d'Anacréon. Par conſéquent l'Emeraude de Polycrate, Tyran de Samos, taillée par Théodore, pere de Telecles, lui auroit reſſemblé pour l'ouvrage.

### *Des Ouvrages en marbre.*

Quant aux Ouvrages de Sculpture de cet ancien Style, je n'en rapporterai aucun, ne voulant parler que de ce que j'ai vu & examiné par moi-même. Cette raiſon m'empêche de parler d'un Ouvrage en relief des plus antiques, qui a paſſé en Angleterre. Il repréſente un jeune Lutteur qui ſe tient de bout devant la Statue

---

(1) Fontanin. Antiq. Hort. Lib. I. Cap. 6. p. 116. Montfauc. Antiq. expl. Tom. I. Part. II. Pl. CLXXIV.

de Jupiter : je l'indique au commencement de la seconde Partie.

Les amateurs de l'Antiquité croient découvrir le plus ancien Style dans un Ouvrage en relief du Capitole, qui représente trois Bacchantes (1) & un Faune avec cette inscription ΚΑΛΛΙΜΑΧΟΣ ΕΠΟΙΕΙ. Ce Callimaque doit être celui qui se contentoit si difficilement (2) & parce qu'il avoit fait une danse de Spartiates (3), on croit la voir dans cet Ouvrage. L'inscription m'en paroît douteuse. On ne peut pas la prendre pour moderne ; mais il se pourroit bien qu'elle eût été imitée & substituée par les Anciens. C'est ainsi que le nom de Lysippe a été mis sur la Statue d'un Hercule qu'on voit à Florence, qui est antique, mais beaucoup moins que la Statue faite par cet Artiste. Un Ouvrage Grec du même Style que celui du Capitole, devroit, selon les idées que nous avons du meilleur temps, remonter beaucoup plus haut dans l'Antiquité que ce Callimaque qui ne peut pas avoir existé avant Phidias. Ceux qui le placent dans la soixantieme Olympiade (4), le font sans aucune raison, & se trompent de beaucoup. Quand on lui donneroit cette ancienneté, elle seroit démentie par la

---

(2) Fontan. Loco cit. Lucatel. Muf. Capitol. p. 36.

(3) Plin. Lib. XXXIV. Cap. 19.

(4) Félibien, Histoire des Archit. p. 22.

maniere dont ſon nom eſt écrit. Car il ſeroit impoſſible qu'un X y entrât : cette lettre n'a été inventée que longtemps après l'époque dont nous parlons. Callimachos s'écriroit en Grec de cet ancien temps ΚΑΛΛΙΜΑΚΗΟΣ, ou ΚΑΛΙΜΑΚΟΣ (1), comme il ſe lit dans une inſcription réellement antique (2). Pauſanias le place après les grands Artiſtes ; ainſi il doit avoir vecu dans un temps où il auroit pu devenir leur égal. Il y a eu un Sculpteur du même nom, le premier qui ait travaillé avec le vilebrequin (3) ; mais le Maître du Laocoon, qui doit être des meilleurs temps de l'Art, s'eſt ſervi de cet inſtrument pour travailler la tête, les cheveux, & la profondeur de la drapperie de cette Figure. De plus on dit que le Statuaire Callimaque a inventé les chapiteaux Corinthiens (4) ; & Scopas, ce fameux Sculpteur, mit des Colonnes de l'ordre Corinthien à un Temple auquel il tra-

(1) Conf. Reinold. Hiſt. Litt. Græc. & Latin. p. 9.

(2) Nouveau Traité de Diplom. T. I. p. 616.

(3) Pauſan. Lib. I. p. 63. l. 25.

(4) Vitruv. Lib. IV. cap. 1.

(5) Pauſan. Lib. VIII. p. 693. l. 19.

(6) Le deſſin ainſi que l'explication de ces Vaſes ſe trouvent dans les éclairciſſemens & les explications que Mr. le Chanoine Mazocchi a donnés des Tables Herculanéennes qui ſe conſervent dans le Cabinet Royal de Portici. Mais les Eſtampes en donnent une mauvaiſe idée : elles ont été faites ſur de miſérables deſſins que j'ai vus. Il paroît donc que l'Auteur a plus conſulté les deſſins que les originaux ; ſans cela il ſe ſeroit aiſément apperçu

vailla dans la quatre-vingt-feizieme Olympiade (5). A ce compte, ce Callimaque auroit du être contemporain des plus grands Artistes, & antérieur au Maître qui fit Niobé, & qui est probablement Scopas, comme nous le verrons dans la feconde Partie, & au Maître du Laocoon : ce qui ne s'accorde pas bien avec le temps & le rang que Pline assigne aux Artistes dont il parle. Il faut encore ajouter à toutes ces raisons, que le morceau dont il s'agit a été trouvé à Horta, contrée habitée par les Etrusques: cette feule circonstance nous autorise à penser que c'est un Ouvrage de l'Art Etrusque; il en porte aussi tous les caracteres.

Comme on prend ce morceau pour un Ouvrage Grec, on prendroit aussi pour des Ouvrages Etrusques trois beaux Vases peints du Cabinet Mastrilli à Naples, ainsi qu'une belle Coupe du Cabinet Royal de Portici, si leur inscription Grecque n'indiquoit le contraire (6).

---

d'une supercherie à l'égard d'un autre Vase plus petit du même Cabinet dont l'infcription porte Junon, Mars & Dédale. Cette infcription n'y est pas peinte comme celles des autres Vases, mais burinée. Sur un autre Vase de la même collection le mot ΔΟΡΔΩΝΟΣ est gravé en gros caractere. L'infcription ΜΑΞΙΜΟΣ ΕΓΡΑΨΕ fur un Vase de la collection qui appartenoit ci-devant au Jurisconsulte Joseph Valetta, peut aussi être justement foupçonnée. Je n'ai pu découvrir ce que ce Vase est devenu. Au moins il ne se trouve pas dans la bibliotheque du Vatican avec le reste des Vases de ce Jurisconsulte de Naples.

## 2. *Caracteres de l'ancien Style Grec.*

On pourroit juger avec plus de certitude de l'ancien Style si nous en avions un plus grand nombre de Monumens, sur-tout de ces Monumens plus caractérisés, comme des Statues & des Bas-reliefs en marbre, qui nous présentassent l'ancienne forme que les Artistes de ces temps reculés donnoient à leurs Figures, & nous fissent connoître le degré d'expression qu'ils y mettoient. Si nous osions conclure de la force d'expression, que l'on remarque dans les parties de leurs petites Figures sur des Médailles à l'énergie qu'elles auroient en grand, & de cette expression à la nature de l'action, nous trouverions que dans ces premiers temps les Artistes donnoient à leurs Figures des attitudes & des actions véhémentes; comme les hommes des âges héroïques, dont ils retraçoient la mémoire, agissoient conformément à l'impétuosité de la Nature, sans gêner leurs passions. Cette conjecture se confirme par la comparaison de ces Ouvrages à ceux du premier Style des Etrusques, avec lesquels ils ont beaucoup de ressemblance.

Nous pouvons réduire les caracteres de l'ancien Style à ceux-ci: le dessein étoit énergique, mais dur, fort & destitué de graces: l'expres-

---

(1) Deipn. Lib. XII. p. 512. E. conf. Descript. des Pier. gr. du Cab. de Stosch, p. 275.

sion trop marquée en altéroit la beauté. Ces caracteres ne se trouvent pas également empreints sur tous les Ouvrages de ce Style : car, comme nous y comprenons l'époque la plus étendue de l'Art Grec, on sent bien que les Ouvrages postérieurs ont du être très-différens des premiers.

On pourroit croire que l'Art conserva plus ou moins ce Style jusqu'à son meilleur temps chez les Grecs, si ce qu'Athenée dit de Stesichorus ne souffroit aucune contradiction (1). Il nous apprend que cet Artistes représenta Hercule avec la massue & l'arc. Plusieurs Pierres gravées nous offrent Hercule ainsi armé, & du reste le dessin a tous les carecteres indiqués du plus ancien Style. Stesichorus & Simonide étoient contemporains, & vivoient dans la soixante-douzieme Olympiade (2), c'est-à-dire du temps que Xercès faisoit la guerre aux Grecs; & Phidias qui porta l'Art à sa perfection fleurissoit dans la soixante-dix-huitieme Olympiade : par conséquent ces pierres auroient du être gravées peu avant ou après cette Olympiade-là. Mais Strabon fait remonter beaucoup plus haut l'époque de ces attributs donnés à Hercule (3). Il en attribue l'invention à Pisandre que quelques-uns font contemporain d'Eumolpe, & que

(2) Bentley's Diss. upon Phalar. p. 36.
(3) Strab. Geogr. Lib. XV. p. 688. C.

d'autres placent dans la trente-troisieme Olympiade : le même Strabon nous assure que les plus anciennes Figures d'Hercule n'avoient ni massue ni arc.

### 3. *Préparation au Style sublime.*

Les caracteres de cet ancien Style étoient pourtant une préparation au Style sublime de l'Art, par la justesse du dessin & la force de l'expression. Car ce Style, malgré sa dureté, étoit très-exact dans le dessin des contours & des proportions, & on remarque une connoissance sûre dans la force qui montre toutes les parties à l'œil. La même route auroit encore élevé l'Art à sa perfection dans nos temps modernes, si les Artistes s'étoient plus scrupuleusement attachés à suivre les contours finis, & l'exposition exacte de toutes les parties, comme Michel-Ange leur en a donné l'exemple. Comme lorsqu'il s'agit d'apprendre la Musique ou une Langue, les sons & les Syllabes ou mots doivent être exprimés avec beaucoup de justesse & de précision pour parvenir à l'harmonie pure & à une prononciation nette & coulante, ainsi le dessin mene à la vérité & à la beauté de la forme, non par des traits incertains, perdus, ou légérement marqués, mais par des contours mâles, tranchans & même quelquefois un peu durs. A mesure que l'Art marchoit à grands

grands pas vers la perfection, la Tragédie s'élevoit par un Style semblable, par des expressions fortes, par une diction grande & majestueuse; Eschyle s'en servoit heureusement pour donner de la dignité à ses personnages, & du poids à ses vraisemblances.

Quant à l'exécution particuliere des morceaux de Sculpture de ces temps antiques, dont il ne s'est conservé aucun Monument (au moins il n'y en a point à Rome), il est très-croyable qu'elle fut soignée avec une étude & une application singulieres. On l'infere de quelques Ouvrages Etrusques & d'une grande quantité de Pierres gravées de la plus haute antiquité. On le présume encore par l'accroissement de l'Art dans les temps modernes. Les prédécesseurs des plus grands Peintres ont fini leurs Ouvrages avec une patience incroyable : leur but étoit d'attacher un prix & une réputation durables à leurs Tableaux par le fini des moindres objets, sentant que l'Art n'étoit pas encore assez perfectionné pour qu'ils pussent atteindre le sublime & le premier beau dans la Peinture. Michel-Ange même & Raphaël, les plus grands Artistes, ont travaillé avec le même soin ; & comme dit un Poëte Anglois, ils ont projetté avec feu, & exécuté avec phlegme (1).

(1) Roscommon's Essay on Poetry.

*Erreurs de quelques modernes ſur l'ancien Style Grec.*

Je terminerai mes obſervations ſur le premier Style Grec, par relever le jugement fautif d'un Peintre François ſur l'Art (1); il nous aſſure que tous les Ouvrages faits depuis Alexandre le Grand juſqu'au temps de Phocas, portent le nom d'Antiques : il ſe trompe dans les deux termes de l'époque. On peut juger par ce que nous avons dit & ce que nous dirons dans la ſuite, qu'il ſubſiſte encore à-préſent des Ouvrages plus anciens qu'Alexandre, & que l'âge de l'Art antique finit avant Conſtantin. C'eſt encore une erreur que de penſer avec le P. Montfaucon (2) qu'il ne s'eſt conſervé aucun Monument de Sculpture Grecque, que depuis le temps que les Grecs ont été ſous la Domination des Romains.

## §. II. *Du Style ſublime de l'Art chez les Grecs.*

L'Art ſe perfectionna en Grece lorſque la Raiſon & la Liberté s'unirent de concert pour éclairer & polir cette belle contrée de la terre.

---

(1) De Piles, Remarques ſur l'Art de Peind. de Du Freſnoy, p. 105.

### 1. *Caracteres du Style sublime.*

L'ancien Style étoit fondé sur un Systême de régles prises de la Nature, mais qui dans la suite s'en étoient éloignées pour devenir idéales; de sorte qu'on travailloit moins d'après la Nature qu'on auroit du imiter, que d'après le Systême idéal qu'on lui avoit substitué. L'Art s'étoit pour ainsi-dire formé une Nature particuliere. Les Réformateurs de l'Art sentirent la nécessité de s'élever contre ce systême, en se rapprochant de la Nature même. Celle-ci leur apprit à changer la dureté & le saillant des parties trop fortement coupées, en des contours coulans; à donner plus de modération & de modestie aux attitudes & aux actions que l'on avoit forcées jusqu'alors, & à se montrer moins savant que beau, grand & sublime. Phidias, Polyclete, Scopas, Alcamenes & Myron s'acquirent une grande réputation par la réforme de l'Art. Leur Style mérite le nom de grand, parce qu'ils donnerent tous leurs soins pour atteindre au sublime. Il faut bien distinguer dans le dessin le dur de l'affilé. Les sourcils sont très-affilés dans les Figures de la plus grande beauté; & l'on auroit grand tort de prendre cette exécution pour un

(a) Antiq. expliq. Tome III, Part. II, p. 6, §. 5.

reſte de la dureté de l'ancien Style. Elle eſt fondée au contraire ſur les idées les plus ſaines de la Beauté, comme nous l'avons remarqué ci-deſſus.

Il eſt pourtant vraiſemblable, & on le juge ainſi par quelques paſſages des anciens Ecrivains, que ce Style ſublime conſerva toujours quelque choſe de roide, que les contours y furent formés d'angles ſaillans, ce qu'indique le mot *quarré* ou *angulaire*, par lequel il eſt caractériſé (1). Car, comme ces habiles Maîtres, tels que Polyclete, fixerent les loix de la proportion pour les différentes parties du corps humain, ils durent déterminer chaque partie dans tous ſes points précis, & il n'eſt pas incroyable qu'on ait ſacrifié quelques degrés de beauté dans la forme à l'exactitude ſenſible de l'expreſſion. Ainſi le ſublime étoit empreint ſur leurs Figures, mais il s'y montroit avec une certaine rudeſſe, en comparaiſon des contours moëlleux & coulans qui caractériſerent les ſucceſſeurs de ces grands Maîtres. C'eſt ainſi qu'il faut entendre la dureté qu'on reprocha à Callon, à Hegias, à Canachus, à Calamis (2) & même à Myron (3); Canachus fut pourtant poſtérieur à Phidias : car il étoit éleve de Polyclete

(1) Plin. Lib. XXXIV. Cap. 19.

(2) Quintil. Inſtitut. Orat. Lib. XII. Cap. 10. p. 1087.

(4) & fleuriſſoit dans la quatre-vingt quinzieme Olympiade.

*Parallele des jugemens des Anciens Ecrivains ſur l'Art avec ceux des Modernes.*

Il ne ſeroit pas difficile de faire voir que les anciens Ecrivains ont ſouvent jugé de l'Art comme les modernes. L'aſſurance de Raphaël dans ſes deſſins, la hardieſſe de ſes Figures, & le tranchant qu'il donnoit avec tant de nobleſſe à l'indication des parties, ont paru une touche dure & roide à quelques-uns qui les comparoient au moëlleux des contours, & à la douceur des formes rondes du Correge. C'eſt le jugement de Malvaſia, hiſtorien ſans goût qui a écrit les vies des Peintres de Bologne. Ainſi des juges peu éclairés traitent de dureté & de négligence la ſublime diction d'Homere & l'antique majeſté de Lucrece & de Catulle, en les comparant avec le poli de Virgile & la douceur d'Ovide. Si au contraire le jugement de Lucain ſur l'Art eſt de quelque poids, il faudra mettre avec lui la Statue de l'Amazone Soſandre, Ouvrage de Calamis, au nombre des quatre modeles les plus parfaits de la beauté du ſexe.

(3) Plin. Lib. XXXIV. Cap. 19.

(4) Pauſan. Lib. VI. p. 483. l. 24.

Pour nous donner une idée de cette belle Statue, il ne ſe contente pas de décrire toutes les parties de ſon habillement (1), il remarque ſurtout ſon air modeſte, & ſon ſourire auſſi fin que chaſte. Cependant le Style de l'Art, ainſi que celui des Ecrivains, ne peut pas être abſolument le même dans tous les Auteurs quoique contemporains. Si de tous les anciens Hiſtoriens il ne nous étoit reſté que le ſeul Thucydide, la conciſion obſcure de ſa diction ne ſeroit pas une regle ſure pour juger de celle de Platon, de Lyſias & de Xénophon dont les paroles coulent doucement comme l'onde pure d'un ruiſſeau qui ſuit ſa pente.

2. *Ouvrages du Style ſublime de l'Art Grec conſervés à Rome.*

Les Monumens les plus conſidérables, & même les ſeuls qu'il y ait à Rome, de ce Style grand & ſublime, ſont, autant que j'en puis juger, la Pallas haute de neuf palmes, de la Ville Albani, que j'ai citée tant de fois, & la Niobé avec ſes filles dans la Ville Médicis. La Pallas eſt digne des grands Artiſtes de ſon temps; & l'on en peut porter un jugement d'autant plus juſte, que la conſervation parfaite de la tête nous la fait voir dans toute ſa beauté originale:

(4) Imag. p. 464.

elle n'a absolument rien souffert, elle est toute aussi belle, toute aussi éclatante qui si elle sortoit des mains de l'Artiste qui l'a travaillée. Cette tête, modele de la plus grande Beauté a les caracteres que nous avons assignés au Style sublime, & on lui trouve une espece de dureté qu'il est plus aisé de sentir que de décrire. On désireroit dans sa physionomie une certaine grace qu'elle obtiendroit par plus d'arrondissement & de douceur dans les traits : il lui manque cette grace que Praxitele, dans l'âge suivant donna le premier à ses Figures, comme nous le dirons dans son lieu. Niobé & ses filles peuvent être aussi regardées comme des Monumens indubitables du même Style. Leur caractere n'est pas précisément de cet air de dureté qui fait attribuer la Statue de Pallas à ce Style ; mais plutôt une idée encore informe de la Beauté, & principalement une grande simplicité tant dans la forme des têtes & dans le dessin des Figures entieres, que dans la drapperie & son exécution. Cette Beauté semble être née sans le secours de l'Art : c'est comme une idée qui se formeroit dans un entendement sublime, s'il lui étoit donné de voir de près la Beauté Divine. La grande unité des formes & des contours paroît de même avoir été exécutée sans effort, comme si elle étoit l'ouvrage, non du ciseau, mais d'une simple pensée ou d'un souffle léger. Ainsi la main agile du grand Raphaël, prompte à exécuter les conceptions de son imagination, ébaucha d'un seul trait de plume le plus beau contour d'une tête de Vierge, & le fixa, sans qu'il fût besoin de le perfectionner dans l'exécution.

## §. III. *Du beau Style de l'Art Grec.*

Il est impossible de parvenir à une connoissance exacte du Style sublime, & à une détermination précise de ses caracteres, après la perte des Ouvrages des Artistes habiles qui y excellerent après avoir réformé l'Art. Mais on peut parler avec plus d'assurance du Style de leurs successeurs que l'on peut appeller le beau Style. Quelques-unes des plus belles Figures de l'Antiquité ont été exécutées, selon toutes les apparences, dans ce bel âge de l'Art; & beaucoup d'autres que l'on ne peut pas rapporter avec certitude à la même époque, en sont au moins des imitations. Le beau Style de l'Art Grec commença à Praxitele, & acquit son plus grand lustre sous Lysippe & Apelles. Nous en donnerons les preuves plus bas. Ainsi ce Style doit être fixé avant & au temps d'Alexandre le Grand & de ses Successeurs.

---

(1) Plin. Lib. XXXIV. Cap. 19.

## 1. *Caracteres & qualités de ce Style.*

Le caractere principal qui distingue le beau Style du Style sublime, c'est la Grace; & sous ce point de vue, les Artistes que je viens de citer en dernier lieu ont été par rapport à leurs prédécesseurs, comme le Guide comparé à Raphaël. Ce qu'on sentira plus clairement en observant le dessin de ce Style & la Grace qui le distingue.

### *Du dessin propre à ce Style.*

Dans le dessin de ce Style, on supprima absolument tout l'angulaire qui jusqu'alors avoit existé dans les Statues des premiers Artistes, dans celles de Polyclete & des autres. Cette perfection de l'Art dans la Sculpture est principalement attribuée à Lysippe qui imita mieux la Nature que ses predécesseurs (1). Celui-ci commença donc à donner de la rondeur & du coulant aux contours de ses Figures, & il n'y laissa que peu de parties anguleuses. C'est ainsi qu'il faut entendre ce que Pline désigne par des Statues quarrées: car le dessin de cette forme s'appelle encore à-présent *quadrature* en terme d'Art (2). Les formes de la Beauté sublime

(2) Lomaz. Idea della Pitt. p. 15.

du siecle précédent servirent encore de regle à celui-ci, parce que la plus belle Nature avoit été le premier Maître. Ainsi Lucien, dans la description de sa Beauté, en prit l'ensemble & les parties principales des Artistes du Style sublime, & il y joignit la douceur & l'élégance de leurs successeurs. Selon lui, la forme du visage devoit ressembler à celle de la Vénus de Lemnos, Ouvrage de Phidias; les cheveux, les sourcils & le front à ceux de la Vénus de Praxitele, avec le tendre & le gracieux des regards de la même. Les mains devoient être celles de la Vénus d'Alcamenes, éleve de Phidias. Il est probable que dans les descriptions de la beauté des mains de Pallas (1), on a toujours entendu parler de la Pallas de Phidias, comme la plus célebre. Cependant des mains de Polyclete signifient les plus belles mains (2).

Il faut se représenter en général les Figures du Style sublime en comparaison de celles du beau Style, comme les hommes des temps héroïques, comme les héros d'Homere, par exemple, vis-à-vis des Athéniens du temps le plus poli & le plus cultivé. Ou pour comparer les Arts aux Sciences, je placerois les ouvrages du premier Style à côté de ceux de Démostene, & les ouvrages du second Style auprès de ceux de Cicéron. Le premier nous entraîne a-

(1) Anthol. Lib. VII. fol. 276 6. Edit. Ald. 1521.

vec véhémence ; le fecond fe fait fuivre volontairement. L'un ne nous laiffe pas le temps de réfléchir fur les beautés de l'exécution ; l'autre nous montre fes graces par une douce lumiere qui les éclaire.

## 2. *De la Grace du beau Style.*

Je dois m'arrêter particuliérement à la Grace qui eft le caractere diftinctif du beau Style. Elle fe forme dans l'air, réfide dans les geftes, & fe manifefte dans l'action & le mouvement du corps ; elle fe montre même dans la parure, & jufques dans le jet de l'habillement. Les Artistes poftérieurs à Phidias, Polyclete, & leurs contemporains, la rechercherent comme eux ; mais ils furent plus heureux dans leurs recherches, ils la trouverent. La véritable raifon vient de l'élévation des idées des premiers, & de l'exactitude fcrupuleufe de leurs deffins : ce point mérite une attention particuliere.

Les grands Maîtres du Style fublime avoient cherché la Beauté dans l'accord parfait des parties & dans une expreffion grande & élevée : c'eft-à-dire qu'ils avoient plutôt cherché le vrai beau que l'agréable. Comme d'ailleurs il n'y a qu'une feule idée de la Beauté, laquelle en eft le modele le plus fublime & toujours femblable à

(2) Ibid. fol. 278. a.

lui-même, elle fut ſans ceſſe préſente à l'eſprit de ces Artiſtes, ils s'efforcerent de faire reſſembler leurs Figures à cette image: ce qui mit néceſſairement de la reſſemblance entre elles. Telle eſt auſſi la cauſe de la reſſemblance qui ſe trouve entre les têtes de Niobé & de ſes filles, dont la différence eſt moins dans le caractere eſſentiel de la beauté, que dans les nuances causées par l'âge. Si donc, comme il eſt probable, la regle fondamentale du Style ſublime, a été de repréſenter le viſage & l'attitude des Dieux & des Héros dans un état de pureté, éloigné de toute agitation intérieure, dans un repos parfait des ſens, & dans une parfaite égalité d'ame, il eſt ſenſible qu'alors on dut négliger la Grace. Au reſte l'expreſſion d'une tranquillité d'ame telle qui je la décrits, exige un eſprit élevé: car „ l'imitation d'une action „ forcée peut être exécutée de pluſieurs manie- „ res différentes, comme l'obſerve Platon (1); „ au lieu qu'un caractere doux & ſage eſt diffi- „ cile à exprimer, & l'expreſſion difficile à com- „ prendre."

Avec des idées auſſi exactes de la Beauté, l'Art commença à s'élever, comme des Etats bien réglés s'aggrandiſſent & ſe perfectionnent par des loix ſéveres. Ceux qui ſuivirent de

(1) Plato Politic. p. 127. l. 43. Edit. Baſ. 1534.

(2) Conf. Liceti Resp. de Quæſit. per epiſt. p. 66.

plus près les Législateurs de l'Art, ne firent pas à leur égard ce que Solon fit à l'égard des loix de Dracon. Ils ne s'éloignerent point des traces de leurs modeles. Mais, comme des loix justes deviennent plus utiles, & que le joug en est plus doux, lorsqu'elles sont expliquées & modérées par la sagesse; ainsi les nouveaux Artistes chercherent à rapprocher de la Nature les beautés sublimes, mais idéales, qui les frappoient dans les Statues de leurs Maîtres, & qu'ils regardoient comme des idées abstraites, & des formes systématiques. Ils parvinrent ainsi à les varier & à leur donner de la Grace. Telle est la Grace qui brille dans les Ouvrages des Maîtres de ce beau Style.

La Grace, ainsi que les Muses (2), fut révérée sous deux noms (3) chez les anciens Grecs; & elle paroît avoir été de deux especes différentes, chacune désignée par un nom particulier, comme Vénus dont les Graces sont les compagnes. L'une est, comme la Vénus céleste, d'une naissance noble & sublime, fille de l'Harmonie, constante & immuable comme les loix éternelles de celle-ci. La seconde Grace tient plus à la matiere, comme la Vénus sortie du sein de la mer: elle est fille du temps, & suivante de la premiere, qu'elle remplace auprès

(3) Pausan. Lib. IX. p. 780. l. 13. Lib. II. p. 254. l. 28. Conf. Euripid. Iphig. Aul. vs. 548.

de ceux qui ne ſont pas voués à la Grace céleſte. La ſeconde Grace ſe dépouille aiſément de ſa grandeur, & converſe avec bonté, mais ſans abaiſſement, avec ceux qui l'aiment. Si elle ne s'empreſſe pas à leur plaire, au moins elle aime à ne pas reſter inconnue. L'autre Grace, compagne (1) des Dieux & leur égale, ſemble ſe ſuffir à elle-même, comme eux. Elle ne fait point d'avances : elle veut être recherchée. Elle eſt trop élevée pour ſe rendre aiſément ſenſible. „ Le ſublime, dit Platon (2), n'a point „ d'image." Elle ne s'entretient qu'avec les ſages, & ſe montre toujours altiere & ſévere pour le peuple. Elle va ſe cacher dans les replis ſecrets de l'ame : elle aime la tranquillité béatifique de la Nature Divine, dont les grands Artiſtes, ſuivant les Anciens, tâchoient de ſe former une image (3). Les Grecs auroient comparé la premiere Grace à l'harmonie Ionique, & l'autre à l'harmonie Dorique.

Il ſemble que le Poëte Divin connût déja cette Grace dans les Ouvrages de l'Art, lorſqu'il repréſentoit avec tant de vérité dans la Figure de la belle Aglaé ou Thalie (4), mariée à

(1) Homer. Hymn. in Vener. vs. 95.
(2) Politic. p. 127. l. 43.
(3) Plat. Politic. p. 466. l. 34.
(4) Hom. Iliad. σ'. vs. 382. & Pauſan. loco cit. p. 781. l. 4.
(5) Plat. Politic. p. 123. l. 9.

Vulcain, dont elle est pour cela appellée ailleurs la compagne (5) : elle travailloit avec lui à la création de la Pandore divine (6). C'étoit cette Grace que Pallas versa sur Ulisse (7), & que Pindare a célébrée (8). C'est à cette Grace que les Auteurs du Style sublime sacrifierent. Elle guidoit le ciseau de Phidias dans la formation du Jupiter Olympien, & elle étoit représentée, à la base, à côté de Jupiter sur le char du Soleil (9). Dans l'original de l'Artiste elle formoit de concert avec l'Amour, l'arc superbe des sourcils du Pere des Dieux & répandoit la douceur & la clémence sur son regard majestueux. Assistée par les heures, ses sœurs divines, elle couronnoit de beauté la tête de Junon à Argos (10) : cette tête fut son Ouvrage, elle s'y reconnut, elle avoit conduit la main de Polyclete pour la faire si belle. Elle sourioit finement & innocemment dans la Sosandre de Calamis, elle se cachoit avec une décence modeste sur son front & dans ses yeux, & se jouoit naïvement dans le jet & entre les plis naturels de son habillement simple. Elle inspira le Maître de Niobé : elle l'éleva dans la

(6) Hesiod. gen. Deor. vs. 583.

(7) Hom. Od. θ. vs. 18.

(8) Olymp. I. vs. 9.

(9) Pausan. Lib. V. p. 403. l. 4.

(10) Idem Lib. II. p. 148. l. 15.

région des idées ſpirituelles, & lui donna le ſecret d'unir l'excès de la terreur à la plus ſublime Beauté, de créer des eſprits purs, & des formes céleſtes qui ne parlent point aux ſens, mais excitent dans l'ame une contemplation douce de la Beauté par eſſence. Ses Figures en effet paroiſſent ne point être formées pour les paſſions, mais les avoir ſeulement adoptées.

Les Artiſtes du beau Style allierent la premiere Grace à la ſeconde. Comme chez Homere Junon emprunte la cœinture de Vénus pour paroître plus attrayante & plus aimable aux yeux de Jupiter, ainſi ces Maîtres de l'Art tâcherent d'unir à la Beauté ſublime des Graces plus ſenſibles, plus naturelles, & de rendre pour ainſi-dire la grandeur plus ſociable & plus complaiſante. Cette Grace plus facile & plus humaine ſe montra d'abord dans la Peinture d'où elle paſſa dans la Sculpture. Parrhaſius fut le premier à qui elle ſe fit voir, & il l'imita ſi bien que pour prix de ſon habileté elle l'a rendu immortel; peu après cet excellent Artiſte, elle fut également bien rendue en marbre & en bronze. Car, depuis Parrhaſius, contemporain de Phidias, juſqu'à Praxitele dont les Ouvrages, comme l'on ſait, ſe ſont diſtingués de ceux de ſes prédéceſſeurs par une Grace particuliere, il y a un intervalle d'un demi-ſiecle.

On

(1) Lucian. Imag. p. 463. & ſeq.

On peut obſerver, comme une circonſtance remarquable, que le pere de cette Grace dans l'Art, & Apelles (2) qui en peut être nommé le fils, parce qu'il ſe l'eſt tout-à-fait appropriée & qu'il l'a peinte ſéparément ſans ſes deux compagnes (3), ſont nés tous deux ſous le ciel voluptueux de l'Ionie, dans ce même pays, où quelques ſiecles auparavant le pere des Poëtes fut auſſi favoriſé de la Grace la plus ſublime. Epheſe étoit la patrie de Parrhaſius & d'Apelles. Parrhaſius doué d'une ſenſibilité tendre, fruit heureux de l'influence d'un ciel ſi pur, & inſtruit par un pere qui s'étoit acquis de la réputation dans ſon art, vint à Athenes, & lia une étroite amitié avec le Sage, docteur des Graces, qui les fit connoître à Platon & à Xénophon.

La variété que l'on mit dans l'expreſſion ne fit point de tort à l'harmonie & à la grandeur du beau Style; l'ame ſe montra partout comme dans le criſtal d'une eau tranquille, ſans prendre jamais aucun trait forcé. Dans la repréſentation de la plus grande ſouffrance, la douleur quoique parvenue au dernier dégré de force reſte concentrée au dedans, comme dans Laocoon: & ſur des Médailles de l'Iſle de Naxos, la joie empreinte ſur le viſage d'une Bacchante y gliſſe doucement comme un Zéphir qui ſe joue entre

(2) Pauſan. p. 781. l. ult.
(3) Plin. Lib. XXXV. Cap. 6. n. 10.

les feuilles des arbres sans presque les toucher. L'Art philosophoit avec les passions, comme Aristote le dit de l'esprit.

### 3. *De l'Art dans la représentation des Enfans.*

Quand le Style sublime de l'Art ne se seroit pas abaissé jusqu'à la forme imparfaite des enfans, & qu'il se seroit toujours occupé à représenter des conformations complettes, sans s'exercer sur des corps enfantins chargés de chairs superflues, sur quoi nous n'avons aucune certitude ; il est toujours sûr que le beau Style, en cherchant le tendre & le gracieux, a fait souvent de la nature enfantine l'objet de ses travaux. Aristide qui peignit une mere morte avec son enfant encore pendant à sa mammelle (1), aura sans doute aussi représenté des enfans un peu plus grands. L'Amour, se montre sur les plus anciennes Pierres gravées, non comme un enfant, mais sous les traits d'un Adolescent. Tel il est sur une belle Pierre qui appartient au Commandeur Vettori à Rome (2). A en juger par le forme des lettres du nom de l'Artiste ΦΡΥΓΙΛΛΟΣ, ce doit être une des Pierres des plus antiques. L'Amour est couché, le corps un peu relevé comme s'il jouoit : il a deux

(1) Idem ibid. Cap. 36. n. 19.

(2) Descript. des Pier. grav. du Cabinet de Stosch, p. 137.

grandes ailes d'aigle, telles que les portent presque toutes les Divinités suivant l'idée de la plus haute antiquité, & une coquille à deux battans ouverte. Les Artistes qui suivirent Phrygillus, comme Solon & Tryphon, donnerent à l'Amour, une forme plus enfantine, & des ailes plus courtes; & c'est ainsi qu'il est représenté sur la plupart des Pierres précieuses. Tels sont aussi les enfans sur les Vases d'Herculanum, & particuliérement ceux qui se trouvent représentés sur un fond noir, & de même grandeur que de belles Figures de femmes dansantes.

Parmi les plus beaux Amours de marbre qui sont à Rome, il faut en distinguer deux dans la Maison Massini, un au Palais Verospi, un Cupidon dormant dans la Ville Albani, & l'Enfant du Capitole qui joue avec un cigne (3). Ces morceaux font preuve de l'habileté des Artistes anciens dans l'imitation de la nature enfantine. Nous avons de plus beaucoup de belles têtes d'enfans. Mais le plus bel enfant qui nous soit resté de l'antiquité, est un petit Satyre d'environ un an & de grandeur naturelle: il se voit dans la Ville Albani, c'est dommage qu'il soit mutilé. Cet Ouvrage en relief est tellement relevé, que la Figure est presqu'entiérement à découvert. Cet enfant couronné de lierre boit

(3) Mus. Capitol. T. III. Tav. LXIV.

(problablement d'un outre qui manque) avec tant d'avidité & de volupté que les prunelles sont tout-à-fait tournées en-haut, & l'on n'apperçoit qu'une trace de l'étoile qui est profondément travaillée. Ce morceau & un autre Ouvrage en Bas-relief qui représente un bel Icare auquel Dédale attache les ailes, ont été trouvés au pied du mont Palatin. Tous ces monumens peuvent servir à détruire un ancien préjugé qui s'est changé, je ne sais comment, en une espece de certitude, savoir, que les Artistes modernes ont surpassé de beaucoup les anciens dans les Figures d'enfans.

Le beau Style de l'Art Grec a encore fleuri dans différens Artistes dont le nom est parvenu jusqu'à nous, & qui ont vécu un temps assez considérable après Alexandre le Grand : ce qu'il est aisé de prouver par des Ouvrages de marbre & par des Médailles ; nous en parlerons dans la seconde Partie.

## §. IV. *Du Style d'imitation. Commencement de la décadence & de la chute de l'Art.*

Les Artistes de l'antiquité ayant poussé jusqu'au dernier degré l'étude des proportions & des formes de la Beauté, & déterminé avec la derniere précision les contours des Figures & de toutes leurs parties, on ne pouvoit rester endeçà ni aller au-delà des bornes qu'ils avoient fixées, sans pécher contre les regles de l'Art.

L'idée de la Beauté ne pouvoit s'élever plus haut. L'Art ne pouvant plus avancer, devoit nécessairement retrograder par la fatalité qui veut que les choses qui ne peuvent plus monter, retombent, la stabilité n'étant pas un appanage de la Nature créée.

### I. *Décadence de l'Art occasionnée d'abord par l'esprit d'imitation.*

Les Dieux & les Héros avoient été représentés sous toutes les attitudes & les sites possibles. La somme des formes étoit pour-ainsi-dire épuisée. Il n'étoit guere possible d'en imaginer de nouvelles: circonstance qui ouvrit la carriere de l'imitation. Celle-ci borna & rétrécit l'imagination. Comme il sembloit impossible de surpasser un Praxiteles ou un Apelles, on s'efforçoit de les égaler, & l'on restoit toujours ainsi sous le joug de l'imitation. L'Art eut le même sort que la Philosophie. Il y eut alors dans le premier, comme dans la derniere, des Eclectiques qui manquant de force & de génie pour inventer, se bornerent à rassembler plusieurs beautés dispersées pour en former un beau unique. Comme les Eclectiques ne peuvent être estimés que les copistes des philosophes, n'ayant rien produit d'original, de-même ceux qui suivirent la même méthode dans l'étude de l'Art, ne furent que des imitateurs serviles qui ne produisirent rien de parfait & d'original. Les extraits que les

Eclectiques firent des Ouvrages des Anciens, furent cause que ceux-ci furent négligés & se perdirent. Il en arriva autant aux Ouvrages originaux de l'Art qu'on négligea pour les copies que les imitateurs en avoient faites & où ils croyoient bonnement en avoir rassemblé les beautés.

### 2. *De l'application à l'accessoire, aux dépens de l'essentiel, seconde cause de la décadence de l'Art.*

L'esprit d'imitation manqua de connoissances propres, & ce défaut rendit le dessin timide. On voulut y suppléer par une application minutieuse à des bagatelles que l'Art avoit dédaignées dans les meilleurs temps du Style sublime, comme desavantageuses au vrai beau. Quintilien fait une critique très-fine de ces Artistes en disant que plusieurs d'entre eux auroient mieux travaillé les ornemens de la Statue de Jupiter faite par Phidias, que Phidias lui-même (1). On blâma beaucoup la dureté prétendue des Ouvrages du Style sublime, & l'on se flatta de la corriger encore mieux que n'avoient fait les Artistes du beau Style. A force donc de vouloir donner de la rondeur, de la mollesse & du coulant aux par-

(1) Quintil. Institut. Orat. Lib. II. Cap. 3.
(2) Plutarch. de Mus. p. 2081. l. 22.
(3) L'Inscription est ΑΓΟΛΛΩΝΙΟΣ ΑΡΧΙΟΥ

ties que les Maîtres précédens avoient fait puissantes & tranchantes, on en énerva la noblesse & la dignité. On leur donna peut-être plus d'agrément, mais on leur ôta beaucoup de leur signification & de leur vérité. La dépravation du goût prend toujours le même chemin pour altérer le Style de tous les Arts. La Musique abandonna de même l'élévation du Style mâle (2), pour tomber dans la mignardise du Style efféminé. Le beau & le bon se perdent ordinairement dans l'artificiel, parce qu'on veut toujours perfectionner.

Sous le regne des Empereurs & un peu avant, les Artistes commencerent à s'appliquer à donner beaucoup de liberté aux boucles des cheveux en marbre, les laissant pendre & flotter sans gêne : ils marquerent aussi les poils des sourcils, mais seulement aux portraits, ce qui jusques-là n'avoit été pratiqué que sur le bronze & non sur le marbre. Les sourcils sont doucement cisélés sur l'os de l'œil fortement plissé dans une très-belle tête de jeune-homme en bronze, de grandeur naturelle, qui se conserve dans le Cabinet Royal à Portici. C'est un buste complet qui paroît représenter un Héros, travaillé par un Artiste Athénien, nommé Apollonius, fils d'Archias (3). Il n'est pas douteux

ΑΘΗΝΑΙΟΣ ΕΠΟΗΣΕ ; & non ΑΡΧΗΟΥ, comme a lu Bayardi, (Catal. de Monum. d'Ercol. p. 170), ni ΕΠΟΙΗΣΕ, comme dans l'explication de Martorelli

que ce buste, ainsi que celui d'une femme de la même grandeur, n'aient été travaillés dans les bons temps de l'Art. Mais, comme déja dès les temps les plus reculés, & même avant Phidias, on marquoit le jour sur les yeux dans les Médailles, il est sûr que l'on détailloit plus les traits en bronze que sur le marbre. On commença plutôt à les détailler aux têtes idéales d'homme qu'à celles de femme. La seconde tête de bronze dont je viens de parler, quoiqu'elle paroisse faite par le même Artiste que la premiere, a pourtant les sourcils tirés en arc effilé, à la maniere antique.

---

(*de Regia Theca Calamar. Lib. II. cap.* 5. *p.* 426.) Le premier prend ΕΠΟΗΣΕ qui devroit être ΕΠΟΙΗΣΕ pour une ancienne maniere d'écrire, ce qui est vrai en ce sens qu'on le fait dériver d'un ancien verbe Eolien ποέω (*Conf. Chischull ad Inscript. Sig. p.* 39). Cependant ce verbe se trouve chez quelques Poëtes, comme Aristophanes (*Equit. Act. I. Sc.* 3.) & Théocrite (*Idyl. X. vs.* 38); il se trouve avec la même forme dans l'Inscription de la Vénus de Medicis, ainsi que dans une autre Inscription qui se lit dans la chapelle de Pontanus à Naples (*Sarno Vit. Pontan. p.* 97), & qui surement est d'un temps postérieur. On revoit encore ce mot dans l'Inscription suivante que j'ai tirée des Manuscrits de Fulvius Ursinus, conservés à la Bibliotheque du Vatican.

3. *Conjectures sur l'étude & l'empressement de quelques Artistes pour faire refleurir le meilleur Style de l'Art.*

La décadence de l'Art dut être très-sensible à ceux qui comparerent le Style d'imitation aux deux Styles précédens, le beau & le sublime. Il est à croire que quelques Aristes touchés de cette décadence firent des efforts pour rendre à l'Art la maniere sublime qu'il avoit sous leurs prédécesseurs. Comme toutes les choses de ce monde sont sujettes à un flux & reflux perpétuel, il a pu arriver que ces Maîtres bien intentionnés imiterent le plus ancien Style qui par ses contours peu échancrés aprochoit de près du Style Egyptien. Cette conjecture est fondée

ϹΟΛωΝ
ΔΙΔΥΜΟΥ
ΤΥΧΗΤΙ
ЄΠΟΗϹЄ
ΜΝΗΜΗϹ
ΧΑΡΙΝ.

On le trouve encore sur une autre Inscription dans la Ville Altieri & dans le Recueil de Mr. le Comte de Caylus (*Tome II. Pl.* LXXV. *l.* 8.) Ainsi ce mot n'est pas aussi inusité que le pense Gori (*Mus. Flor Tom. III. p.* 35); & encore moins une assez grande faute pour porter Mr. Mariette à regarder l'Inscription de la Vénus de Medicis pour supposée. *Pier. gr. Tome* I. p. 102.

ſur un paſſage obſcur de Pétrone (1) qui ſe rapporte à l'Art de ſon temps, & dont le ſens eſt encore un problême. Cet Ecrivain parlant des cauſes de la décadence de l'Eloquence, plaint en même temps le ſort de l'Art gâté par un Style Egyptien, petit & très-reſſerré, ſelon la véritable traduction des mots employés par Pétrone. Je crois trouver-là un des caracteres diſtinctifs du Style Egyptien; & ſi cette explication eſt adoptée, il ſuit que les Artiſtes du temps de Pétrone & même avant lui ſeront tombés dans une maniere ſeche, maigre, petite, tant pour le deſſin que pour l'exécution. On pourroit ſuppoſer en conſéquence que, comme dant la Nature les extrêmes ſe touchent & ſe ſuivent, ce Style maigre & ſemblable à celui des Egyptiens a du être la réformation d'une enflure outrée. On pourroit citer pour exemple l'Hercule Farneſe, dans lequel tous les muſcles ſont plus enflés que ne le preſcrit la pureté du deſſin.

Si d'autres circonſtances le permettoient, on trouveroit aiſément l'oppoſé de ce Style dans quelques Ouvrages en relief, qui par rapport à la dureté & à la roideur des Figures peuvent être pris pour Etruſques ou Grecs antiques. Je citerai pour exemple un de ceux qui ſont dans la Ville Albani, & dont le deſſin eſt en tête de

(1) Satyr. Cap. 2. p. 13. Edit. Burm.

la Préface de cette Histoire de l'Art. Cet Ouvrage représente quatre Déesses drappées qui vont pour-ainsi-dire en procession. La derniere porte un long sceptre. Celle du milieu, qui est Diane, porte un flambeau à la main, & sur l'épaule l'arc & le carquois ; elle touche le manteau de la premiere qui est une Muse, laquelle joue du psaltérion & tient d'une main une tasse dans laquelle une Victoire placée à côté d'un Autel verse une libation. Au premier coup d'œil ce morceau sembleroit être du Style Etrusque ; mais l'Architecture du temple s'y oppose. On pourroit donc croire que c'est un Ouvrage Grec du temps postérieur, dont l'Artiste a voulu imiter l'ancien Style. On voit encore dans le même endroit quatre Ouvrages en relief ressemblans à celui-ci, avec la même représentation. L'étroit & le resserré fut même recherché dans l'habillement de ce temps-là : car les Orateurs Romains qui avoient porté auparavant une robe ample à grands & superbes plis, la changerent sous Vespasien en un habit étroit & serré (2). Du temps de Pline on commença à faire des Statues d'homme avec une drapperie serrée (*pænula* 3).

On pourroit dire aussi que Pétrone se plaint seulement de la grande quantité des Figures de Divinités Egyptiennes qui donnerent alors à

(2) Dialog. de corrupt. eloq. Cap. 39.
(3) Plin. Lib. XXXIV. Cap. 10.

Rome le ton à la superstition, de façon que les Peintres, selon le témoignage de Juvenal, vivoient réellement des Figures de la Déesse. Il ne seroit pas étonnant que l'application des Artistes à travailler ces Figures dans le goût Egyptien, l'eût fait passer sans le vouloir dans leurs autres Ouvrages. On voit encore aujourd'hui des Statues d'Isis habillées tout-à-fait à la façon des Etrusques, & qui pourtant sont prouvées être du temps des Empereurs. J'en puis citer une qui se voit dans le Palais Barberini. Cette opinion ne paroîtra pas étrange à ceux qui savent qu'un seul homme, savoir Bernini, a introduit dans l'Art des défauts qui y subsistent encore à-présent. La même chose a pu arriver bien plus aisément par le concours de plusieurs Artistes, peut-être de la plus grande partie des Artistes qui travaillerent en Figures Egyptiennes.

### 4. *Avec quelle réserve on doit juger des Ouvrages originaux & de leurs imitations dans l'ancien temps.*

On ne sauroit user de trop de réserve pour juger de l'âge réel des Ouvrages de l'antiquité. Une Figure qui paroît être Etrusque, ou du premier Style des Grecs, ne l'est pas toujours. Elle peut être une copie ou imitation des Ouvrages

---

(1) Excerpt. ex Nic. Damasc. p. 514. v. Τελχῖνες,

(2) Demetr. Phal. de elocut. p. 26, l. 19.

plus anciens qui servirent toujours de modeles aux Artistes Grecs des temps postérieurs (1); & tel pourroit être l'Ouvrage en relief cité plus haut. Lorsqu'on voit des Figures Divines qui par des raisons particulieres ne peuvent pas avoir la haute antiquité que semble annoncer le Style, il est évident que la maniere est adoptée & non originale. On adoptoit la dureté de l'ancien Style dans la formation des Dieux, pour leur donner plus de dignité & plus de droit à la vénération des peuples. Car, comme la dureté dans le son des paroles donne de la grandeur au discours, selon le témoignage d'un ancien Auteur (2), de même la dureté & l'exactitude propres de l'ancien Style firent un effet semblable sur les Ouvrages de l'Art. Je ne parle pas seulement du contour des Figures, j'y comprends aussi la forme de l'habillement, & même la façon de porter la barbe & les cheveux, commune aux Figures Etrusques & aux Grecques les plus anciennes. Jupiter sous une telle forme, en imprime plus de respect, & gagne plus d'antiquité. Telle étoit la Statue de Jupiter qui porte pour Inscription IOVI EXSVPERANTISSIMO, qui n'est pas des plus antiques, comme chacun peut aisément le voir (3). Telle est probablement encore la tête d'une Pallas faite

(3) Spon. Misc. Sect. 3. p. 71. conf. Descript. des Pier. gr. du Cab. de Stosch, p. 46.

par Aspasius (1), dont le Style annonce un temps plus ancien que celui qui eſt indiqué par la forme des lettres du nom de l'Artiſte. Cette raiſon fait ſoupçonner à Gori (2) que le Maître Grec qui travailla cette tête avoit une Figure Etruſque ſous les yeux pour modele. On voit ſouvent l'Eſpérance repréſentée dans le plus ancien Style, par exemple, ſur une Médaille du premier des Philippes (3): telle eſt encore une Eſpérance de marbre dans la Ville Ludoviſi (4): trois autres ſur trois Pierres gravées du Cabinet de Stosch, reſſemblent auſſi aux premieres. On peut alléguer, comme un exemple plus récent de l'adoption d'un Style ancien, les portraits drappés à la maniere de van Dyk: drapperie qui plaît beaucoup aux Anglois, & qui réellement eſt plus avantageuſe à l'Artiſte & à la perſonne peinte, que l'habillement ſerré & gêné d'aujourd'hui.

Telles ſont les têtes communément appellées *Têtes de Platon*: ce ne ſont rien autre choſe que des Hermès à qui l'on a donné, au moins pour la plupart, une forme à-peu-près ſemblable à

(1) Stoſch, Pier. gr. Pl. XIII.

(2) Muſ. Etr. p. 91.

(3) Pedruſi Ceſ. Tom. VI. Tav. VI. Le deſſin en donne une idée incorrecte.

(4) Sur la baſe de cette Figure on lit l'Inſcription ſuivante que j'ai publiée pour la premiere fois dans ma Deſcript. des Pier. gr. du Cab. de Stoſch, pag. 302.

celle des pierres sur lesquelles on croit que les premières têtes furent posées : des tresses de cheveux pendent ordinairement des deux côtés comme aux Figures Etrusques. La plus belle des ces têtes en marbre passa, il y a cinq ans, de Rome en Sicile. Cette tête ressemble parfaitement à celle d'une Statue d'homme drappée de la hauteur de neuf palmes, qui fut trouvée, au printemps de l'année 1761, près de Monte Porcio avec quatre Caryatides féminines déja citées. La robe de cette Statue est d'une étoffe légere comme l'annonce la quantité de petits plis qui descendent jusqu'aux pieds. Par dessus cette robe il y a un manteau passé sous le bras droit & sur l'épaule gauche, de façon que le bras gauche appuyé sur la hanche reste couvert. Le bord de la partie du manteau jettée sur l'épaule porte le nom ϹΑΡΔΑΝΑΠΑΛΛΟϹ, écrit avec deux Lamda (λ) contre l'usage ordinaire. Cette lettre se trouve pourtant encore ailleurs aussi inutilement doublée, comme sur une Médaille rare (5) de bronze de la ville Magnesia qui porte

---

Q. AQVILIVS. DIONYSIVS. ET.
NONIA. FAVSTINA. SPEM. RE
STITVERVNT.

(5) Cette Médaille se trouve dans le Cabinet de Mr. Jean Casanova, Peintre pensionné de S. M. Polonoise à Rome. Je suis actuellement occupé à faire une explication de ces Médailles rares & uniques.

cette Inſcription: ΜΑΓΝΗΤ ΠΟΛΛΙΣ au lieu de ΠΟΛΙΣ. Ce nom ne peut déſigner que ce Roi des Aſſyriens bien connu, mais par plus d'une raiſon il eſt impoſſible que cette Statue le repréſente. Ce Roi, ſelon Hérodote, ne portoit point de barbe, & la Statue en a une très-longue. Enſuite elle paroît avoir été faite dans les bons temps de l'Art; & il n'y a aucune vraiſemblance à la rapporter au regne des Empereurs (1). Il eſt probable que les quatre Caryatides, & d'autres qui ſont perdues, portoient le plat-fond d'une Chambre, comme l'indique l'ornement arrondi & relevé dont leur tête eſt ſurmontée.

5. Ca-

(1) On peut faire quelques remarques ſur la forme des lettres: celles qui ont un angle en-haut ont une ligne ſaillante; elles ſont ainſi tracées dans des Inſcriptions & ſur des lampes de terre (*Paſſeri Lucern. T. I. Tab.* XXIV.) La branche ſaillante qui s'y trouve a été priſe juſques-ici pour un caractere des temps poſtérieurs, environ le regne des Antonins: ainſi la Statue ne peut pas être auſſi antique que le Style l'annonce. Dans les écrits tirés des ruines d'Herculanum & ſur une vieille maſure du même endroit (*Pitt. Ercol. T. II. p.* 221) les lettres ſont formées de la même maniere, & particuliérement dans la Diſſertation de Philodemus ſur l'Eloquence, Auteur qui vivoit du temps de Cicéron, & cette écriture,

### 5. *Caractere du Style de la décadence de l'Art : & son opposition avec le Style sublime.*

Pausanias caractérise fort bien la différence du Style de la décadence de l'Art d'avec le Style ancien, quand il dit (2) qu'une Prêtresse des Leucippides, c'est-à-dire de Phœbé & d'Hilaira, fit ôter la tête à une de ces deux Statues, pour lui en substituer une d'un goût plus nouveau, & travaillée dans le Style moderne, croyant ainsi la rendre plus belle. On pourroit appeller ce Style, *petit* ou *plat :* car tout ce qui dans les anciennes Figures étoit rendu avec force & puissance & d'une maniere élevée, étoit lâche, petit & mesquin dans celles du nouveau Style.

---

paroît l'écriture propre du Philosophe Epicurien par la quantité de variations qu'on y remarque. Les lettres Grecques avec des traits saillans étoient déja en usage du temps de la République Romaine. Trois morceaux de ces Ecrits tirés des ruines d'Herculanum & conservés à Vienne dans la Bibliotheque Impériale (*Lambec. Comment. Bib. Vind. T. VIII. p.* 411) peuvent servir à donner une idée de ces lettres. Celles-ci ressemblent parfaitement aux premieres, avec cette seule différence que celles des Ecrits conservés à Vienne sont plus hautes d'environ une ligne.

(2) Pausan. Lib. II. p. 247.

### 6. *De la grande quantité de Portraits en buste, en comparaison du peu de Statues de ce temps.*

Lorsqu'enfin l'Art déclinoit de plus en plus, la grande quantité des anciennes Statues empêcha les Artistes d'en faire de nouvelles. L'on en fit réellement très-peu en comparaison des âges précédens ; & la principale occupation des Artistes fut de faire des têtes & des bustes, c'est-à-dire des Portraits. Le dernier temps de l'Art jusqu'à sa chûte entiere se distingua par ces sortes d'Ouvrages. Il n'est donc pas aussi étrange que quelques-uns le prétendent, de trouver des têtes passables, ou même belles à certains égards, telles que celles de Macrin, de Septime Sévere & de Caracalla : tout leur prix consiste dans l'imitation & l'exécution. Peut-être que Lysippe n'auroit pu mieux faire la tête de Caracalla du Palais Farnese ; mais il est sûr que le Maître qui fit cette tête auroit été incapable de faire une Figure comme celles de Lysippe.

### 7. *Des idées basses que l'on se fit de la Beauté dans ce même temps.*

On croyoit, contre le sentiment des Anciens, que la beauté de l'exécution consistoit à marquer fortement les veines. Sur l'Arc de l'Empereur Septime, on a donné ce prétendu agrément aux mains des Figures idéales de femmes, telles que les Victoires qui portent des trophées ; comme si la force, que Cicéron (1) donne pour un caractere général des mains parfaites, devoit se montrer aussi sur les mains des femmes, & y être exprimée avec la dureté dont je viens de parler. Les fragmens d'une Statue Colossale qui est au Capitole & qui doit avoir été celle d'un Apollon, offre des veines très-finement marquées.

### 8. *Des Urnes Funéraires qui sont presque toutes des temps postérieurs de l'Art.*

La plupart des Urnes Funéraires, de même que les Ouvrages en relief sont de ce dernier temps de l'Art. Ces reliefs ont été sciés des Urnes quarrées oblongues. Quelques Ouvrages en relief travaillés séparément se distinguent facilement des autres par une bordure saillante. Les Urnes sépulchrales se faisoient pour la plupart d'avance, pour les exposer en vente. Les représentations qui s'y trouvent le font ainsi juger : car elles n'ont rien de commun ni avec l'Inscription ni avec la Personne morte. On voit une Urne de cette sorte dans la Ville Albani : elle est endommagée, la face de devant est divisée en trois quartiers ou champs. Sur celui de la droite on voit Ulisse attaché au mât de

(1) Acad. Quæst. Lib. I. n. 5.

son vaisseau, craignant de céder au chant des Syrenes dont l'une joue de la lyre, l'autre de la flûte, & la troisieme chante tenant un rouleau dans la main. Elles ont comme à l'ordinaire des pieds d'oiseau; mais le plus singulier, c'est que toutes les trois ont chacune un manteau qui leur enveloppe le corps. Dans le champ qui est à gauche, des Philosophes assis conversent entre eux. Dans celui du milieu on lit l'Inscription suivante qui n'a aucune connexion avec les deux représentations. Je la mets ici parce qu'elle n'a point encore été publiée.

ΑΘΑΝΑΘωΝ ΜΕΡΟΠωΝ<br>
ΟΥΔΕΙϹ· ΕΦΥ· ΤΟΥΔΕ· ϹΕΒΗΡΑ<br>
ΘΗϹΕΥϹ· ΑΙΑΚΙΔΑΙ<br>
ΜΑΡΤΥΡΕϹ· ΕΙϹΙ· ΛΟΓΟΥ<br>
ΑΥΧΩ· ϹωΦΡΟΝΑ· ΤΥΝΒΟϹ· Ε<br>
ΜΑΙϹ· ΛΑΓΟΝΕϹϹΙ· ϹΕΒΗΡΑΝ<br>
ΚΟΥΡΗΝ· ϹΤΡΥΜΟΝΙΟΥ· ΠΑΙ<br>
ΔΟϹ· ΑΜΥΜΟΝ· ΕΧωΝ.<br>
ΟΙΗΝ· ΟΥΚ· ΗΝΕΙΚΕ· ΠΟΛΥϹ<br>
ΒΙΟϹ. ΟΥΔΕ· ΤΙϹ· ΟΥΠω<br>
ΕϹΧΕ· ΤΑΦΟϹ· ΧΡΗϹΤΗΝ<br>
ΑΛΛΟϹ· ΥΦ ΗΕΛΙωΙ

### 9. *Du bon goût qui s'est conservé même dans le temps de la décadence de l'Art.*

L'Antiquité peut se glorifier d'avoir toujours connu sa grandeur même dans le temps de la décadence de l'Art. Le génie des premiers Grecs n'avoit pas tout-à-fait abandonné leurs descendans. Les Ouvrages médiocres de ceux-ci furent encore travaillés d'après les regles fondamentales qui avoient conduit les plus grands Maîtres à la perfection de l'Art. Les têtes conserverent l'idée générale de la Beauté antique. L'on reconnoît encore la trace pure de la vérité & de l'unité dans l'attitude, l'action & la drapperie des Figures de ce temps. L'élégance affectée, la grace contrainte & peu naturelle, la gesticulation outrée & pleine de contorsions qui déparent les meilleurs Ouvrages de nos Artistes modernes, n'éblouit jamais les sens des Anciens dans aucun temps; & même nous trouvons des Statues du troisieme siecle, à en juger par les ornemens des cheveux, qui sont très-belles, & qu'on peut regarder comme travaillées d'après des Ouvrages plus anciens. Telles sont deux Statues de Vénus de grandeur naturelle, avec leurs têtes originales, qui ornent un Jardin derriere le Palais Farnese: l'une a une belle tête de Vénus, l'autre a celle d'une Dame distinguée de ce temps-là. L'ornement des cheveux est le même aux deux têtes. On voit au Belvedere une Vénus de moindre valeur, dont l'ornement de cheveux, eſt auſſi pareil : il paroît que cet ornement étoit propre au ſexe de ce temps-là. L'Apollon de la Ville Negroni, de la grandeur d'un jeune-homme de quinze ans, peut être mis au nombre des belles Figures de jeuneſſe qui ſoient à Rome. Mais ſa tête repréſente véritablement quelque Prince de ce temps-là, & non pas Apollon. Il y avoit donc encore alors des Artiſtes capables de bien imiter les chefs-d'œuvres des Anciens.

10. *Concluſion de cette troiſieme Section par un Monument ſingulier d'un Art inconnu & difforme, exécuté par des Artiſtes Grecs.*

Je terminerai la troiſieme Section de ce Chapitre par un ouvrage tout-à-fait extraordinaire d'une eſpece de baſalte, placé au Capitole. Il repréſente un ſinge aſſis : ſes pieds de devant repoſent ſur les genoux de ceux de derriere, mais la tête manque. Sur la baſe, au côté droit on lit en caracteres Grecs gravés au ciſeau : „ Ceci a été fait par Phidias & Ammonius, „ fils de Phidias (1)." Cette Inſcription à laquelle on a fait trop peu d'attention, eſt légérement indiquée dans le catalogue manuſcrit d'où Reineſius l'a tirée, ſans même parler de l'ouvra-

(1) Reineſ. Inſcr. Claſſ. II. n. 62. & ex eo Cuper. Apotheos. Hom. p. 134.

ge ſur la baſe duquel elle ſe lit. On pourroit la regarder comme une ſubſtitution moderne, ſi elle ne portoit pas des caracteres évidens de ſon antiquité. Ce monument mépriſable en apparence, mérite un examen particulier à cauſe de ſon Inſcription: je vais communiquer librement ma penſée.

Une Colonie Grecque s'étoit établie en Afrique. La grande quantité de ſinges qu'il y avoit dans cette contrée, fit donner à ces nouveaux colons le nom Grec de *Pithecuſæ*. Diodore prétend (2) qu'ils révéroient les ſinges comme les Egyptiens adoroient les chiens. Ces ſinges courant librement dans leurs habitations, y prenoient tout ce qu'ils trouvoient à leur gré; tant on avoit de complaiſance pour eux! Ces Grecs donnerent des épithetes & des noms honorables à ces animaux, comme on en donne ailleurs aux Dieux; & ils en transporterent quelques-uns à leurs propres enfans. Je m'imagine donc que le ſinge du Capitole fut une Statue de cet animal, objet de la vénération des Grecs Pithécuſes qui voulurent avoir un Dieu de la main de Phidias & d'Ammonius. Autrement je ne vois pas comment les noms de ces célebres Artiſtes Grecs peuvent ſe trouver à un pareil monſtre de l'Art. Suivant cette interprétation, Phidias & Ammonius auroient pratiqué l'Art chez ces bar-

(2) Hiſt. Lib. II. p. 793.

bares. Lorſque Agatoclès, Roi de Sicile, fit la guerre aux Carthaginois en Afrique, ſon Général Eumarus pénétra juſqu'au territoire de ces Grecs, conquit & ruina une de leurs villes. La forme des lettres qui ont des traits ſemblables à ceux des lettres d'Herculanum, ne permet pas de croire que ce ſinge révéré comme une Divinité, ait été tranſporté chez les Grecs comme un Monument extraordinaire. Il ſeroit plus probable que cet Ouvrage eût été fait longtemps après, & puis transporté du pays de ce peuple à Rome ſous le regne des Empereurs. Quelques mots d'une Inſcription Latine qui ſe liſent ſur le côté gauche de la baſe, confirment cette conjecture. Elle étoit rangée ſur quatre lignes dont on voit pluſieurs traces de lettres effacées : ces mots ſeuls ſubſiſtent SEPT. QVE· COS· En conſéquence on pourroit croire que cette race Grecque ſe ſeroit conſervée, & auroit retenu ſon ancienne ſuperſtition juſqu'au temps d'Hérodote. Je citerai à cette occaſion une Statue de femme en marbre, placée dans la Gallerie de Verſailles, que l'on prend pour une Veſtale, & que l'on dit avoir été trouvée à Benzaſi, crue l'ancienne Barca, Capitale de Numidie (1).

(1) Nouv. Mercur. de France, an. 1729. Janv. p. 64.

## 11. *Récapitulation du contenu de cette Section.*

Pour rassembler les différens points que nous avons traités dans cette Section, il faut donner à l'Art Grec, & principalement à la Sculpture, quatre degrés ou quatre Styles, un Style roide & dur, un Style sublime & angulaire, un Style beau & coulant, & enfin un Style d'imitation. La durée du premier s'étend jusqu'à Phidias, celle du second jusqu'à Praxiteles, Lysippe & Apelles ; le troisieme finit avec la chûte de l'école de ces grands Maîtres, & le dernier avec la chûte même de l'Art. Le grand lustre de l'Art n'a pas duré longtemps: son bel âge depuis Périclès jusqu'à la mort d'Alexandre le Grand ne compte que cent-vingt ans ou environ; car alors l'Art commença à décliner. Le sort de l'Art chez les modernes a eu aussi quatres âges ou quatre périodes comme chez les Anciens, avec cette différence toutefois qu'il n'est pas déchu peu-à-peu & par degrés comme chez les Grecs. Dès qu'il eut atteint dans deux hommes seulement toute la perfection qu'il pouvoit avoir eu égard au temps (je ne parle que du dessin), il tomba tout-à-coup. Jusqu'au temps de Michel-Ange & de Raphaël, le Style fut sec & roide: ces deux grands Maîtres rétablirent l'Art & lui donnerent toute la perfection dont il étoit susceptible dans sa restauration. Après un certain intervalle où régna le mauvais goût, vint le Style des imitateurs qui fut celui des

Caraches & de leurs éleves avec les disciples de ceux-ci; & cet âge va jusqu'à Carle Maratte. Mais l'Histoire de la Sculpture est bien plus courte. Elle fleurit dans Michel-Ange & Sansovina, & finit avec eux. Algardi, Fiamingo & Rusconi sont d'un siecle plus moderne.

## *SECTION QUATRIEME.*

### DE LA PARTIE MÉCHANIQUE DE LA SCULPTURE GRECQUE.

*Division.*

APRÈS avoir indiqué les raisons de la prééminence de l'Art des Grecs sur celui des autres nations; remonté jusqu'à son origine, contemplé son essence & ses caracteres; examiné son accroissement, sa décadence & sa fin; nous allons considérer sa partie méchanique dans la quatrieme Section de ce Chapitre. J'entends par la partie méchanique de l'Art, la matiere dont les Sculpteurs Grecs se servirent pour leurs ouvrages, & la maniere dont ils les travaillerent, c'est-à-dire l'exécution.

## §. I. *Des différentes matieres dont les Artistes Grecs se servirent pour leurs Ouvrages.*

Nous avons donné, dans le premier Chapitre, une notice historique générale des différentes matieres employées par les Artistes tant des Grecs que des autres Nations, pour leurs Statues. Je me bornerai ici à parler plus particuliérement du marbre.

### 1. *Du Marbre & de ses différentes sortes.*

Garofalo a fait un Traité des différentes sortes de marbre dont les anciens Historiens font mention : il l'a accompagné de citations détaillées & de la traduction de tous les passages qu'il a trouvé avoir rapport à cette matiere. Ce Traité est fort estimé de ceux qui font beaucoup de cas d'une vaste lecture. Avec toute la peine qu'il s'est donnée pour compiler tant d'Auteurs, il ne nous apprend point en quoi consiste le plus beau marbre, & plusieurs passages remarquables des Anciens, propres à en apprécier les différentes qualités, semblent lui avoir été inconnus. On sait que les Antiquaires, pour relever le prix d'une Statue, ou plutôt de sa matiere, disent qu'elle est de marbre de Paros. Ficoroni indique fort peu de Statues & de Colonnes, sans les faire de ce marbre. Mais c'est un terme de métier adopté & comme juré. Il ne signifie rien ſous la plume de la plupart de ceux qui l'emploient & s'il arrive que le monument dont ils parlent ſoit véritablement de marbre de Paros, on peut dire hardiment que le hazard les ſert mieux que leur ſcience. Je ne puis deviner auſſi ſur quoi fondé Belon prétend que la Pyramide ou le Monument de Ceſtius ſoit de marbre de Thaſe ou Thaſus (1).

### 2. *Des marbres les plus eſtimés. Marbre de Paros. Marbre Penthélien.*

Les marbres blancs Grecs les plus eſtimés, ſont le marbre Parien, nommé auſſi par les Grecs λύγδινος, de la montagne Lygdos dans l'Iſle de Paros (2); & le marbre Penthélien dont Pline ne fait aucune mention (3). Les carrieres de cette derniere eſpece étoient aux environs d'Athenes; on peut prouver par le témoignage de Pauſanias qu'il y avoit dix Statues de cette ſorte de marbre contre une de l'autre ſorte. Mais nous ne ſavons pas poſitivement en quoi conſiſtoit la différence de ces deux marbres.

Il y a du marbre blanc à grands & à petits grains, c'eſt-à-dire compoſé de parties plus fines ou plus groſſieres. Sa perfection conſiſte donc dans la fineſſe des grains & de leur tiſſu. On

---

(1) De Oper. Antiq. præſt. Lib. I. Cap. 7. p. 2551.

(2) Palmer. Exerc. in Auct. Græc. ad Diodor. p. 98.

trouve des Statues dont le marbre paroît comme fondu ou paîtri d'une masse laiteuse sans aucune apparence de grain. C'est-là sans doute le plus beau : & tel étoit apparemment le marbre de Paros le plus rare & le plus estimé de tous. Cette sorte de marbre a de plus deux autres qualités qui manquent au plus beau marbre Carrarien. La premiere est sa molesse, ou pour mieux dire sa douceur : il se laisse travailler comme de la cire, & on en peut faire des ouvrages de la plus grande finesse, comme des cheveux, des plumes, &c. Celui de Carrare au contraire est dur, & s'écaille lorsqu'on le tourmente trop. Sa seconde qualité est sa couleur qui approche de la couleur de chair, au lieu que le Carrarien a une blancheur éblouissante. On voit dans la Ville Albani un buste en relief d'Antinoüs, un peu au dessus de la grandeur naturelle, qui est de la plus belle espece de marbre.

C'est donc sans fondement que Possidonius (4) avance que le marbre de Paros ne se tire que par morceaux, & seulement de la grandeur propre à en faire des vases. Perrault ne se trompe pas moins lorsqu'il prend le marbre à gros grains pour celui de Paros (5). Mais comment auroit-il pu s'en mieux instruire sans

(3) Conf. Caryoph. de Marm. p. 32.

(4) Orig. Lib. XVI. Cap. 5. p. 1214.

(5) Parall. des Anc. & des Mod. Dial. II.

ſortir de France? Les gros grains dans le marbre luiſent comme du ſel foſſile. Il y a un certain marbre nommé *Salinum* qui paroît être ce marbre à gros grains, & avoir reçu du ſel ſa dénomination.

§. II. *De l'exécution.*

QUANT à l'exécution, nous en parlerons, d'abord en général; puis nous traiterons de l'exécution particuliere eu égard aux différentes matieres, ſoit ivoire, pierre, & bronze, autant que l'on peut donner aux Grecs quelques Ouvrages de cette derniere matiere.

1. *De l'exécution en général.*

D'abord, pour ce qui regarde l'exécution en général, tout ce que nous en ſavons ſe réduit à dire que les Sculpteurs Grecs ſuivoient une méthode de travail différente de celle des Artiſtes modernes. Ce qu'il y a de ſûr d'ailleurs, c'eſt qu'ils faiſoient des modeles. Un Auteur célebre (1) croit que Diodore a voulu inſinuer le contraire lorſqu'il dit que les Artiſtes Egyptiens avoient travaillé d'après une meſure exacte, mais que les Grecs jugoient au coup d'œil. Une Pierre gravée du Cabinet de

(1) Caylus ſur quelques paſſages de Pline ſur les Arts, p. 285.

Stosch nous sert à apprécier cette opinion, & nous fait comprendre qu'elle n'est pas fondée (2) : on y voit Prométhée se servant du plomb pour mesurer l'homme qu'il fait. On sait combien on estimoit les modeles du célebre Arcésilas qui fleurissoit peu d'années avant Diodore ; & combien de modeles de terre cuite se sont conservés : on en trouve encore tous les jours. Les Sculpteur doit nécessairement se servir du compas & de l'échelle pour ses Ouvrages ; mais le Peintre doit avoir le coup d'œil fixe & sûr pour mesurer.

La plupart des Statues de marbre sont travaillées d'un seul bloc. Platon en fait même une loi dans sa République (3). Cependant, outre la Statue de l'Antinoüs Egyptien dont nous avons parlé dans le Chapitre second, nous en avons d'autres de deux morceaux : telles sont les deux que l'on voit dans le Palais Ruspoli, qui représentent les Empereurs Adrien & Antonin-Pie. On y apperçoit sensiblement la trace de la jointure à la partie supérieure qui s'est conservée. C'est une chose remarquable que dès le commencement les têtes de quelques-unes des meilleures Statues furent travaillées séparément, & puis ajoutées aux corps. Telles sont les têtes de Niobé & de ses filles qui sont

(2) Descript. des Pierr. Grav. du Cabinet de Stosch, p. 315. n. 6.

(3) Leg. Lib. XII. p. 956. A.

emboîtées entre les épaules, ſans que du reſte on puiſſe en aucune façon ſoupçonner que ces pieces aient été briſées puis recollées. La tête de la Pallas de la Ville Albani eſt auſſi jointe, de même que celles des quatre Caryatides trouvées en 1761. Quelquefois auſſi on travailloit les bras à part, puis on les attachoit aux corps. Tels ſont ceux de la même Pallas & de deux de ces Caryatides.

## 2. *De l'exécution particuliere des Ouvrages ſelon leur matiere.*

### *Des Ouvrages en Ivoire.*

Quant au travail de la matiere, nous parlerons d'abord de l'ivoire. Il paroît que les Statues d'ivoire ont été travaillées au tour. Phidias s'eſt particuliérement diſtingué dans cette ſorte d'Ouvrage: c'eſt lui qui inventa cet art nommé par les Anciens *Toreutice*, c'eſt-à-dire, l'Art de tourner. Il eſt impoſſible que ce fut un autre Art qui tournât le viſage, les mains & les pieds. La ciſelure des vaſes a auſſi été faite ſur le banc des tourneurs, comme la belle coupe de l'Alcimédon dont parle Virgile, qui fut propoſée pour prix à deux bergers.

*Des Ouvrages en Pierre.*

A l'égard des Pierres employées par l'Art, on diſtingue pour l'exécution le Marbre, le Baſaltes, & le Porphyre.

*En Marbre.*

Parmi les Figures de marbre, les unes étoient achevées au ciſeau ſans poliment, les autres étoient polies comme à-préſent. On ne peut guere décider laquelle de ces deux manieres eſt la plus ancienne, parce que les Figures Egyptiennes de la plus haute antiquité, & de la pierre la plus dure, ſe poliſſoient après le travail du ciſeau; & qu'il ſe trouve auſſi quelques Statues de marbre, des plus belles, achevées au ciſeau ſeul ſans aucun poliment, comme ſont le Laocoon, le Gladiateur d'Agaſias dans la Vigne Borgheſe, le Centaure du même endroit, le Marſias de la Ville Médicis, & quelques autres Figures. Un œil connoiſſeur & attentif admire avec quelle dextérité & quelle confiance de Maître le ciſeau a été conduit ſur la Statue de Laocoon pour ne rien perdre des traits les plus ſavans par un traîné toujours difficile à éviter dans des Ouvrages d'une étude ſi réfléchie. La ſurpeau de ces Statues paroît un peu rude en comparaiſon des Statues polies & liſſées, mais c'eſt comme un velours doux comparé à un ſatin luifant, ou comme la peau des anciens Grecs qui n'étoit pas ramollie & fatinée par l'ufage continuel des bains chauds, ni polie par le grattoir, comme le fut dans la fuite celle de leurs defcendans lorfque la molleffe fe gliffa parmi eux. Sur une peau plus naturelle flottoit une transpiration faine, un duvet tendre, tel que celui qui garnit le menton d'un adolefcent (1). Les deux grands lions placés à l'entrée de l'Arfenal de Venife, qu'on y a transportés d'Athenes, font auffi exécutés avec le cifeau feul: néanmoins cette façon de travailler eft plus affectée aux grands Ouvrages de marbre. Cependant les reftes d'une Statue Coloffale, que l'on voit au Capitole, & que l'on croit être des débris du Coloffe d'Apollon que Lucullus fit transporter d'Apollonie à

(1) Ces comparaifons pourroient peut-être mieux éclaicir une expreffion de Denys d'Halicarnaffe jufques-ici fort obfcur, que les difputes favantes & véhémentes de Saumaife (*Not. in Tertul. de Pal. p.* 234. *& fuiv. Confut. Animad. Andr. Cercotii p.* 172. 189.) & du P. Petau (*Andr. Kerckoetii* (*Petavii*) *Maftigoph. Part. III. p.* 106. *& feq.*) Voici cette expreffion il s'agit de la maniere d'écrire de Platon: χνοῦς ἀρχαιοπινής, & χνῦς ἀρχαιότητος (*Epiftol. ad Cn. Pompej. de Plat. p.* 204. *l.* 7). Il y a encore d'autres paffages chez les Auteurs qui fignifient la même chofe, comme le *Litteræ* πεπινωμέναι de Cicéron (*ad Attic. Lib. XIV. Ep.* 17). On pourroit traduire en général l'expreffion Grecque de Denys d'Halicarnaffe, par le *duvet* ou le *coton de l'Antiquité*, en prenant le mot χνοῦς non dans une fignification éloignée & impropre, mais dans fa premiere & naturelle fignifi-

Rome, ſont polis & liſſés. Les pieds ſont de la longueur de neuf palmes, & l'ongle du gros orteil n'a pas moins de ſept pouces & demie: l'orteil lui-même a plus de quatre pouces de circonférence. Le fini du travail au ſeul ciſeau ne peut s'acquérir que par un exercice long & aſſidu, auquel les Artiſtes modernes n'ont guere le temps de ſe livrer.

Mais la plus grande partie des Statues furent polies, & l'on procéda alors au poliment à-peu-près à la maniere d'aujourd'hui. On tire de l'Iſle de Naxos (2) une des Pierres dont on ſe ſervoit pour cet effet, & Pindare nous apprend que c'étoit la meilleure (3). Les Anciens poliſſoient auſſi leurs Statues avec de la cire (4), comme on le fait encore aujourd'hui; mais toute

---

cation: & dans ce ſens il déſigne le poil follet qui commence à ombrager le menton dans la jeuneſſe. Que l'on compare cette expreſſion à l'application que j'en fais ici à la ſurpeau du Laocoon, on ſentira que l'Hiſtorien a voulu dire la même choſe. Hardion (ſur une lettre de Denys d'Halic. à Pompée p. 128.) en voulant expliquer ce paſſage d'après les deux autres ſavans que je viens de citer, le rend encore plus obſcur. Ce mot χνοῦς employé par d'autres Auteurs, comme Ariſtophanes (*Nub. vs.* 974.) a encore le même ſens, exprimant la peau cotoneuſe des pommes.

(2) Plin. Lib. XXXVI. Cap. 10.

(3) Nemes. Od. VI. vs. 107.

(4) Vitruv. Lib. VII. Cap. 9. Plin. Lib. XXXIII. Cap. 40.

la cire en étoit enlevée en les frottant, & il ne faut pas croire qu'il y en restât une couche légere en forme de vernis ou de surpeau. Les passages cités plus bas touchant la maniere de nettoyer les Statues ont été généralement mal-entendus.

On se servit plus tard du marbre noir que du blanc. L'espece la plus dure & la plus fine est communément appellée parangon ou pierre de touche. Nous avons des Figures Grecques entieres de cette pierre. Tels sont entre autres, l'Apollon de la Galerie Farnese, le soi-disant Dieu Aventinus du Capitole, tous deux plus grands que le naturel, deux Centaures appartenans à Mr. le Cardinal Furietti, travaillés par Aristeas & Papias d'Aphrodisium, & une jeune Femme de grandeur naturelle dans la Ville Albani, trouvée à Nettuno.

### *En Basaltes.*

Les Sculpteurs Grecs ont toujours cherché à se distinguer dans le travail des Ouvrages en basaltes, soit en basaltes verdâtre, soit en basaltes noir ou couleur de fer. Nous n'avons aucune Statue entiere de cette espece de pierre. Il nous reste le tronçon d'une Figure d'homme de grandeur naturelle dans la Ville Médicis, & ce morceau annonce une des plus belles Figures de l'antiquité. Il est impossible de la regarder sans admiration, tant pour la science que pour l'adresse de l'Art qui y brillent. Les têtes de basaltes qui sont échappées au ravage des temps, étant du plus beau Style, & achevées avec la plus grande habileté, nous font croire que les Maîtres les plus célebres travaillerent souvent cette sorte de pierre. Outre la tête de Scipion dont je parlerai dans la seçonde Partie, nous connoissons au Palais Verospi celle d'un jeune Héros, & dans la Ville Albani, une tête idéale de femme posée sur une poitrine de porphyre drappée & antique. Mais la plus belle de toutes les têtes de basaltes seroit sans contredit celle que je possede, si elle n'étoit pas endommagée. C'est la tête d'un jeune homme de grandeur naturelle. Elle est toute gâtée à l'exception du front, du contours des yeux, d'un œil & des cheveux. L'ouvrage des cheveux de cette tête, ainsi que de celle qui est au Palais Verospi, n'est point dans le goût des têtes d'hommes en marbre. C'est-à-dire que les cheveux n'y sont point jetés librement par boucles, ni travaillés au tour: ils sont plutôt comme des cheveux coupés courts & finement peignés, tels qu'on en voit à quelques têtes idéales d'hommes en bronze, ou chaque cheveu est, pour-ainsi-dire indiqué séparément. Les cheveux des têtes de bronze faites d'après le naturel sont d'un travail différent. Marc-Aurèle à cheval, & Septime Sévere (ce dernier est dans le Palais Barberini) ont les cheveux bouclés comme les portent leurs Figures en marbre. L'Hercule du Capitole à les cheveux épais & crêpus, comme les ont toutes ses Statues. Il regne dans la chevelure de la tête mutilée un art extraordinaire & je pourrois presque dire inimitable. Cependant il y a dans la Vigne Borioni le tronçon d'un lion du basaltes le plus dur, dont les crins sont travaillés presqu'avec la même finesse. Le poli extraordinaire qu'on étoit obligé de donner à cette pierre, & l'extrême finesse des parties dont elle est composée, ont empêché qu'il ne s'y formât une croute comme il est arrivé au marbre le plus fin, de sorte que les têtes de basaltes ont été trouvées dans la terre avec leur premiere lissure.

*En Porphyre.*

Venons aux Ouvrages de porphyre. Les Anciens ont de beaucoup surpassé nos Artistes dans le travail de cette pierre. Je ne veux pas dire que ceux-ci n'aient aucune connoissance de cette espece de travail, comme le disent indiscrettement des Auteurs inconsidérés, pour ne pas dire ignorans (1); mais il faut avouer que les Anciens s'y sont pris avec beaucoup plus de légéreté & avec des avantages qui nous sont inconnus. Leurs vases de porphyre, tournés réellement sur le banc, nous sont une preuve convainquante de leur supériorité à cet égard. Mr. le Cardinal Albani possede les plus beaux qu'il y ait au monde. Il y en a

(1) Carlencas, Essai sur l'histoire des Belles-Lett. Tome IV.

deux surtout qui ont plus de deux palmes de hauteur : l'un des deux a été acheté par le Pape Clément XI. qui l'a payé trois mille écus Romains. Quelques progrès que les Artistes modernes aient faits dans le travail du Porphyre, ils manquent d'une grande ressource pour la perfection de ces especes d'ouvrages, je veux dire cette eau précieuse qu'on dit avoir été inventée par Cosme de Médicis grand Duc de Florence (2), pour adoucir le fer. Ils savent pourtant rendre cette Pierre maniable.

Dans les temps postérieurs de l'Art, on n'a pas seulement exécuté de grands Ouvrages en porphyre, comme le beau couvercle de la grande & magnifique Urne qui est dans la Chapelle Corsini à St. Jean de Latran, mais aussi des bustes d'Empereurs parmi lesquels il faut distinguer les têtes des douze premiers Empereurs Romains qui sont dans la Gallerie du Palais Borghese. Mais ce ne sont pas ces Ouvrages qui font donner la palme aux Anciens dans le travail du porphyre, c'est la tournure légere des Vases, comme je l'ai dit. On a commencé de nos jours à tourner quelques petits Ouvrages de porphyre : mais pour les plus grands Vases, on ne les a pas faits creux; ceux de porphyre verdâtre du Palais Verospi ne le sont pas ; & quand on les a creusés, comme ceux du Palais

(2) Vasar. Vite de Pitt. Proem. p. 12.

Barberini & de la Vigne Borghese, on les a creusés cylindriquement sans ventre & sans cannelure. Le secret de tourner des Vases de Porphyre d'une forme elliptique à la maniere des Anciens, n'est pourtant pas perdu, comme on peut s'en assurer par un essai fait par les ordres de Mr. le Cardinal Albani, & qui a si bien réussi qu'il ne le cede en rien aux Vases antiques : car le porphyre est creusé jusqu'à l'épaisseur d'une plume ; mais le travail coûte trois fois autant que la matiere : ce Vase est resté treize mois sur le banc du tourneur.

On observera que les Statues antiques de porphyre n'ont ni la tête, ni les mains, ni les pieds de la même pierre, mais seulement de marbre. Il y avoit autrefois dans la Gallerie du Palais de Chigi une tête de Caligula en porphyre ; mais elle étoit moderne & imitée d'après la tête antique de basaltes qui se voit au Capitole. Elle est à-présent à Dresde. Il y a dans la Vigne Borghese une tête de porphyre de l'Empereur Vespasien, qui est de la même date. Il est vrai que l'on connoît quatre Figures entieres de porphyre travaillées deux-à-deux du même bloc : elles sont à l'entrée du palais du Doge à Venise ; mais c'est un Ouvrage Grec des temps postérieurs, ou du moyen âge. Il faut que Jé-

(1) Miscel. Lib. II. Cap. 6. p. 83.

(2) Vid. Franc. Jun. Ind. Artif.

rome Magius ait eu bien peu de connoiſſance de l'Art, pour croire que ce ſoient des Figures d'Harmodion & d'Ariſtogiton, libérateurs d'Athenes (1).

*Des Ouvrages en Bronze.*

*Des Statues conſidérées en elles-mêmes.*

On avoit déja travaillé pluſieurs Statues en bronze avant Phidias. Phradmon, qui le précéda (2), avoit fait douze vaches en bronze (3) dont les Theſſaliens s'emparerent comme d'un riche butin & qu'ils mirent à l'entrée d'un Temple. Pauſanias nous dit que dès les temps les plus reculés, & avant que l'Art fleurît, on faiſoit des Figures de bronze de pluſieurs morceaux en les attachant enſemble avec des cloux. Tel étoit un Jupiter à Sparte (4) fait par Léarque de l'Ecole de Dipœnus & de Scyllis. On a trouvé à Herculanum ſix Figures de femme, de bronze, de grandeur naturelle & au deſſous, travaillées dans ce même goût, c'eſt-à-dire par morceaux. Les têtes, les bras, & les pieds ſont fondus ſéparément: les corps même ne ſont pas d'une ſeule piece. Ces morceaux n'ont pas été ſoudés en les aſſemblant;

(3) Holſten Not. in Steph. v. Ιτων. p. 151.
(4) Pauſan. Lib. III. p. 257.

car en les nétoyant on n'en a trouvé aucune trace ; mais ils ont été joints par des attaches qui s'emboitoient l'une dans l'autre & qu'on nomme en Italie *queues d'irondelle* à cause de leur figure ⋈. Le manteau court de ces Figures est aussi de deux morceaux, savoir une piece de devant & une piece de derriere, jointes sur les épaules où le manteau est représenté boutonné. Une Statue d'un Adolescent, dont la tête a passé du Cabinet des Chartreux à Rome (1) dans la Ville Albani où elle est à-présent, a les parties sexuelles emboîtées séparément, de sorte qu'il est à croire qu'elles ont été refondues, peut-être pour réparer cette Statue, ou à cause de la mauvaise réussite de la premiere fonte. Quoi qu'il en soit, il est à remarquer qu'en-dedans de ces mêmes parties vers l'endroit où croît naturellement le poil qui annonce la puberté, on lit ces trois lettres Grecques de la longueur d'un pouce Ι·Π·Χ·, lesquelles on n'auroit pas vues si la Statue avoit été trouvée entiere. Je possede ce morceau. Montfaucon a été mal instruit (2), lorsqu'il s'est laissé dire que la Statue équestre de Marc-Aurele n'étoit pas fondue, mais exécutée au marteau.

---

(1) Monum. a Borino Colléct. p. 14. Ceux qui se piquent de connoître les têtes antiques & de les nommer,

*De la soudure des Cheveux.*

On soudoit les cheveux & sur-tout les boucles libres & pendantes, comme on les voit à une tête de la plus haute antiquité qui est dans le Cabinet Herculanéen à Portici. C'est un buste de femme qui a par-devant sur le front jusqu'aux oreilles, cinquante boucles de cheveux travaillées comme un fil fort, presque de l'épaisseur d'une plume à écrire. Il y en a une longue & une autre plus courte qui se joignent & se croisent, & chacune a cinq ou six tours. Les cheveux de derriere tressés entourent la tête & forment une espece de diadême. On voit dans le même Cabinet une tête d'homme avec une grande barbe, tournée un peu de côté & regardant en bas, qui a aussi des boucles crêpues soudées aux tempes. Cette tête idéale à laquelle on donne le nom de Platon est une merveille de l'Art, & il est impossible d'en donner une idée à qui ne l'a pas vue & examinée lui-même attentivement. Mais la tête la plus rare dans ce genre est celle d'un jeune-homme, faite d'après le naturel, garnie de soixante-huit boucles soudées, & sur la nuque au-dessous de ces soixante-huit, quelques autres en-

donnent celle-ci à Ptolemée, fils de Juba, dernier Roi de Mauritanie. Conf. Ficorini Rom. Mod. p. 5[illegible].

(2) Diar. Ital. p. 169.

core, non-pendantes, & fondues avec la tête. Les premieres reſſemblent aſſez à une bande étroite de papier tortillée & enſuite élargie par les deux bouts: celles qui tombent ſur le front ont cinq tours & davantage: celles de la nuque en ont juſqu'à douze, & toutes ſont marquées de deux traits en creux. On pourroit croire que c'eſt la tête d'un Ptolemée Apion qui eſt repréſenté ſur les Médailles avec des boucles pendantes ſur le front.

### *Des meilleures Statues de bronze.*

Quant aux meilleures Statues de bronze, on en compte trois de grandeur naturelle dans le même Cabinet à Portici : un jeune Satyre aſſis & dormant, qui a le bras droit paſſé par-deſſus ſa tête, & le gauche pendant: un vieux Satyre ivre couché ſur une outre, avec une peau de lion jettée ſur lui. Il ſe ſoutient du bras gauche, & de la main droite élevée il fait une chiquenaude en ſigne de joie, comme la Statue de Sardanapale à Anchialus (1), ainſi que cela eſt encore en uſage parmi le peuple en danſant. Mais la plus parfaite eſt celle d'un Mercure aſſis qui a le corps courbé en avant, ſe ſoutient du bras droit, & a la jambe gauche en arriere : deſſous les ſemelles, les courroies qui attachent les ailes

(1) Strabo Lib. XIV. p. 672. l. 2.

ſont nouées en forme de roſe pour déſigner que ce Dieu va voler & non marcher. Il ne s'eſt conſervé de ſon Caducée que le bout qui eſt dans la main gauche : le reſte manque. Cette circonſtance fait croire que cette Piece eſt venue là d'un autre endroit, & que le morceau qui manque a été perdu dans le transport : car la Statue ayant été trouvée ſans aucune mutilation, excepté la tête qui eſt endommagée, il étoit naturel que l'on trouvât auſſi le Caducée entier ou en morceaux.

### *De la dorure des Statues de bronze.*

#### *De leur dorure en général.*

L'on dora pluſieurs Statues de bronze faites pour être poſées dans les places publiques. On le démontre par l'or qui s'eſt conſervé jusqu'à ce jour ſur la Statue équeſtre de Marc-Aurele, ſur les morceaux des quatre chevaux & du char qui furent placés ſur le Théâtre à Herculanum, & en particulier ſur l'Hercule du Capitole (2). La conſervation de la dorure ſur les Statues enſevelies pendant pluſieurs ſiecles ſous terre doit être attribuée à l'épaiſſeur des feuilles d'or. Il s'en faut beaucoup que les anciens battiſſent l'or auſſi mince que nous. Buo-

(2) Maffei Stat. n. 20.

narotti en a fait voir la grande différence (1). C'eſt pour cette raiſon que les beaux ornemens d'or des deux Chambres du Palais des Empereurs, comblées ſur le mont Palatin dans la Ville Farneſe, ſont encore auſſi beaux que s'ils euſſent été faits depuis peu, quoique ces appartemens ſoient fort humides à cauſe de la terre qui les couvre. On ne peut voir ſans admiration la netteté des bandelettes de couleur bleu-celeſte faites en arc & chargées de petites Figures en or. La dorure s'eſt conſervée auſſi dans les ruines de Perſépolis (2).

*Deux ſortes de Dorure.*

Il y a deux manieres de dorer au feu qui ſont aſſez connues. L'une ſe nomme amalgme, l'autre s'appelle à Rome *allo Spadaro*, c'eſt-à-dire *à la maniere des fourbiſſeurs.* Celle-ci ſe fait en appliquant des feuilles d'or ſur les matieres que l'on veut dorer; mais la premiere ſe ſert d'un or diſſous à l'eau forte. On met du vif-argent dans cette eau imbibée d'or; à un feu modéré l'eau s'évapore de ce mélange; & alors l'or & le vif-argent mêlés enſemble forment un onguent. Quand le métal que l'on veut dorer a été bien nettoyé, on le frotte tout brûlant avec cet orguent dont il prend une couche

(1) Oſſerv. ſopr. alc. Medagl. p. 370.

légere qui paroît d'abord toute noire ; on la remet de nouveau au feu, & l'or paroît avec sa splendeur naturelle. Cette maniere inconnue aux Anciens incorpore pour-ainsi-dire l'or au métal. Ils ne doroient qu'avec des feuilles qu'ils appliquoient sur le métal lorsqu'ils l'avoient bien frotté ou couvert de vif-argent. La longue durée de cette dorure doit être attribuée à l'épaisseur des feuilles, dont les couches sont encore visibles aujourd'hui sur le cheval de Marc-Aurele.

*De la Dorure sur le Marbre.*

Les anciens se servoient du blanc d'œuf pour appliquer l'or sur le marbre. Les modernes frottent le marbre d'ail au lieu de blanc d'œuf: ils le couvrent ensuite d'une couche légere de stuc sur laquelle ils appliquent la dorure. Quelques-uns se servent aussi du lait que donnent les figues lorsqu'elles commencent à murir & à se détacher de l'arbre. On voit encore des restes de dorure aux cheveux de quelques statues de marbre, comme nous l'avons remarqué plus haut. Il y a quarante ans que l'on trouva la partie inférieure d'une tête où il y avoit de la dorure assez semblable à celle du Laocoon ; mais cette derniere est immédiatement couchée sur le marbre & non sur le stuc.

---

(2) Greave Descr. des Antiq. de Persep. p. 23.

*Du travail des Médailles.*

La plus grand partie des Ouvrages Grecs de bronze ſont des Médailles dont le coin differe parmi les Grecs, ſelon les différens âges de l'Art. Le coin eſt plat & uni dans les Médailles du plus ancien Style; il eſt plus élevé dans celles qui ont été frappées dans les ſiecles ſuivans lorſque l'Art fleuriſſoit. J'ai parlé au commencement de la troiſieme Section de ce Chapitre, des Médailles les plus antiques à deux coins.

*Inſcription qui fait mention de la dorure des Médailles.*

Je finirai cet article par une Inſcription qui n'a point encore été publiée & qui fait mention de la dorure des Médailles: elle ſe trouve dans la Ville Albani. La voici.

D. M.
FECIT. MINDIA. HELPIS. IVLIO. THALLO
MARITO. SVO. BENE. MERENTI. QVI. FECIT.
Sic
OFFICINAS. PLVMBARIAS. TRASTIBERINA.
ET. TRICARI. SVPERPOSITO. AVRI. MONETAE.
NVMVLARIORVM. QVI. VIXIT. ANN. XXXII. M. VI.
ET. C. IVLIO. THALLO. FILIO. DVLCISSIMO. QVI. VIXIT.
Sic
MESES. III. DIES. XI. ET. SIBI. POSTERISQVE. SVIS.

SEC-

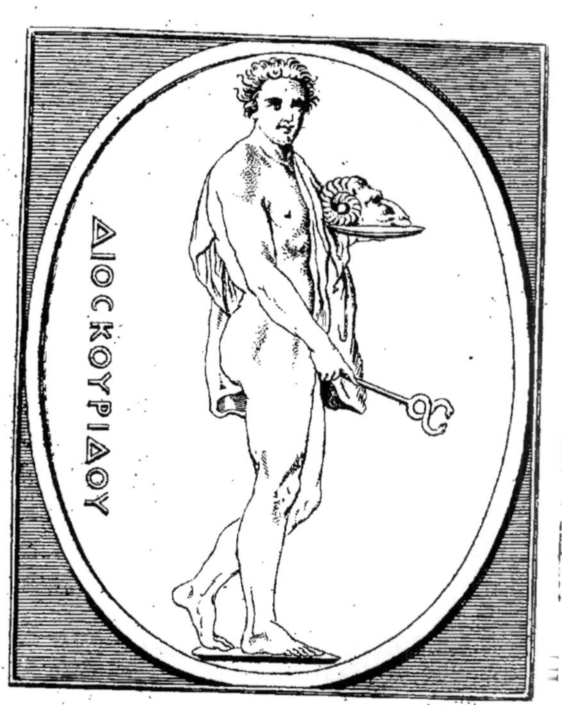
ΔΙΟCΚΟΥΡΙΔΟΥ

## SECTION CINQUIEME.

### De la Peinture des anciens Grecs.

Après avoir considéré dans la Section précédente la partie méchanique de l'Art tel qu'il fut pratiqué chez les Grecs, nous examinerons dans celle-ci la Peinture des Anciens, dont nous pouvons parler & juger aujourd'hui avec plus de connoissance, depuis que les ruines d'Herculanum nous ont rendu plusieurs centaines de Peintures antiques. Malgré ce riche trésor, nous sommes encore réduits à juger d'une partie par l'autre, au risque de nous tromper dans cette appréciation, sur-tout lorsque les historiens ne nous fournissent pas de lumieres. Encore nous sommes heureux de pouvoir rassembler quelques débris épars, comme après un naufrage.

*Division de cette Section.*

Je commencerai par donner des éclaircissemens sur les différentes especes de Peintures découvertes à Rome & à Herculanum; je rechercherai ensuite le temps où il est le plus probable qu'elles ont été faites, & j'y joindrai une indication des Peintu-

(1) Plin. Lib. XXXIV. Cap. 37.

les Grecques & Romaines dont on peut déterminer l'époque avec plus de vraisemblance; J'examinerai en troisieme lieu la nature même de l'Art de la Peinture.

## §. I. *De la Peinture à fresque ou sur le mur.*

TOUTES les Peintures trouvées à Herculanum, à l'exception de quatre pieces dessinées sur le marbre, sont peintes sur le mur. Pline (1) prétend qu'aucun Peintre célebre de l'antiquité n'a peint sur le mur. Cette erreur sert à nous donner une grande idée de la perfection des Anciens dans la Peinture. Car ce qui nous reste de leurs Ouvrages en ce genre seroit bien peu de chose en comparaison des chefs-d'œuvres derniérement découverts, qui réunissent la beauté du dessin à l'adresse du pinceau.

Les premieres Peintures furent faites sur le mur. Le Prophete Isaie nous apprend que les Chaldéens faisoient peindre leurs appartemens (2): car il ne faut pas s'imaginer avec quelques commentateurs (3), que ce passage désigne des Peintures suspendues dans les appartemens. Polygnotus, Onatas, Pausias & d'autres Peintres célebres se distinguerent dans la décoration de quelques temples & édifices publics.

(2) Isai. Cap. XXIII. vs. 14.
(3) Cuper. Lettr. p. 363.

Apelles même doit avoir peint un temple à Pergame (1). Les Anciens ne tapissoient point leurs appartemens : usage qui servit beaucoup à l'avancement de l'Art. Car ils n'aimoient point aussi à contempler des murailles nues. Ceux qui n'avoient pas le moyen de faire revêtir les murs de leurs appartemens de Figures & de Peintures aussi belles que cheres, les faisoient ouvrager en compartimens peints, qui coûtoient peu.

## §. II. *Des Peintures à fresque qui nous sont restées.*

### 1. *De celles qui ont été trouvées à Rome.*

Les anciennes Peintures à fresque qui se trouvent actuellement à Rome sont, au Palais Barberini, une prétendue Vénus & une Roma, les Noces Aldovrandines & le prétendu Marcus Coriolan ; sept Pieces dans la Gallerie du College de St. Ignace ; & une autre Peinture dont Mr. le Cardinal Alexandre Albani est possesseur.

### *De la prétendue Vénus & de la Roma.*

Les deux premieres de ces Peintures sont de grandeur naturelle. Roma est assise, & Vénus cou-

(1) Solin. Polyhist. Cap. 27.
(2) Lambec. Comment. bibl. Vindob. Lib. III, p. 376.
(3) Mus. Rom. p. 119.

chée. Car Maratte en a réparé la tête, un petit Amour & quelques autres accessoires. Cette Figure, dite une Vénus, fut trouvée lorsque l'on creusoit les fondemens du Palais Barberini. On croit que Roma a été trouvée au même endroit. On a trouvé avec la copie de cette Peinture, faite par ordre de l'Empereur Ferdinand III. une Relation manuscrite disant qu'elle avoit été trouvée l'an 1656 près du *Battisterio* de Constantin (2); & pour cette raison on la prend pour un ouvrage de ce temps. Mais j'apprends par une Lettre non-imprimée du Commandeur del Pozzo à Nic. Heinsius, que cette Peinture a été découverte une année plutôt. Mais il ne marque pas l'endroit. La Chausse en a donné la description (3). Un autre Tableau nommé *la Rome triomphante*, composé de plusieurs Figures, qui étoit autrefois au même endroit (4), ne s'y trouve plus. Un autre appellé *le Nymphæum* (5) aussi dans le même Palais, a été détruit par la pourriture : je m'imagine que la Rome triomphante aura eu le même sort.

(4) Spon. Recherch. d'antiq. p. 195. Montfauc. Antiq. expl. T. I. Part. I. Pl. CXCIII.

(5) Holsten. Comment. in Vat. Pict. Nymph.

### *Des Noces Aldovrandines & du Prétendu Coriolan.*

Les deux autres Peintutes du Palais Barberini ont des Figures d'environ deux palmes de hauteur. Le tableau nommé les Noces Aldovrandines a été trouvé aſſez près de l'Egliſe de Ste. Marie Majeure dans l'emplacement où furent jadis les jardins de Mécenes (1). Le tableau de Coriolan n'eſt pas perdu, comme l'avance Du Bos (2); on le voit encore à-préſent dans la voûte des bains de Titus, au même endroit où le Laocoon étoit ci-devant dans une grande niche qui eſt comblée aujourd'hui jusqu'au ceintre.

### *Des ſept Tableaux qui ſont dans la Gallerie du College de St. Ignace.*

Ces ſept Peintures ont été détachées d'une voûte trouvée au pied du mont Palatin. Les meilleurs de ces Tableaux ſont un Satyre, haut de deux palmes, qui boit dans une corne; & un payſage avec Figures, de la hauteur d'une palme, qui ſurpaſſe en beauté tous les payſages qui ſont à Portici.

(1) Succar. Idea de' Pittori, Lib. II. p. 37.

*Autre Peinture qui se voit chez le Cardinal Alexandre Albani.*

Cette Peinture tomba d'abord entre les mains de l'Abbé Franchini, alors Ministre du grand Duc de Florence à Rome : elle passa ensuite dans celles du Cardinal Passionei ; & après la mort de celui-ci, Mr. le Cardinal Alexandre Albani en est devenu possesseur. Elle représente un sacrifice de trois Figures. Le dessin s'en trouve dans l'appendix des vieilles Peintures donné par Bartoli von Morghen. Au milieu on voit sur une base une petite Figure d'homme non-drappée tenant un bouclier sur le bras gauche élevé, & dans la main droite une petite masse d'armes garnie de plusieurs pointes, à-peu-près semblable à celles dont on se servoit en Allemagne dans l'ancien temps. D'un côté de la base est à terre un petit Autel, & de l'autre un Vase, tous les deux fumans. Il y a de chaque côté un Figure de femme drappée portant un diadême : celle qui est à gauche porte un plat plein de fruits.

*Autre petites Peintures détruites.*

Les petits morceaux de Peinture trouvés dans la Ville Farnese parmi les ruines du Palais des

(2) Réflexions sur la Poésie, &c. T. I. p. 352.

Empereurs, & transportés à Parme, ont aussi été détruits par la pourriture. Lorsqu'ils furent envoyés à Naples avec les autres trésors de la Gallerie de Parme, ils resterent vingt ans enfermés dans leurs caisses sous des voûtes humides. Lorsqu'on voulut les en tirer, on ne trouva que les murs sur lesquels la Peinture avoit été appliquée. Ces murs se voient encore au Château Royal de Capo del monte à Naples, qui est resté imparfait. Du reste ces Peintures étoient fort médiocres, & la perte n'est pas considérable. Une Caryatide peinte, avec la poutre qu'elle porte, trouvée dans les mêmes ruines, a échappé à la pourriture, & on l'a placée parmi les Peintures d'Herculanum à Portici. Une partie des petites Peintures pourries avoit été découverte en 1722 dans la Ville Farnese, & l'autre partie en 1724. Ces dernieres étoient sur les pans d'une grande salle longue de quarante palmes ; & ces pans étoient travaillés en compartimens avec un ouvrage d'architecture peint. Dans le champ de l'un de ces compartimens on voyoit une femme qui descendoit d'un bateau & que conduisoit un jeune-homme qui n'avoit pour toute drapperie, qu'un manteau court qui descendoit par derriere des épau-

(1) Treat. of ant. paint.
(2) Bellori Sepolcr. Fig. LXVI.
(3) Ejusd. Pitt. del Sepolcr. de' Nasoni, tavol. XIX.

les jusques vers la moitié du corps ou un peu plus. Turnbull a fait graver ce morceau (1).

Les Peintures du Mausolée de Cestius (2) ont disparu : l'humidité les a consumées. Quant à celles qui ornoient le tombeau d'Ovide sur la voie Flaminienne à une lieue & demie de Rome, il ne s'en est conservé que l'Oedipe & le Sphynx (3), morceau qui est placé aujourd'hui dans le mur d'une salle de la Ville Altieri. Bellori parle encore de deux autres Peintures de la même Ville : mais il faut qu'elles se soient égarées ou perdues. Vulcain & Vénus sur le revers de l'Oedipe & du Sphynx cités, sont un ouvrage moderne.

Au seizieme siecle on voyoit encore des Peintures parmi les décombres des bains de Dioclétien (4). Le morceau de Peinture antique que Du Bos indique (5) & qui selon lui devroit se trouver dans le Palais Farnese, est tout-à-fait inconnu à Rome.

## 2. *Des Peintures d'Herculanum.*

Les plus grandes Peintures de celles qui ont été trouvées dans les ruines d'Herculanum, étoient placées sur les murailles d'un temple rond & médiocrement grand. Ce sont Thésée vainqueur du Minautore, la naissance de Télephe,

(4) Fabric. Rom. p. 212.

(5) Reflex. sur la Poésie &c. T. I. p. 351.

Chiron & Achille, Pan & Olympe. La Figure de Théſée ne remplit point du tout l'idée de la beauté de ce jeune héros que ceux qui ne le connoiſſoient pas prirent pour une fille à ſon arrivée à Athenes (1). On deſireroit de lui voir cette fleur de jeuneſſe, & ſurtout ces cheveux longs & flottans, comme il les avoit réellement, & comme les avoit Jaſon lorſqu'il vint pour la premiere fois dans la même ville. Théſée devroit reſſembler à Jaſon tel que Pindare nous le peint (2), lorſqu'il nous dit que ſa beauté frappa tellement tout le peuple, qu'il crut voir Apollon, Bacchus ou Mars. Dans la naiſſance de Télephe, Hercule ne reſſemble à aucun Alcide Grec, & le reſte des têtes eſt fort commun. Achille a un air tranquille & poſé, mais ſon viſage donne beaucoup à penſer. Ses traits annoncent un Héros, & ſes regards avides fixés ſur Chiron peignent l'envie d'apprendre: on y lit l'impatience qu'il a de courir rapidement la carriere de l'inſtruction, pour entrer dans celle des grandes actions, & la remplir avec gloire. On voit ſur ſon front le ſentiment de cette honte noble & ſublime qu'il éprouva lorſque ſon maître lui ôta de la main le *plectrum* pour lui montrer en jouant lui-même où il avoit manqué. Achille étoit beau, ſelon Ariſtote (3):

(1) Pauſan. Lib. I. p. 40. l. 11.
(2) Pind. Pyth. IV.

la douceur & les charmes de la jeunesse étoient alliées dans lui à la fierté & à la sensibilité. Dans l'estampe de cette Peinture, Achille a une Figure qui ne dit rien ; & au-lieu d'avoir les yeux avidement fixés sur Chiron, comme dans l'original, on diroit qu'il les promene de côté & d'autre avec une distraction impardonnable.

*Quatre dessins sur marbre trouvés au même endroit.*

Il seroit à souhaiter que quatre dessins sur marbre trouvés aussi à Herculanum, sur l'un desquels on lit le nom du Peintre avec ceux des Figures qui y sont représentées, fussent d'une meilleure main. Cet Artiste se nommoit Alexandrie, & il étoit d'Athenes. Les trois autres dessins paroissent être des Ouvrages du même Maître. Mais ces morceaux ne donnent pas une grande idée de son habileté. Les têtes sont communes, & les mains mal dessinées ; & l'on sait que le travail des extrémités fait connoître l'Artiste. Ces Peintures monochromatiques, c'est-à-dire d'une seule couleur, sont peintes au cinabre lequel s'est changé en noir par le feu, comme il arrive ordinairement. Les anciens employoient beaucoup cette couleur dans leurs tableaux.

(3) Rhet. Lib. I. p. 21. l. 10. Edit. Opp. Sylburg. T. I.

*Belle Peinture repréſentant des Danſeuſes, des Bacchantes & des Centaures.*

La plus belle des premieres Peintures découvertes à Herculanum eſt ſans contredit celle qui repréſente ſur un fond noir des Danſeuſes, des Bacchantes & ſur-tout des Centaures, preſque de la hauteur d'un empan. Elle décele la main d'un Artiſte habile & plein de confiance. Malgré cela on deſiroit de découvrir un plus grand nombre de belles Peintures. La beauté de celles qu'on avoit & qui ſembloient peintes avec une grande adreſſe & une hardieſſe égale, comme d'un ſeul trait de pinceau ſûr & vigoureux, donnoit des eſpérances qui ont été enfin remplies vers la fin de l'année 1762.

3. *Deſcription des Peintures trouvées derniérement à Herculanum.*

Les pionniers travaillant dans les ruines de l'ancienne ville nommée Stabia, éloignée de Portici d'environ huit lieues d'Italie, trouverent un appartement dont ils ôterent la terre qui étoit fortement attachée contre la muraille : le temps l'y avoit comme cimentée. Dès qu'ils l'eurent ôtée, ils découvrirent quatre morceaux de murailles, dont deux avoient été endommagés par la pioche. C'étoient quatre morceaux de Peinture qui avoient été coupés ailleurs & puis transportés dans cet appartement. Je vais en donner une description exacte. Ils étoient appuyés contre le mur, & acôssés deux à deux l'un contre l'autre, de façon que le côté peint étoit en dehors. Selon toute apparence, ils avoient été apportés de Grece, ou de la grande Grece, & l'on devoit les enclaver dans les murs de cet appartement. Ces quatre Tableaux ont une bordure peinte & des listeaux de couleur différente dont le dernier c'est-à-dire le plus extérieur est blanc, celui qui suit est de couleur violette, le troisieme est verd avec un tour de lignes brunes : ces trois listeaux pris ensemble sont de la largeur du bout du petit doigt. Ils sont encore entourés d'un quatrieme listeau blanc & large d'un doigt. La hauteur des Figures est de deux palmes & deux pouces mesure Romaine.

*Premier Tableau.*

Le premier Tableau contient quatre Figures de femme. La principale Figure est assise sur une chaise, & regarde le spectateur en face: de la main droite elle éloigne son manteau ou *peplum* qui est jetté sur le derriere de la tête. La couleur de ce manteau de drap est violette avec un bord couleur de verd de mer : l'habit est couleur de chair. Cette femme appuie la main gauche sur l'épaule d'une jeune & belle fille, vêtue de blanc, qui se tient debout à côté d'elle : cette fille se soutient le menton de la main droite: elle a le viſage de profil. La premiere a les pieds ſur un eſcabeau pour marque de dignité. A côté d'elle, debout; & le viſage tourné en-devant, eſt une belle Figure de femme qui ſe fait arranger les cheveux: elle a la main gauche dans ſon ſein, & la droite pendante: les doigts de celle-ci font un mouvement comme ſi elle vouloit toucher un accord de Clavecin. Sa robe blanche a des manches qui deſcendent juſqu'au poignet. Son manteau violet a une bordure brodée de la largeur d'un pouce. La Figure qui lui arrange les cheveux eſt placée plus haut, & tournée de profil, de maniere pourtant que l'on apperçoit les pointes des cils de l'œil caché. Sur l'autre œil les ſourcils ſont plus marqués qu'aux autres Figures. Son attention ſe lit dans ſes yeux & ſur ſes levres qu'elle ſerre. On voit à côté d'elle une petite table baſſe à trois pieds, qui n'a que cinq pouces de haut, de ſorte qu'elle n'atteint qu'au milieu des cuiſſes de la Figure voiſine. Sur la table qui eſt artiſtement travaillée, il y a une petite caſſette, avec des lauriers jettés par deſſus, & à côté de la caſſette un bandeau violet deſtiné ſans-doute pour la parure de la Figure

(1) Lucian. Jupit. Tragæd. p. 151. l. 28. ed. Græv.

(2) Il eſt impoſſible de décider lequel des célebres Tragiques Grecs eſt ici repréſenté. Car Sophocle & Euripide portent une barbe, & Æſchyle en a auſſi une ſur une Pierre gravée du Cabinet de Stoſch, où il eſt repré-

que l'on coëffe. Sous la table il y a un vase qui en touche presque le dessus : il a deux anses & est de verre, ce que sa transparence indique.

*Second Tableau.*

Il paroît que le second Tableau représente un Poëte Tragique, assis, se présentant de face, habillé d'une robe blanche & longue qui lui descend jusques sur les pieds, comme la portoient les Acteurs Tragiques (1) : les manches en sont étroites & tombent jusques sur les mains. Ce Poëte paroît âgé de cinquante ans : il n'a point de barbe (2). Il est ceint au-dessous de la poitrine d'une ceinture jaune, de la largeur du petit doigt, qui pourroit bien encore être ici un attribut de la Muse Tragique, car on sait qu'ordinairement la ceinture de cette Muse est plus large que celle des autres, comme nous l'avons remarqué dans la seconde Section de ce Chapitre. Il tient de la main droite une canne perpendiculaire, de la longueur d'une pique (*hasta pura*) au haut de laquelle il y a un fer de la largeur d'un doigt, peinte en jaune, telle qu'Homere en a une dans son apothéose (3).

---

senté dans le moment qu'un Aigle lui laissa tomber une écaille de tortue sur la tête, dont il mourut. Descript. des Pier. gr. du Cab. de Stosch, p. 417. n. 21.

(3) On voit encore les restes d'une pareille canne longue à la Statue assise & endommagée d'Euripide, qui

La main gauche prend une épée posée en travers sur les genoux de la Figure qui sont couverts d'un drap rouge, mais de couleur changeante, lequel couvre aussi tout le bas de la chaise. Le ceinturon de l'épée est verd. Cette épée peut avoir la même signification que celle qui est dans la main de la Figure qui représente l'Iliade dans l'apothéose d'Homere. Et en effet l'Iliade contient un très-grand nombre d'événemens Tragiques. Une Figure de femme habillée de jaune (1) & ayant l'épaule droite découverte, tourne le dos au Poëte. Elle semble plier le genou droit devant un masque tragique; elle est parée d'un ornement de cheveux que l'on nommoit ὄργος, & posée sur un piedestal qui lui sert de base. Le masque est dans une caisse peu profonde, couverte d'un drap bleu bordé de bandes blanches à l'extrêmité des quelles pendent deux petits cordons ou nœuds. Au haut de la base où la Figure agenouillée jette son ombre, elle écrit avec un pinceau, probablement le nom d'une Tragédie; mais au-lieu de lettres

---

porte son nom, & qui est dans la Ville Albani: l'attitude élevée du bras mutilé le confirme. Les Poëtes Comiques ont une canne courte & recourbée, nommée λαγώβολος, c'est-à-dire, *dont on se sert pour jetter après les lievres:* Thalie, Muse Comique, porte ordinairement une pareille canne. On pourroit aussi mettre dans la main d'Euripide & des autres Auteurs Tragiques, un

lettres on ne voit que des traits foiblement ébauchés. Je crois que c'eſt Melpomene, la Muſe Tragique, & cela eſt d'autant plus vraiſemblable qu'elle eſt repréſentée comme une fille, car elle a ſes cheveux liés ſur le ſommet de la tête: mode qui, comme nous l'avons dit plus haut, n'étoit que pour les filles. Derriere la baſe & le masque, on voit une Figure d'homme qui ſe ſoutient des deux mains ſur une pique. Le Poëte a le viſage tourné vers la Muſe qui écrit.

## *Troiſieme Tableau.*

Quant à la troiſieme Peinture, elle conſiſte en deux hommes nuds & un cheval. L'un, jeune & plein de feu & de vivacité dans ſon air, ſe montre très-attentif au diſcours de l'autre; il eſt aſſis & tourné en face & paroît repréſenter le jeune Achille. Le ſiege de ſa chaiſe eſt couvert d'un drap couleur de pourpre qui paſſe en même temps ſur la cuiſſe droite ſur laquelle repoſe la main du même côté. Son manteau, qui pend par derriere, eſt

---

Thyrſe, ſuivant l'inſcription ou l'épigramme qui ſe trouve dans l'Anthologie (*Lib. V. p.* 225. b.) ſur ce Poëte.

——— ——— ——— ἦν γὰρ ἰδεσθαι,

Οἷα τὲ τον θυμέλῃσιν ἐν Ατθίσι θύρσα τινάσσων.

(4) Dans les Phéniciennes d'Euripide, vs. 1498, Barnès a traduit στολίδα κροκόεσσαν par *Stolam fimbriatam*; comme s'il eût douté que les Anciens portaſſent des habillemens jaunes.

auſſi rouge. Cette couleur eſt celle des Héros, & celle dont les Spartiates avoient coutume de ſe ſervir pour leurs habillemens de guerre. Les lits de repos des Anciens étoient auſſi couverts de pourpre (1). Les bras de la chaiſe s'élevent ſur des Sphynx couchés ſur le fond, comme on le voit à une chaiſe de Jupiter, dans un Ouvrage en relief (2) qui eſt au Palais Albani. On voit encore ſur un Camée les bras d'une chaiſe appuyés ſur des Figures agenouillées (3), ce qui les éleve ſuffiſamment. Le bras gauche d'Achille eſt poſé ſur le bras de ſa chaiſe. Une épée dans ſon fourreau, longue de ſix pouces, eſt placée contre un des pieds de la chaiſe. Cette épée a, comme celle du Poëte tragique, un ceinturon verd auquel elle eſt ſuſpendue par deux anneaux mouvans attachés à la garniture ſupérieure du fourreau. La ſeconde Figure eſt debout & pourroit bien être Patrocle. Elle s'appuie ſur ſa canne qu'elle tient de la main gauche & ſous l'aiſſelle droite. Le bras droit eſt élevé en ſigne de déclamation. Les deux jambes ſont croiſées. La tête de cette Figure manque, ainſi que celle du cheval.

---

(1) Cornel. Nep. Frag. p. 159. in uſ. Delph.

(2) Bartoli admir. Rom. n. 48. Montfaucon Antiq. expliq. Tom. I. Pl. XV. Bartoli a pris ce Sphynx pour un Grifon.

*Quatrieme Tableau.*

Le quatrieme Tableau est composé de quatre Figures. La premiere est une femme assise, avec une épaule découverte, couronnée de lierre & de fleurs, & tenant un rouleau écrit dans la main droite. Elle est habillée de violet, & ses souliers sont jaunes, comme ceux de la Figure qui se fait coeffer dans le premier Tableau. Vis-à-vis d'elle est assise une jeune joueuse de harpe qui touche de la main gauche cet instrument haut de quatre pouces & demi. Elle tient de la main droite une clé, comme celle d'un luth ou d'un clavecin, laquelle a assez la forme d'un Υ Grec, avec cette seule différence que les deux branches sont recourbées, comme on le voit plus distinctement à une clé semblable qu'on voit dans le même Cabinet. Les extrémités des branches sont terminées par des têtes de chevaux : la clé a cinq pouces de longueur. Peut-être que l'instrument que l'Erato de ces Peintures Herculanéennes tient à la main (4) n'est pas un *Plectrum*, mais un instrument pour accorder, car il a deux crochets recourbés en-dedans : en effet le plectrum lui est inutile, puisqu'elle joue du Psalterion de la main gau-

(3) Pitt. Antic. di Bartoli, tav. XV.

(4) Pitt. d'Ercol. T. II. tav. VI.

che. Ici la harpe a ſept chevilles ſur ſon cylindre appellé ἀντωξ χορδᾶν (1), & par conſéquent autant de cordes. Un joueur de flûte eſt aſſis au milieu d'elles, & joue en même temps ſur deux flûtes droites, qui ont chacune une demi-palme de longueur (2): elles s'embouchent au moyen d'une bande qu'on nommoit ςομιον & qu'on attachoit derriere les oreilles. Il y a beaucoup d'inciſions ſur les flûtes & elles marquent autant de pieces. On voit dans le même Cabinet des pieces de flûtes qui n'ont point d'emboitement pour ſe joindre enſemble, de ſorte qu'elles ont du être montées ſur un autre tuyau. Cette monture étoit ordinairement de métal ou de bois creux. On a ici deux pareils morceaux de bois pétrifiés dans deux flûtes. On voit dans le Cabinet de Cortone une flûte antique d'ivoire dont les pieces ſont montées ſur un tuyau d'argent. Deux hommes enveloppés dans leurs manteaux ſe tiennent debout derriere la premiere Figure. Le manteau de celui des deux qui eſt le plus avancé eſt verd-de-mer. Les cheveux de toutes les Figures tant de l'un que de l'autre ſexe, ſont bruns. Cette couleur

(1) Euripid. Hippolyt. vs. 1135.

(2) Il y a beaucoup d'apparence que ces deux flûtes longues & droites étoient celles que l'on nommoit Doriques, & que par contre les flûtes Phryglennes étoient celles dont l'une étoit courbée: car ſur tous les Ouvrages

n'étoit pourtant pas généralement adoptée par les Peintres : car dans les Peintures décrites par Philostrates, Hiacinthe & Pantia avoient des cheveux noirs, comme Anacréon vouloit que sa Maîtresse les eût ; mais Narcisse & Antilochus ont une chevelure blonde. Homere & Pindare donnent aussi des cheveux blonds à Achille. Ils donnent tous deux le nom de blondin à Ménélas : nom que Pindare donne encore aux Graces. Les femmes qui sont dans le Tableau de Coriolan ont aussi des cheveux blonds. Athénée a donc eu tort de dire que c'étoit une faute de donner à Apollon une chevelure blonde au lieu de cheveux noirs (3). On sait même que les Femmes Grecques qui n'avoient par les cheveux blonds se les peignoient de cette couleur, tant ils étoient estimés & regardés comme une beauté (4) !

J'ai observé dans la description de ces Peintures la regle fondamentale qui prescrit de décrire ou d'omettre ce que nous voudrions que les Anciens eussent eux-mêmes décrit ou omis. Nous aurions beaucoup d'obligations à Pausanias, s'il nous avoit donné des descriptions aussi

en relief relatifs à Cybele, on voit deux flûtes de cette derniere forme ; ce que Mursius & Bartholin qui ont écrit sur ces instrumens auroient dû observer.

(3) Deipnos. Lib. XIII. p. 604. B.

(4) Euripid. Dan. vs. 92.

détaillées de plusieurs ouvrages de Peintres célebres, tels que les Tableaux de Polygnotus à Delphes.

*4. Peintures découvertes à Rome en 1760.*

Après les découvertes faites dans la Ville Farnese, dont j'ai parlé ci-dessus, il ne parut point d'autres Peintures antiques à Rome, jusqu'au printemps de 1760, que l'on creusa dans la Ville Albani un canal voûté pour l'écoulement des eaux. On trouva dans la terre quelques morceaux de revêtemens de mur, qui étoient probablement des débris d'un ancien mausolée : ils étoient chargés d'ornemens peints sur la chaux seche, avec des Figures. Les deux meilleurs morceaux sont un petit Amour avec une drapperie légere bleuâtre & flottante, monté sur un monstre marin de couleur verte ; & un autre petit morceau dont il s'est conservé un beau corps de femme assise, avec la main droite dont le doigt annulaire est orné d'une bague, la drapperie rougeâtre est jettée par dessus ce bras & sur le bas-ventre. L'Auteur possede ces deux morceaux.

*5. Peintures des Monumens de Cornetto.*

Quant aux Peintures qui étoient aux Monumens près de Cornetto non-loin de Civita-Vecchia, on a des dessins & des estampes de quelques-unes (1); mais il ne reste à-présent des originaux que la trace d'une Figure de femme de grandeur naturelle, couronnée d'une guirlande. Quelques-unes ont été détruites par l'air après l'ouverture des tombeaux; d'autres ont été brisées par les coups de pioche que leur a donnés la soif de l'or qui s'imaginoit trouver des trésors derriere ces Peintures. Dans cette contrée habitée par les anciens Etrusques, nommés Tarquiniens, il y a plusieurs mille Collines qui forment autant de tombeaux de pierre de tuf. L'entrée qui y mene est comblée; si quelqu'un aimoit assez les Arts pour avancer les fraix qu'exigeroit l'ouverture de quelques tombeaux, il est indubitable qu'il en feroit amplement dédommagé non par les Inscriptions Etrusques, mais par les Peintures que l'on trouveroit sur les murs qui y ont été transportés.

## §. III. *Du temps où la plupart des Peintures indiquées ci-dessus ont été faites.*

Il s'agit à-présent de rechercher le temps où les Peintures différentes tant celles qui ont été trouvées à Rome ou aux environs, que celles

(1) Dempster. Etrur. Tab. LXXXVIII.

qu'on a tirées des ruines d'Herculanum, ont été faites. On peut prouver que presque toutes celles de la premiere espece sont des temps des Empereurs: & il y apparence que celles d'Herculanum sont aussi de la même époque. Quant aux premieres, elles ont été tirées des appartemens comblés du Palais des Empereurs ou des bains de Titus. La Roma du Palais Barbérini est visiblement du temps postérieur de l'Art, & les Peintures du Monument d'Ovide sont, ainsi que la premiere, de l'âge des Antonins, comme l'indiquent les Inscriptions qu'on y a trouvées. Les Peintures d'Herculanum, à l'exception des quatre derniérement découvertes dont j'ai donné la description, ne sont probablement pas d'un temps plus ancien, premiérement parce que ce ne sont, pour la plupart, que des paysages, ports, maisons de compagnes, chasses, pêches, vues, & que le premier qui travailla dans ce genre fut un certain Ludio qui vivoit du temps d'Auguste. Les anciens Grecs ne s'amusoient pas à peindre des objets inanimés, uniquement propres à réjouir agréablement la vue sans occuper l'esprit. En second lieu les bâtimens particuliers qui ornent ces vues montrent assez par leurs ornemens singuliers & bisarres, que ce sont des Ouvrages d'un siecle où le bon goût ne

(1) La seconde & la troisieme ligne de la seconde Inscription, ainsi que les deux dernieres lignes de la troisieme Inscription, ne forment qu'une ligne dans l'ori-

régnoit plus. Les diverses Inscriptions qu'on y a trouvées forment une troisieme preuve : il n'y en a pas une qui soit antérieure au temps des Empereurs. J'en vais citer deux des plus anciennes :

DIVAE· AVGVSTAE·
L· MAMMIVS· MAXIMVS· P· S·

*
* *

ANTONIAE· AVGVSTAE· MATRI· CLAVDI·
CAESARIS· AVGVSTI·
GERMANICI· PONTIF· MAX·
L· MAMMIVS· MAXIMVS· P· S·

Quelques-unes sont du temps de Vespasien, comme celle-ci :

IMP· CAESAR· VESPASIANVS· AVG· PONT. MAX·
TRIB· POT· VIII· IMP· XVII· COS· VII DESIGN· VIII
TEMPLVM· MATRIS· DEVM· TERRAE
MOTV· CONLAPSVM· RESTITVIT· (1)

Pline nous apprend à juger des Tableaux de ce temps en nous disant que la Peinture étoit alors près de sa chûte.

---

ginal, ce qu'il n'a pas été possible d'observer ici vu le format de ce Livre.

### §. IV. *Si ces Peintures ont été faites par des Artistes Grecs ou Romains.*

Dans le doute si les Peintures antiques qui nous sont restées, ont été faites par des Artistes Grecs ou Romains, je pencherois beaucoup à les attribuer aux premiers, parce que l'on sait dans quelle estime ils étoient à Rome sous les Empereurs. L'Inscription Grecque sur le Tableau des Muses, parmi les Peintures d'Herculanum, en est une assez bonne preuve. Il y en a pourtant aussi qui semblent avoir été faites par un pinceau Romain, ce que prouve l'Ecriture Latine des rouleaux qui y sont peints; à mon premier voyage à Herculanum en 1759, on y déterra la moitié d'une belle Figure de femme en miniature, à côté de laquelle je lus ces lettres DIDV. qui subsistent encore. Cette Figure est dans son espece un aussi beau morceau qu'aucun autre de ceux qu'on y a trouvés. Nous verrons aussi dans la seconde Partie que Néron fit orner son Palais d'or par un Peintre Romain.

### §. V. *De la nature de la Peinture à fresque en particulier & de la maniere de l'exécuter.*

Il y a trois choses à observer par rapport à la nature de l'ancienne Peinture, d'abord la couche des peintures, puis le revêtement ou enduit du mur ſur lequel on peint, & en troiſieme lieu la maniere même de peindre.

I. *Du revêtement ou enduit du mur peint.*

Le revêtement des murs deſtinés à être peints différoit ſelon les lieux. Le revêtement fait de Pouzzolane ou de terre de Pouzzole, que l'on a trouvé ſur les murs des vieux bâtimens de Rome & de Naples, ſe diſtingue de celui des anciens édifices des autres villes éloignées de ces deux-ci. Dans ces deux endroits ſeuls où cette terre ſe trouve, on faiſoit le premier enduit des murs de chaux travaillée avec de la Pouzzolane, ce qui lui donnoit une couleur grizâtre. Mais ailleurs cet enduit ſe faiſoit de travertin ou de marbre pilé, & quelquefois on le mêloit d'albâtre pilé, en place d'autres pierres, ce qui ſe connoît par la tranſparence des petits morceaux. Les Peintures Grecques ne ſont point ſur une couche de Pouzzolane, parce que cette ſorte de terre manquoit en Grece.

Ce premier enduit eſt ordinairement de l'épaiſſeur d'un doigt. La ſeconde couche eſt de chaux mêlée de ſable très-fin, ou de marbre pilé & tamiſé ; l'épaiſſeur de cette ſeconde couche eſt preſque du tiers de la premiere. On ſe ſervoit beaucoup de cet enduit pour les Monumens peints. Les Peintures d'Herculanum ſont ſur des murs revêtus d'une pareille couche.

Quelquefois la couche ſupérieure eſt ſi fine & ſi blanche qu'elle paroît être de la chaux pure ou du ſtuc : dans toutes ſortes de Peintures, ſoit que le fond ſoit ſec ou mouillé, la couche ſupérieure eſt toujours la plus polie & la plus liſſe ; & il étoit très-difficile de lui donner ce poli dans la ſeconde eſpece de fond ſurtout lorſqu'il étoit très-fin. Cette opération exigeoit beaucoup d'adreſſe & une exécution prompte.

La maniere dont les Artiſtes modernes préparent la couche pour peindre à freſque, c'eſt-à-dire ſur les fonds humides ou mouillés, differe un peu de la maniere des Anciens. On la fait de chaux & de Pouzzolane, parce que le mêlange de chaux battue avec du marbre finement pilé ſe ſeche trop vîte, & boiroit les couleurs à l'inſtant qu'on les mettroit. De plus la ſurface ne ſe liſſe pas comme chez les Anciens ; au contraire on la laiſſe un peu rabotteuſe : on la graine même pour-ainſi-dire avec une broſſe pour y mieux appliquer les couleurs. On craindroit, ſi le fond reſtoit liſſe & poli, que les couleurs ne s'écoulaſſent.

(1) Galen, de uſu part. Lib. X. Cap. 3.

### 2. *De l'application même des couleurs sur les fonds humides ou secs.*

Nous allons parler en second lieu de la nature de la Peinture même, c'est-à-dire de l'application des couleurs sur les fonds mouillés, ce qu'on appelle *udo tectorio pingere*, & sur les fonds secs. Car quant à l'ancienne méthode de peindre sur le bois, tout ce que nous en savons, c'est que les Anciens peignoient sur des fonds blancs (1); peut-être par la même raison qu'on recherchoit, suivant Platon, la laine la plus blanche pour la teindre en pourpre (2).

### *Sur des fonds blancs.*

Les Anciens suivoient à-peu-près le même procédé que les Modernes, pour coucher les couleurs sur les fonds blancs. Aujourd'hui, lorsqu'on a préparé autant de fond mouillé qu'on en peut préparer en un jour, & qu'on a fait son dessin en gros sur un carton, alors on perce sur le carton avec une aiguille le contour des Figures & de leurs parties principales : on applique ensuite le dessin contre le fond préparé, puis on le poudre de charbon finement pilé, & ce qu'il en passe au-travers des trous va s'appliquer sur la couche mouillée. Cette maniere

(2) Plat. Politic. Lib. IV. p. 407. l. 6. Edi . Basil.

de travailler ſe nomme en Allemand *Durchbausſen.* Raphaël s'en eſt ſervie, comme je m'en ſuis apperçu en conſidérant la tête d'un enfant qu'il avoit deſſiné à la craie noire, & qui ſe trouve à-préſent dans la collection de deſſins de Mr. le Cardinal Alexandre Albani. Ces contours ainſi tracés de pouſſiere noire ſont ſuivis par l'Artiſte avec le poinçon qui les imprime ſur le fond mouillé. Ces contours ainſi imprimés ſe voient très diſtinctement dans les Ouvrages de Michel-Ange & de Raphaël. L'Adreſſe des Anciens ſurpaſſoit celle des modernes en ce point. Sur les anciennes Peintures à freſque, on n'apperçoit point de contours ainſi tracés; mais les Figures y ſont peintes avec autant de confiance & de dextérité, qu'elles pourroient l'être ſur le bois ou ſur la toile.

*Fonds colorés.*

Il faut que les Anciens aient beaucoup moins peint ſur des fonds mouillés que ſur le ſec, puiſque la plus grande partie des Peintures trouvées à Herculanum ſont de cette ſeconde eſpece. On les reconnoît à des couches de couleurs différentes. Quelques unes ont un premier fond noir; ſur celui-ci une couche de cinabre étendue comme une bande longue, ou renfermée dans un champ particulier; & les Figures ſont peintes ſur ce ſecond fond. Lors même que la Figure eſt effacée, on voit encore le fond rouge auſſi propre que ſi l'on n'y eût jamais rien peint. Quelques-autres ſemblent des Peintures à freſque, mais retouchées avec des couleurs ſeches.

Quelques critiques croient appercevoir ces indices de Peinture ſeche dans des coups de pinceau relevés; mais ils ſe trompent, car on obſerve la même choſe ſur les Peintures de Raphaël qui ſont ſurement à freſque. Ces traits de pinceau relevés, indiquent ſeulement, que l'Artiſte après avoir fini ſes tableaux, y a encore donné quelques touches à ſec, par-ci, par-là, méthode que les Modernes ont ſuivie. Il faut néceſſairement que les couleurs des anciennes Peintures ſur des fonds ſecs aient été detrempées d'une eſpece particuliere d'eau de terre graſſe, puiſqu'après tant de ſiecles, il s'en trouve encore de ſi fraîches, & qu'on peut les mouiller avec un linge ou une éponge imbibée d'eau, ſans les endommager. Dans des villes comblées par les éruptions du Veſuve, on a découvert des Tableaux qui étoient revêtus d'une croute dure & tenace, formée par l'humidité & les cendres. On l'en a détachée enſuite avec beauconp de peine, en y employant le feu, & malgré cela les Peintures n'en ont point été endommagées. Celles qui ſont à freſque peuvent résister à l'eau forte dont on se sert pour les nettoyer & en détacher les salletés & les incrustations pierreuses qui les couvrent.

3. *Exécution.*

Quant à l'exécution de la plupart des anciennes Figures, elles sont ébauchées avec beaucoup de rapidité, comme une esquisse hardie. Les connoisseurs admirent en particulier la légéreté des Danseuses & de quelques autres Figures peintes sur des fonds noirs & trouvées à Herculanum. L'adresse secondant la connoissance de l'Art, cette agilité du pinceau devenoit aussi sure que le destin. La maniere de peindre pratiquée par les Anciens étoit plus propre à parvenir au plus grand degré de vie, & de la véritable carnation. Car, outre que toutes les couleurs à l'huile perdent à la longue, c'est-à-dire qu'elles s'obscurcissent avec le temps, cette espece de Peinture est toujours au-dessous de la vie. Le jour & les ombres de la plus grande partie des anciennes Peintures, sont formés par des traits paralleles, d'égale hauteur, & quelquefois croisés ; cette maniere de faire se nomme en Italien *tratteggiare.* Raphaël a souvent employé cette méthode. Il y en aussi d'autres

(1) Lib. VII, Cap. 9.

d'autres, & surtout les grandes Peintures, qui sont ombrées & éclairées, comme si elles étoient à l'huile, c'est-à-dire, par des masses entieres de teintes dégradées ou forcées. La prétendue Vénus au Palais Barberini, & la multitude de petits Tableaux découverts derniérement à Herculanum, sont peints suivant cette grande maniere : il y a néanmoins quelques têtes qui sont ombrées avec des traits tirés sur les masses.

C'est dommage que les Peintures d'Herculanum soient couvertes d'un vernis qui peu à-peu fait feuilleter & sauter les couleurs. Dans l'espace de deux ans j'ai vu de grands morceaux de l'Achille tomber par écailles.

### 4. *Pratique des Anciens pour préserver leurs Tableaux des injures de l'air & de l'humidité.*

Nous parlerons en peu de mots des précautions que prenoient les Anciens pour préserver leurs Tableaux de l'humidité & des injures de l'air. Selon Vitruve (1) & Pline (2) ils se servirent pour cet effet de la cire, laquelle rehaussoit en même temps le lustre des couleurs.

(2) Lib. XXXIII. Cap. 40.

C'eſt ce qu'on voit dans quelques chambres des maiſons comblées d'une ancienne ville nommée Reſina près de l'ancienne Herculanum. Les pans de ces chambres avoient des compartimens de cinabre d'une telle beauté qu'ils reſſembloient à une teinture de pourpre ; mais lorſqu'on les approcha du feu pour en détacher le tartre qui s'y étoit formé, la cire dont les Peintures étoient couvertes ſe fondit. On a trouvé auſſi dans une chambre de l'ancienne Herculanum avec différentes couleurs, une table de cire blanche ; il ſe peut qu'on fût ſur le point de la peindre lorſque l'éruption funeſte du Véſuve ſurvint & combla la ville.

*Concluſion de ce Chapitre.*

J'ai tâché de parler à l'Amateur & à l'Artiſte dans les cinq Sections de ce Chapitre ; c'eſt pourquoi j'ai joint des inſtructions aux obſervations. On y trouvera des remarques propres à rectifier ce qu'il y a de défectueux dans les Ouvrages des ſavans qui ont écrit ſur l'Art, avant d'en avoir des connoiſſances ſuffiſantes. Il ſera utile à l'un & à l'autre d'examiner à l'aide de ce Traité, les Ouvrages de l'Art Grec. Qu'ils ſe ſouviennent toujours qu'il n'y a rien de petit dans l'Art. Du reſte, il eſt impoſſible que toutes les remarques que j'ai faites puiſſent ſe lire & s'appliquer, eût-on même le livre à la main, dans l'espace d'un mois, terme ordinaire du séjour que les Voyageurs Allemands font à Rome. Mais comme la différence d'un Artiste à l'autre consiste ordinairement dans le plus ou le moins, de même ce qu'on nomme les petites choses font connoître un Observateur attentif, & le petit mene au grand. De plus les observations sur l'Art sont bien différentes des observations qui ne concernent précisément que la science des Antiques. Il y a peu de choses nouvelles à découvrir par rapport à cette derniere; & c'est pourquoi nous avons examiné les Monumens qui sont placés à la vue du public; mais il s'en faut bien que l'Art ait été approfondi avec le même succès. Les Ouvrages les plus connus ont encore des beautés cachées qui ne se découvrent qu'aux yeux les plus intelligens. On ne saisit point tout le beau à la premiere vue. Que penser donc de ce Peintre Allemand qui croyoit avoir vu & reconnu en quinze jours tout ce qu'il y avoit de beau à Rome? L'homme de sens approfondit, & ne se contente pas de glisser légérement sur la surface des choses. Le premier regard d'un homme sensible jetté sur une belle Statue est comme celui que l'on jette sur l'Océan. La vue s'y perd d'abord; mais après une contemplation réitérée, l'esprit & l'oeil se recueillent en revenant de leur premier étourdissement, & descendent au détail des parties. Il faut procéder de la même maniere avec soi-même pour s'expliquer les monumens de l'Art, que l'on emploie pour expliquer un Auteur à un autre. A la premiere lecture d'un Livre on croit l'entendre; & s'il s'agit de l'expliquer à quelqu'un, on se trouve souvent fort embarrassé, ce qui marque qu'on ne l'entend pas aussi clairement qu'on se l'imagine: il faut donc l'étudier. Lire Homere & l'expliquer sont deux choses bien différentes.

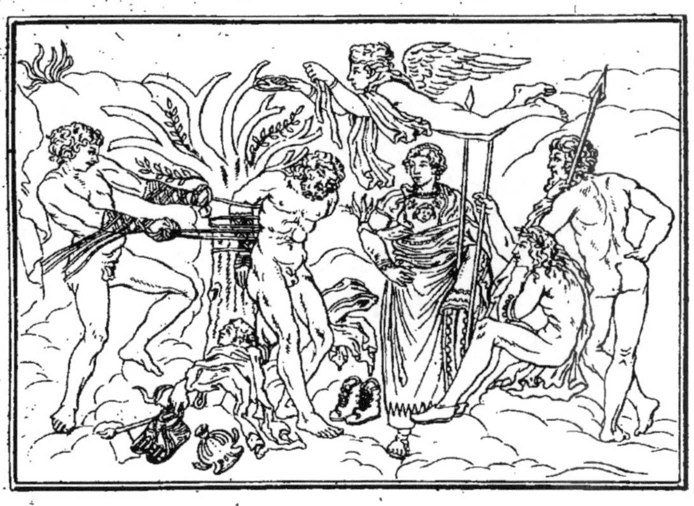

# CHAPITRE CINQUIEME.

*Histoire de l'Art chez les Romains.*

## *PREMIERE SECTION.*

### EXAMEN DU STYLE ROMAIN DANS L'ART.

APRÈS l'histoire de l'Art Grec nous devons faire suivre celle de l'Art Romain, au moins pour nous conformer à la routine. Nous devons donc examiner le Style des Artistes Romains & surtout de leurs Statuaires : car nos Antiquaires & nos Sculpteurs parlent en particulier de certains

Ouvrages du Style Romain qu'ils désignent par un caractere singulier.

### §. I. *Des Ouvrages faits par des Artistes Romains.*

On voyoit autrefois & l'on voit encore des Ouvrages de l'Art Romain, soit Statues, soit Bas-reliefs, avec des Inscriptions Romaines, & quelques Statues aussi qui ne portent que les noms des Artistes.

#### 1. *Ouvrages avec des Inscriptions.*

##### *Statues.*

Parmi les Ouvrages chargés d'Inscriptions, on distingue la Figure (1) que l'on découvrit il y a plus de deux cens ans, près de St. Veit dans l'Archevêché de Saltzbourg, & que le célebre Archevêque & Cardinal Mathieu Lange fit placer dans la Ville Archiépiscopale. Cette Statue de grandeur naturelle est de bronze : elle ressemble assez pour l'attitude au prétendu Antinoüs du Belvedere. Une autre Statue de bronze, tout-à-fait semblable à celle-là, portant la même Inscription au même endroit, c'est-à-dire sur la cuisse, se voit dans les jardins d'Aranjuez, Château de plaisance du Roi d'Espa-

(1) Gruter. Inscript. p. 989. n. 3.

gne, où Mr. Antoine Raphaël Mengs, mon ami, l'a vue; & il la regarde comme un Monument antique. Malgré toutes les peines que je me ſuis données pour avoir quelques connoiſſances touchant la Statue de Saltzbourg, je n'en ai pu avoir aucuns détails aſſez exacts & aſſez bien caractériſés pour juger, ſans la voir moi-même, ſi l'une eſt une imitation de l'autre. Toutefois je puis bien m'appercevoir dans le deſſin que j'en ai, que la hache d'armes dans celle de Saltzbourg eſt une addition moderne faite par l'ignorance.

Il y a dans la Ville Ludoviſi une autre petite Figure un peu plus haute que trois palmes, qui repréſente l'Eſpérance, & qui eſt travaillée dans le Style Etruſque (2): elle a ſur la baze une Inſcription Romaine que j'ai rapportée dans le Chapitre précédent.

### *Bas-reliefs.*

Quant aux Ouvrages en relief chargés d'Inſcriptions Romaines; j'en ai cité un au commencement du Chapitre III. que l'on voit dans la Ville Albani, & qui repréſente un office. On en voit encore un autre dans le même endroit. J'en ai fait mettre le deſſin au commencement de la ſeconde Partie. C'eſt un pere de famille

(2) Conf. Winckelmann Deſcript. des Pier. gr. du Cab. de Stoſch p. 201 & ſuiv.

habillé en Sénateur, assis sur une chaise, ayant les pieds sur un Escabeau, & tenant de la main droite le buste de son fils : vis-à-vis de lui une Figure de femme paroît répandre de l'encens sur un chandelier. L'Inscription est

C. LOLLIVS· ALCAMENES·
DEC· ET· DVVMVIR·

2. *Ouvrages avec le nom de l'Artiste.*

Boissard nous donne la Description d'une Statue (1), avec cette Inscription TITIVS· FECIT·

Sur une Statue d'Esculape qui est au Palais Verospi, on lit le nom de l'Artiste (2) ainsi marqué ASSALECTVS·

Je ne citerai point les Pierres gravées qui portent des noms d'Artistes Romains comme Aepolianus, Cajus, Cnejus, *&c.*

## §. II. *De l'imitation des Artistes Grecs & Romains.*

Les Monumens cités ci-dessus peuvent suffire dans un Système de l'Art pour caractériser un Style différent de celui des Etrusques & des Grecs. Il n'est pas probable que les Artistes Grecs se soient formé un Style parti-

(1) Antiquit. §. III. T. III. Fig. 132.

culier; mais il y a toute apparence que dans les temps anciens ils imiterent celui des Etrusques dont ils adopterent beaucoup d'autres choses, & en particulier leurs rites ſacrés; mais par retour, dans les temps poſtérieurs, lorſque l'Art fleuriſſoit en Grec, il eſt à croire que les Artistes Etrusques peu nombreux furent diſciples des Grecs.

### *Preuve que les premiers Grecs imiterent le Style Etruſque.*

Un Vaſe de bronze, de forme cylindrique, placé dans la Gallerie du College de St. Ignace à Rome, nous fournit une preuve claire & infaillible que les Artiſtes Grecs imiterent le Style Etruſque. D'abord le nom de l'Artiſte ſe trouve ſur le couvercle, & il y eſt dit qu'il fit ce Vaſe à Rome. En ſecond lieu le Style Etruſque ſe montre non-ſeulement dans le deſſin des Figures, mais auſſi dans l'idée du tout-enſemble. Ce Vaſe dont on donne la forme à la fin de ce Chapitre, eſt à-peu-près haut de trois palmes; & ſon diametre peut avoir une palme & demie. Il y a des ornemens au-deſſus & au-deſſous du bord ſupérieur. L'Artiſte a gravé au burin autour du Vaſe, l'hiſtoire des Argonautes, leur débarquement, le combat & la Victoire de Pollux remportée ſur Amycus. Je n'ai choiſi

(2) Préface aux Pier. grav. du Cab. de Stoſch. p. XI.

de ce morceau que les trois Figures de Pollux; d'Amycus & de Minerve, pour donner une idée du travail & du deſſin de ce Vaſe. On en voit l'eſtampe au commencement de ce Chapitre. On voit une chaſſe ſur le tour du couvercle; & au milieu s'élevent trois petites Figures de bronze fondu, d'une demi-palme de haut: ce ſont premiérement la perſonne morte à l'honneur & à la mémoire de laquelle ce Vaſe fut probablement mis dans ſa tombe; & à côté d'elle deux Faunes avec des pieds humains & des queues de cheval, ſelon l'idée des Etruſques qui donnoient à ces demi-dieux ou des pieds humains ou des pieds de cheval, mais toujours une queue de cheval. L'Inſcription eſt placée ſous ces Figures. D'un côté eſt le nom de la perſonne qui a élevé cette Urne à la mémoire de ſa mere défunte (1).

DINDIA·MACOLNIA·FILEA·DEDIT

& de l'autre côté le nom de l'Artiſte:

NOVIOS·PLAVTIOS·MED·
ROMAI·FECID·

---

(1) DINDIA· MACOLNIA· FILIA· DEDIT· NOVIOS· PLAVTOS· ME· ROMAI· FECIT· MED au lieu de ME· & ROMAI au lieu de ROMAE. Cette Inſcription indique la plus ancienne forme des Lettres Romaines, & elles paroiſſent plus anciennes, ou au moins plus Etruſques, que celles de l'Inſcription de L. Corn,

Les trois pieds de l'Urne portent chacun une Figure particuliere de bronze fondu : Sur l'un est Hercule avec la Vertu & la Volupté, représentées toutes les deux par deux Figures d'homme & non par des Figures de femme comme chez les Grecs.

## §. III. *D'où vient l'erreur de ceux qui admettent un Style Romain particulier.*

### 1. *Premiere cause : la fausse explication des représentations.*

Le préjugé d'un Style particulier attribué aux Artistes Romains & différent du Style Grec, vient de deux causes. La premiere est l'explication fausse des Figures représentées. Il est arrivé que l'on a voulu trouver un trait de l'Histoire Romaine dans des sujets pris de la Fable Grecque ; & par une suite nécessaire de cette méprise l'Ouvrage a été attribué à un Artiste Romain. Nous avons un exemple d'une erreur pareille dans l'explication qu'un Auteur superficiel nous a donnée d'une belle Pierre Grecque du Cabinet de Stosch (2). Cette Pierre

---

Scipio Barbatus dans la Bibliotheque Barberini, laquelle est pourtant la plus ancienne Inscription Romaine qui soit sur pierre. J'en ai parlé dans mes Remarques sur l'Architecture des Anciens, p. 5.

(2) Scarso, Lettera &c. p. 51.

représente Polyxene, fille de Priam (1), sacrifiée par Pyrrhus sur le tombeau de son pere Achilles. L'Auteur dont je veux parler y a trouvé le viol de Lucrece. Il tire la preuve de son explication du Style Romain de l'Ouvrage de cette Pierre, qui, selon lui, s'y découvre aisément & évidemment. Toute l'évidence que j'y vois, c'est qu'une fausse conclusion peut engendrer une these également fausse, lorsqu'on n'a pas de bons principes. Ce Critique auroit jugé aussi gauchement du beau grouppe connu sous le nom du jeune Papyrius, si le nom de l'Artiste Grec n'y étoit pas marqué.

2. *Seconde cause: une vénération mal-entendue pour les monumens Grecs.*

Une autre chose qui a contribué à accréditer l'idée d'un Style Romain, c'est le respect mal-entendu que l'on a pour les Ouvrages des Artistes Grecs. Car enfin il s'en est trouvé parmi eux beaucoup de médiocres, & on ne marque pas d'attribuer leurs Ouvrages aux Romains par vénération pour les Grecs. On croit plus raisonnable de mettre sur le compte des premiers tout ce que l'on trouve de foible, que d'en faire les Grecs responsables. Ainsi, sans donner d'autre preuve d'un sentiment si particulier, on est

(1) Winckelmann Descript. des Pier. gr. du Cab. de Stosch, p. 395.

convenu de nommer Ouvrages Romains ou du Style Romain, tout ce qui a moins de grace, tout ce qui n'est pas au-dessus du médiocre.

### 3. *Réfutation du préjugé qui admet un Style Romain particulier.*

Ces considérations me portent à regarder le prétendu Style Romain comme une chimere, puisqu'il n'est appuyé que de suppositions & d'idées sans fondement, adoptées sans examen, & suivies par un effet de la routine ; & que d'ailleurs nous n'avons aucune connoissance prise de la nature de l'Art ou de ses circonstances, qui nous conduise à l'admettre. Cependant pour ne pas nous décider au hazard sur un point de cette importance, j'indiquerai succinctement l'état de l'Art au temps de la République Romaine. Je suis forcé de quitter ici l'ordre que j'ai suivi dans les Chapitres précédens, où j'ai toujours fait précéder l'examen du dessin des nudités, à celui de la drapperie. Au moins je traiterai de l'habillement des hommes plutôt suivant ce que l'on en voit, que selon ce qui en est écrit.

## §. IV. *Histoire de l'Art à Rome.*

### 1. *Sous les Rois.*

Il est vraisemblable que sous les Rois de Rome, il y eut peu ou point de Romains qui s'appliquassent au Dessin, encore moins à la Sculpture, puisque selon les Loix de Numa il étoit défendu de représenter la Divinité sous une forme humaine, comme Plutarque nous l'apprend dans la vie de ce Roi Législateur & Pontife (1); de sorte que cent-soixante ans après Numa, ou selon Varron (2), pendant les cent-soixante-dix premieres années on ne vit ni Statues ni images dans les Temples de Rome. Je dis dans les Temples, ce qui signifie qu'il n'y eut aucune représentation des Dieux à qui l'on rendit un culte religieux : car il y eut sûrement pendant ce temps à Rome, des Statues divines dont nous parlerons dans l'instant, mais il paroît qu'elles n'étoient point placées dans les Temples comme un objet de culte.

On se servoit pour les Ouvrages publics d'Artistes Etrusques qui dans ces premiers temps étoient à Rome ce qu'y furent dans la suite les Artistes Grecs. Sans-doute que ce furent des Artistes Etrusques qui exécuterent la Statue de Romulus dont j'ai parlé dans le premier Chapitre de cette Histoire. Nous ignorons si la Louve de bronze du Capitole, qui allaite Romulus & Remus, est celle dont Denys d'Halycarnasse parle comme d'un Monument antique (3), ou une

(1) Numa, p. 118. l. 26.
(2) Apud. S. Aug. De Civit. Dei, Lib. IV. Cap. 36.
(3) Antiq. Rom. Lib. I. p. 64. l. 19.
(4) De Divinat. Lib. II. n. 20.

autre qui, suivant Cicéron, fut endommagée par le feu du ciel (4). Ce qu'il y a de sûr, c'est qu'on voit une fente considérable sur la cuisse de cet animal, c'est peut-être là le mal que le tonnerre lui a fait.

Tarquin l'Ancien (5), ou selon quelques autres, Tarquin le Superbe (6) fit venir un Artiste de Fregella, ville du pays des Volsques (Plutarque dit que c'étoient des Artistes Etrusques de Vejes) pour faire la Statue de Jupiter Olympien de terre cuite, & les Quadriges de même matiere qui furent placés sur le toit du temple. D'autres prétendent que cet Ouvrage fut exécuté à Vejes.

Caja Cecilia, femme de Tarquin l'Ancien, fit mettre sa propre Statue de bronze dans le temple du Dieu Sanga (7).

Du temps de la République, pendant les troubles des Gracques, les Statues des Rois se voyoient encore à l'entrée du Capitole (8).

2. *Dans les meilleurs temps de la République.*

La simplicité des mœurs des premiers temps de la République ne fournissoit pas à l'Art beaucoup d'occasions de s'exercer dans un Etat fondé

(5) Plin. Lib. XXXV. Cap. 45.
(6) Plutarch. Poblic. p. 188. l. 20.
(7) Scal. Conjet. in Varron. p. 171.
(8) Appian. de Bel. civ. Lib. I. p. 168. l. 17.

par les armes. Le plus grand honneur que l'on rendit alors à un citoyen, fut de lui élever une colonne (1); & lorsqu'on commença à y substituer une Statue pour honorer un mérite transcendant, la hauteur en fut fixée à trois pieds (2): mesure bien bornée pour l'Art. C'est donc la grandeur qu'il faut supposer à la Statue de bronze d'Horace Coclès (3); à la Statue équestre de Clélie, aussi de bronze (4), qui existoit encore du temps de Séneque (5); & à plusieurs autres qui furent faites à Rome dans les premiers temps. On y fit aussi d'autres Monumens publics de bronze: sur-tout des Colonnes sur lesquelles on grava les nouvelles Ordonnances, telle que celle qui permettoit au peuple de bâtir sur le mont Aventin (6), au commencement du quatrieme siecle de la fondation de Rome; & peu après, les Colonnes sur lesquelles on lisoit les nouvelles Loix des Decemvirs (7).

On peut supposer encore que la plupart des Statues des Dieux, dans les premiers temps de la

(1) Plin. Lib. XXIV. Cap. 11.
(2) Plin. Loco citato.
(3) Plutarch. Poblic. p. 192. l. 20.
(4) Plin. Lib. XXXIV. Cap. 13.
(5) Consol. ad Marciam.
(6) Dionys. Halycarnass. Ant. Rom. Lib. X. p. 628. l. 40.

la République, furent conformes à la grandeur & à la construction des temples qui n'étoient pas fort magnifiques alors à en juger par celui de la Fortune qui fut achevé dans un an (8): ce que les ruines & les descriptions des autres temples nous confirment (9).

Du reste toutes les Statues dont on vient de parler furent exécutées par des Artistes Etrusques. Au moins Pline l'assure du grand Apollon de bronze qui fut placé dans la suite dans le temple d'Auguste (10). Spurius Carvilius, après avoir vaincu les Samnites, fit fondre cette Statue par un Artiste Etrusque, des cuirasses, des casques & autres armures des vaincus. L'époque est l'an 461 de la fondation de Rome, c'est-à-dire dans la CXXI. Olympiade. Cette Statue étoit si grande, dit-on, qu'elle pouvoit être vue de la montagne d'Albe, nommée aujourd'hui *Monte Cavo*. Spurius Cassius qui fut Consul l'an deux-cens-cinquante-deux, fit faire la premiere Statue de Cerès en bronze (11). L'an quatre cens dix-sept, lorsque les Consuls L. Furius Camillus, & C. Mœnius

(7) Ibidem, p. 649. l. 35.
(8) Idem Lib. VIII. p. 305. l. 12.
(9) Nonn. ap. Scalig. Conject. in Varron. p. 17.
(10) Plin. Lib. XXXIV. Cap. 18.
(11) Id. ibid. Cap. 9.

eurent défait les Latins, on leur érigea des Statues équestres (1), chose extraordinaire & nouvelle alors; mais l'histoire ne dit point quelle en fut la matiere.

Les Romains se servirent aussi de Peintres Etrusques: ce furent eux qui peignirent un temple de Cerès (2); & lorsque ce temple commençoit à menacer ruine, on en coupa les murs peints & on les transporta ailleurs pour conserver les Peintures.

On commença fort tard à Rome à travailler en marbre: ce qui est bien prouvé par l'Inscription connue (3) de la Statue de L. Scipio Barbatus (4), le plus grand homme de son siecle. Elle est gravée sur l'espece de pierre la plus commune, nommée *Peperino.* Il est vraisemblable que l'Inscription de la Colonne Rostrale de C. Duillius, du même temps, ne fut pas non plus gravée sur le marbre, mais sur cette même pierre commune; quoique l'on ait voulu prouver par un passage de Silius (5), qu'elle étoit sur marbre. Du reste il est évident que ce qui s'est conservé de l'Inscription qu'on lit aujourd'hui, est des temps postérieurs.

---

(1) Tit. Liv. Lib. VIII. Cap. 14.

(2) Plin. Lib. XXXV. Cap. 45.

(3) Sirmond, explicat. hujus Inscript. conf. Fabret. Inscr. p. 461.

(4) Conf. Tit. Lib. XXXV. Cap. 10.

(5) Rycq. de Capitol. Cap. 33. p. 124.

Jusqu'à l'an 454 de la fondation de Rome, c'est-à-dire jusqu'à la CXX. Olympiade, toutes les Statues, ainsi que tous les Citoyens, portoient les cheveux longs & la barbe longue (6): car ce ne fut que cette année que les barbiers de Sicile vinrent à Rome (7). Tite-Live (8) rapporte que le Consul M. Livius s'étant exilé de la ville pour quelque sujet de mécontentement, laissa croître sa barbe, mais qu'il se la fit raser lorsqu'il revint à Rome à la sollicitation du Sénat. Scipion l'Afriquain portoit une longue chevelure (9) lorsqu'il s'aboucha pour la premiere fois avec Massinissa. Mais les têtes soit en marbre ou en basaltes, qui le représentent dans l'âge viril, ou dans la vieillesse, sont toutes rasées, sans aucune apparence de barbe.

### 3. *Jusqu'à la CXX. Olympiade.*

Pendant la seconde guerre Punique, les plus nobles d'entre les Romains cultivoient la Peinture. C'est de l'Art que Q. Fabius, le même qui après la malheureuse bataille de Cannes fut envoyé consulter l'Oracle de Delphes, reçut le nom de Pictor (10). Quelques années

(6) Varro de Re Rust. Lib. II. Cap. 11. p. 54. Cic. Orat. pro M. Cælio, n. 14.

(7) Plutarch. Camil. p. 254. l. 24.

(8) Tit. Liv. Lib. XXVII. Cap. 34.

(9) Idem Lib. XXVIII. Cap. 35.

(10) Idem Lib. XXII. Cap. 7.

après cette bataille, Tiberius Gracchus fit peindre au temple de la Liberté à Rome, les réjouissances de son Armée dans Bénevent, après la victoire remportée sur Hannon près de Luceria (1). Les Habitans de Bénevent régalerent les soldats en pleine rue; & ces soldats étoient pour la plupart des esclaves armés auxquels Gracchus, avec l'agrément du Sénat, avoit promis la liberté avant le combat pour les encourager. Ceux-ci portoient dans cette fête des chapeaux & des bandelettes de laine blanche en signe de la liberté qu'il avoient méritée par leur victoire. Il y en avoit pourtant quelques-uns qui n'avoient pas bien fait leur devoir; pour punition ils furent condamnés à prendre leurs repas debout tant que la guerre dureroit. Ainsi on en voyoit quelques-uns qui étoient couchés à table dans cette Peinture, d'autres qui étoient debout, & d'autres encore qui les servoient.

### 4. *Après la seconde Guerre Punique.*

Dans cette seconde guerre Punique les Romains ramasserent toutes leurs forces pour résister à la Fortune qui leur étoit contraire. Plusieurs de leurs Armées avoient été entiérement

(1) Tit. Liv. Lib. XXIV. Cap. 16.
(2) Id. Lib. XXVII. Cap. 36.
(3) Id. Lib. XXVI. Cap. 1.

défaites il ne restoit plus à Rome que 137000 Citoyens (2): cependant ils tinrent la campagne pendant les dernieres années de cette guerre avec vingt-trois Légions (3): ce qui paroît tenir du merveilleux. Dans cette guerre les affaires changerent totalement de face à Rome, comme à Athenes dans la guerre contre les Perses. Les Romains firent connoissance & alliance avec les Grecs, & sentirent naître en eux de l'amour pour leur Art. Après la prise de Syracuse, Claudius Marcellus en fit transporter à Rome plusieurs Ouvrages qui furent les premiers que l'on y apporta du pays des Grecs. Il en fit orner le Capitole & le temple qu'il consacra lui-même près de la porte Capena (4). La ville de Capoue fut ainsi dépouillée lorsque Q. Fulvius Flaccus la prit (5): il en fit transporter toutes les Statues à Rome.

Malgré la grande quantité de Statues ainsi prises sur les ennemis vaincus, on en travailla encore de nouvelles à Rome. En effet ce fut à-peu-près dans le même temps que les Tribuns du Peuple imposerent quelques amendes pécuniaires dont le produit devoit être employé à faire travailler des Statues de bronze pour le temple de Cerès (6). Dans la dix-septième & derniere année de cette guerre, les Ediles

(4) Id. Lib. XXV. Cap. 40.
(5) Id. Lib. XXVI. Cap. 34.
(6) Id. Lib. XXVII. Cap. 6.

firent poser au Capitole trois autres Statues faites aussi du produit des amendes pécuniaires (1); peu après & du même argent on fit encore trois autres Statues de bronze représentant l'une Cerès, l'autre Liber Pater, & la troisieme Libera (2). Alors L. Sternitius employa le butin fait en Espagne à ériger au marché aux bœufs deux arcs de triomphes qui furent ornés de Statues dorées (3). Tite-Live observe que les édifices publics, nommés Basiliques, n'étoient pas encore bâtis à Rome dans ces temps-là (4).

Quelques années après la prise de la ville de Syracuse (5), & dans la douzieme année de la même guerre, on portoit encore dans les processions publiques des Statues de bois. Lorsque la foudre tomba sur le temple de Junon Regina, sur le mont Aventin, on ordonna une procession pour détourner tout mauvais présage, dans laquelle on porta deux Statues de cette Déesse faites de bois de ciprès, & placées dans le même temple; elles étoient accompagnées de vingt-sept filles en robe longue qui chantoient un hymne en l'honneur de la Déesse.

Après que Scipion l'Afriquain eut entiérement chassé les Carthaginois de l'Espagne, lors-

(1) Tit. Liv. Lib. XXX. Cap. 39.
(2) Id. Lib. XXXIII. Cap. 25.
(3) Id. ibidem. Cap. 27.
(4) Id. Lib. XXVI. Cap. 27.

qu'il étoit sur le point de les aller attaquer même en Afrique, les Romains envoyerent à l'oracle de Delphes des Statues de leurs Dieux de mille livres d'argent conquis, & en même temps une couronne de deux cens livres d'or (6).

Lorsque la guerre fut terminée entre les Romains, & Philippe Roi de Macedoine, L. Quinctius apporta de nouveau de la Grece à Rome une grande quantité de Statues de bronze & de marbre, avec plusieurs Vases artistement travaillés; & pendant son triomphe qui dura trois jours, on les mena en spectacle par la ville: ceci arriva dans la CXLV. Olympiade (7). Parmi ce riche butin, il y avoit onze boucliers, dont dix d'argent & l'onzieme d'or, avec cent quatorze couronnes de ce dernier métal qui furent des présens des villes Grecques. Bientôt après, c'est-à-dire un an avant la guerre des Romains contre Antiochus le Grand, on éleva au-dessus du temple de Jupiter Capitolin, un quadrige doré surmonté de douze boucliers dorés (8). Scipion l'Afriquain, avant que de faire la guerre à ce même Roi, contre qui son frere l'envoyoit, bâtit un arc de triomphe à la montée du Capitole, & l'orna de sept Statues

(5) Id. Lib. XXVII. Cap. 37.
(6) Id. Lib. XXVIII. Cap. 45.
(7) Id. Lib. XXXIV. Cap. 52.
(8) Id. Lib. XXXV. Cap. 41.

dorées & de deux chevaux ; & devant l'arc même il plaça deux grands bassins de marbre (1).

5. *Après la guerre contre le Roi Antiochus.*

Jusqu'à la CXLVII. Olympiade, & jusqu'à l'époque de la victoire remportée par Lucius Scipion, frere de Scipion l'Afriquain, sur Antiochus le Grand, les Statues des Dieux placées dans leurs temples à Rome, étoient pour la plupart de bois ou d'argile (2); & il y avoit alors très peu d'édifices publics de quelque apparence dans cette ville (3). Mais cette victoire, en rendant les Romains maîtres de l'Asie jusqu'au mont Taurus, & en remplissant leur Capitale d'un butin immense, y introduisit le luxe & la volupté Asiatiques qui y furent reçus avec empressement (4). Les Romains adopterent aussi à peu-près dans le même temps les Bacchanales des Grecs (5). Parmi les riches trésors qui ornerent la pompe du triomphe de L. Scipion, il y eut mille quatre cens vingt quatre livres d'argent en Vases tournés & ciselés (6), & des Vases d'or d'un travail semblable, de mille vingt-quatre livres pesant.

(1) Tit. Liv. Lib XXXVII. Cap. 3.
(2) Plin Lib XXXIV. Cap. 11.
(3) Tit. Liv. Lib. XL. Cap. 5.
(4) Idem Lib. XXXIX. Cap. 6.
(5) Id. Ibidem, Cap. 9.

Lorsque les Romains eurent adopté & installé parmi eux les Dieux de la Grece sous des noms Grecs (7), après leur avoir donné des Prêtres de cette même nation il ne restoit plus qu'à les faire fabriquer eux-mêmes en Grece, afin que tout fût à la Grecque : au moins ce furent des Artistes Grecs qui en firent les Statues à Rome ; & le respect que l'on eut pour ces nouvelles Statues fut tel que l'on tourna en ridicule les anciens Ouvrages de terre qui avoient orné les temples dans les premiers temps : ils devinrent un objet de risée, selon Caton l'ancien (8). L. Quinctius qui avoit eu les honneurs du triomphe dans l'Olympiade précédente après la guerre de Macédoine, reçut alors les honneurs de la Statue ; on y mit une Inscription Grecque (9), & il est probable aussi qu'elle fut faite par un Artiste Grec. L'Inscription Grecque mise sur la base d'une Statue qu'Auguste fit élever à César, fait soupçonner qu'elle fut de-même travaillée par un ciseau Grec.

### 6. *Après la conquête de la Macédoine.*

A-peine la paix eut-elle été conclue avec Antiochus, que les Etoliens qui avoient été les

(6) Id. Lib. XXXVII. Cap. 59.
(7) Cic. Orat. pro Corn Balbo, n. 24.
(8) Tit. Liv. Lib. XXXIV. Cap. 4.
(9) Rycq. de Capitol. Cap. 26. p. 105.

Alliés de ce Roi, firent la guerre aux Macédoniens. Les Romains leurs amis furent obligés de les ſoutenir. Ils firent le ſiege d'Ambracia: le ſiege fut long & meurtrier. Enfin la ville ſe rendit. Pyrrhus y avoit fait autrefois ſa réſidence, de ſorte qu'elle ſe trouvoit remplie de Statues de bronze & de marbre, & de belles Peintures. Les aſſiégeans, maîtres de la place, forcerent les habitans à leur céder le tout, & tout fut transporté à Rome (1). L'avidité des vainqueurs les porta à un tel excès que les Ambraciens ſe plaignirent qu'il ne leur reſtoit pas une ſeule Divinité qu'ils puſſent adorer. Le triomphe de M. Fulvius vainqueur des Etoliens fut orné de deux cens quatre-vingt Statues de bronze, & de deux cens trente Statues de marbre (2). Il fit venir des Artiſtes Grecs à Rome pour y préparer les ornemens des Jeux que ce Conſul vouloit donner (3) & on vit alors pour la premiere fois des Lutteurs dans l'arêne, ſelon l'uſage des Grecs.

Dans l'année 573 de la fondation de Rome, ce même M. Fulvius qui étoit pour lors Cenſeur avec M. Emilius, commença à orner la ville d'édifices publics dans lesquels on n'épargna rien pour la magnificence (4). Il faut que le mar-

(1) Tit. Liv. Lib. XXXVIII. Cap. 9. & 43.
(2) Id. Lib. XXXIX. Cap. 5.
(3) Id. ibid. Cap. 22.
(4) Id. Lib. XL. Cap. 51. 52.

bre n'ait pas été commun à Rome, avant qu'elle possédât la Ligurie ou étoit Luna, à-présent Carrare, qui fournissoit alors, comme aujourd'hui, un beau marbre blanc. Ce qui appuie cette conjecture, c'est que ce même Censeur, M. Fulvius, fit transporter à Rome les tuiles de marbre (5) dont le temple célebre de Junon Lacinia près de Crotone dans la grande Grece, étoit couvert, pour en faire le toit d'un temple qu'il avoit fait vœu de bâtir. Son Collegue, le Censeur M. Emilius, fit paver une place publique, & ce qui paroît bisarre, il l'entoura de palissades de marbre (6).

Quelque temps après, dans la 564e. année de la fondation de Rome, Scipion l'Afriquain, l'aîné, fit ériger une colonne dans le temple d'Hercule (7); & deux chars dorés attelés de deux chevaux aussi dorés sur le Capitole. L'Edile Q. Fulvius Flaccus fit mettre au même endroit deux Statues dorées. Le fils de Glabrion qui avoit battu le Roi Antiochus près des Thermopyles, fit élever à son Pere une Statue dorée. Pline (8) dit que ce fut la premiere de cette sorte que l'on vit en Italie; mais vraisemblablement il n'entend parler que des Statues des grands hommes. Dans la guerre de Macédoine

(5) Id. Lib. XLII. Cap. 3.
(6) Id. Lib. XLI. Cap. 32.
(7) Id. Lib. XXXVIII. Cap. 35.
(8) Id. Lib. XL. Cap. 34.

contre le dernier Roi Persée, les députés de la ville de Chalcis se plaignirent que le Préteur C. Lucretius avoit fait piller tous leurs temples, quoiqu'ils se fussent rendus par composition, & qu'il avoit fait transporter toutes les Statues & autres ornemens précieux à Antium (1). Après la défaite du Roi Persée par Paul-Emile, celui-ci alla à Delphes où l'on travailloit aux bases sur lesquelles le Roi vouloit faire poser ses Statues : le vainqueur les réserva pour la sienne (2).

Tel fut l'état de l'Art chez les Romains dans le temps de la République. Mais son histoire depuis cette époque jusqu'à la décadence de la liberté Romaine, étant plus mêlée avec l'histoire Grecque, je dois la renvoyer à la seconde Partie de cet Ouvrage. L'abrégé que je viens de donner a au-moins cet avantage que, si quelqu'un avoit envie de l'étendre & de traiter cette matiere en grand, il pourroit lui servir de fil, & lui épargner beaucoup de lecture, & sur-tout la confrontation pénible des historiens anciens & des diverses chronologies qu'ils ont suivies.

---

(1) Id. Lib. XLIII. Cap. 9.

## SECTION SECONDE.

### De l'habillement des Romains.

*Division.*

Je vais remplir ma promesse, en rassemblant dans cette Section des remarques abrégées sur la forme de l'habillement Romain à l'usage des hommes seulement. L'Art considere surtout a forme, & je tâcherai d'en parler d'une maniere si claire que le Lecteur puisse m'entendre sans figures. Comme en traitant de l'habillement des femmes Grecques j'y ai joint des observations applicables à celui des femmes Romaines, ce que je dirai ici de l'habillement Romain à l'usage des hommes, regardera aussi en quelque sorte l'habillement que les hommes portoient en Grece. Dans l'habillement je comprends aussi l'armure qui est l'habillement de guerre, sans entrer pourtant dans l'examen des armes mêmes. Je parlerai d'abord de l'habillement du corps en particulier; & ensuite des habillemens propres des différentes parties du corps, de la tête, des pieds, &c.

(2) Id. Lib. XLV. Cap. 27.

## §. I. *De l'habillement du corps.*

### 1. *Vêtement de dessous.*

Dans les temps les plus reculés quelques nations regarderent le vêtement de dessous comme affecté particuliérement & uniquement aux femmes (1). Les premiers Romains furent de ce nombre, & chez eux les hommes ne portoient que la toge (2); les Statues de Romulus & de Camille au Capitole ne sont pas autrement drappées (3) Encore dans les temps postérieurs, ceux qui se présentoient devant le peuple au champ de Mars pour briguer un poste honorable, s'y montroient sans vêtement de dessous afin de laisser voir les cicatrices des plaies qu'ils avoient reçues sur la poitrine, & de s'en glorifier comme de marques de bravoure (4). Mais dans la suite cette partie de l'habillement fut généralement en usage chez les Grecs & les Romains, à l'exception pourtant des Philosophes Cyniques. Nous savons même qu'un hyver Auguste en porta jusqu'à quatre à la fois. Ce vêtement ne se voit qu'au cou & sur la poitrine dans les Statues, Bustes, ou Bas-reliefs, parce que toutes les Figures portent la toge ou un

(1) Herodot. Lib. I. p. 40. l. 33.

(2) Aul. Gel. Noct. Att. Lib. V. Cap. 12.

(3) Cic. Orat. pro M. Scauro.

manteau. On ne voit aucune Figure d'homme avec le seul vêtement de dessous, si ce n'est dans les anciennes Peintures du Térence & du Virgile du Vatican. Cet habillement étoit une robe à manches qui se passoit par dessus la tête & qui descendoit jusqu'au gras de jambe lorsqu'elle n'étoit pas retroussée. Souvent les manches étoient fort courtes & ne descendoient pas plus bas que le coude : on en voit de cette sorte à la belle Statue de Sénateur qui est dans Ville Negroni ; elles s'appelloient κολόβια ou *manches coupées* (5). Juste-lipse nous apprend que les *Cinædi* & les *Pueri meritorii* portoient des manches étroites qui comme celles des robes des femmes, descendoient jusques sur les doigts de la main (6). Les esclaves qui ne portoient point de manteaux, avoient leur habillement tellement lié qu'il étoit retroussé jusqu'aux genoux. Il y a dans le Palais Farnese un Vase de marbre dont le travail magnifique représente une danse de Bacchantes & Sylene, avec un Bacchus Indien & barbu dont le vêtement de dessous est visible ; & ce qu'il y a de plus remarquable, c'est qu'il est lacé sur la poitrine : ce qui ne se voit nulle part ailleurs.

(4) Plutarch. Ῥωμαϊκά, p. 491. l. 31.
(5) Salmas. ad Tertul. de Pall. p. 44.
(6) Lips. Antiq. Lect. Lib. IV. Cap. 8.

## 2. *La Toge.*

La Toge Romaine étoit coupée en rond, comme le manteau des Grecs (1) & les nôtres. Le Lecteur se rappellera ici ce qui j'ai dit au Chapitre précédent du manteau des femmes Grecques. Mais lorsque Dénis d'Halicarnasse dit que la Toge avoit la forme d'un demi-cercle (2), je pense qu'il n'entend pas parler de sa forme dans la coupe, mais de celle qu'elle avoit lorsqu'on la mettoit. Car, comme le manteau Grec se mettoit souvent en double, il se peut que l'on mît la Toge de la même façon : explication qui leveroit toutes les difficultés dans lesquelles se perdent les Commentateurs qui ont écrit sur les habillemens des Anciens. Les savans ne trouvent d'autre différence entre la Toge & le manteau, sur-tout le manteau des Philosophes, qu'en ce que le manteau se mettoit sur le corps nud, au lieu que la Toge se portoit par-dessus la chemise, ou le vêtement de dessous (3). D'autres se sont imaginé que les manteaux Grecs étoient d'une forme quarrée : ils

(1) Quint. Lib. XI. Cap. 3. p. 844. l. 1. Isidor. Orig. Lib. XIX. Cap. 24.

(2) Dionys. Halic. Ant. Rom. Lib. III. p. 187. l. 29.

(3) Casaub. Not. in Capitolin. p. 58. A. Salmas. in Tertul. de Pal. p. 13.

(4) Ruben. de re vestiaria Lib. II. Cap. 6. p. 161.

ont cru y voir quatre coins sur un dessin de Statue d'Euripide (4); un autre encore prétend en avoir reconnu autant au manteau d'une Figure dans l'apothéose d'Homere, au Palais Colonna (5), savoir à celui de la Figure qui est à côté de la caverne. Ces Auteurs se sont également trompés: ces quatre coins ne se trouvent ni à l'une ni à l'autre de ces Figures. Celle en particulier qui porte sur la base le nom d'Euripide (6) a été longtemps égarée & crue perdue; elle s'est enfin retrouvée depuis peu dans la Garde-robe du Palais Farnese: elle a été assez de temps entre mes mains pour que j'en puisse parler avec connoissance & certitude.

La Toge, ainsi que le manteau, se jettoit par dessus l'épaule gauche, & la quantité de plis qui se formoient par cette façon de la mettre, se nommerent *Sinus* (7). On a observé que pour l'ordinaire elle n'étoit point ceinte; cependant il est à croire qu'elle l'a été dans certaines occasions, comme il paroît par quelques passages d'Appien (8). A la campagne les Grecs ne portoient jamais de manteau (9), ni

(5) Cuper. Apotheos. Hom. p. 34.
(6) Fulv. Urs. Imag.
(7) Turneb. Advers. Lib. III. Cap. 26.
(8) Bel. Civ. Lib. I. p. 173. l. 6. οἱ πολιτικοὶ ἅτε ἱμάτια διαζωσάμενοι καὶ τὰ προστύχοντα ξύλα ἁρπάσαντες τοὺς ἀγροίκους δείσησαν. Conf. Lib. II. p. 260. l. 7.
(9) Casaub. in Theophr. p. 38.

les Romains de Toge; ils y ſubſtituoient une eſpece de ſurtout léger & rond qui n'en diffe-roit peut-être que par la grandeur (1). Les Romains l'appelloient *Tibenum* ou *Paludamentum*, & les Grecs *Chlamys*. Il ſuffit de voir cet habillement, pour ſentir combien il y a de faux dans les différentes formes que d'autres Auteurs lui ont données. Toutes les Statues cuiraſſées portent ce manteau, il y en a encore quelques autres qui l'ont auſſi, comme celle d'Auguſte nud dans la Ville Albani, Marc-Aurele à cheval, & deux Rois captifs de marbre noir au Capitole. On le voit même aux Buſtes des Empereurs. On peut donc aiſément ſe convaincre par ſes propres yeux qu'il étoit rond & non-quarré. S'il avoit eu cette derniere forme, les plis n'en auroient pas pu être jettés comme ils le ſont. Cet habit de campagne s'attachoit ordinairement ſur l'épaule droite par un grand bouton, & deſcendoit par deſſus l'épaule gauche en la couvrant, de façon que le bras droit reſtoit libre. Quelquefois auſſi le bouton ſe mettoit ſur l'épaule gauche, comme il eſt aux Buſtes de Druſus, de Claudius, de Galba, de Trajan, d'un Adrien, & d'un Marc-Aurele au Capitole.

(1) Etymolog. magn. v. χλαῖνα.

### 3. *Ornemens des habits d'homme.*

Je ne parlerai point des ornemens & des bordures des habits d'hommes, dont on ne peut justifier la réalité par aucun monument existant, afin de n'en pas parler au hazard. Mais, comme on voit un prétendu *Clavus* dans une ancienne Peinture d'Herculanum qui représente Thalie ou la Muse Comique (2), nous observerons que sur la partie du manteau de cette Figure, qui couvre la cuisse, il y a une bande quarrée oblongue de couleur bigarrée. Les Auteurs qui ont donné la description de ces Peintures s'efforcent de prouver que c'est-là le véritable *Clavus* des Romains qui étoit une bande de pourpre cousue ou brodée sur l'habillement, & qui par sa différente largeur annonçoit l'état & la dignité de la Personne.

Voilà ce que j'avois à dire sur l'habillement du corps en particulier.

## §. II. *Habillemens des différentes parties du corps.*

Ce que j'ai à dire de l'habillement des différentes parties du corps, regarde la tête, les jambes & les mains.

---

(2) Pitt. Ercol. T. II. Tav. III. p. 18, n. 2.

### 1. *De la tête. Diadême.*

A l'égard de la tête, il paroît que le diadême n'étoit pas en usage chez les Romains, comme chez les Grecs. Quoi qu'il en soit, ce diadême a du être quelquefois de bronze, comme semble le prouver le bandeau qui est à la tête du prétendu Ptolemée de bronze dans la Ville Albani, sur lequel on voit tout autour des incisions oblongues qui servoient probablement à l'attacher (1).

### *Barbe.*

On attachoit quelquefois la barbe sous le menton (2) comme on le voit à une tête du Capitole, & à une autre trouvée à Herculanum, & placée dans le Palais Royal à Portici.

### *Moustache.*

Il étoit défendu aux Spartiates de porter des moustaches (3).

(1) Le mot χαλκεόμιτωρ employé par Euripide en parlant d'Hector (*Troad. vs.* 271) pourroit donc plutôt avoir rapport au diadême qu'à la cuirasse, comme Barnes le veut.

(2) Casaub. Animad. in Athen. Deipn. Lib. III. Cap. 19. p. 119. l. 24.

*Chapeaux de différente forme.*

Les voyageurs & ceux qui vivant à la campagne avoient besoin de se garantir du soleil & de la pluie, se couvroient la tête d'un chapeau fait comme les nôtres, mais détroussé de tous les côtés, & dont la forme étoit assez peu profonde, ainsi que je l'ai indiqué dans le Chapitre précédent en parlant des chapeaux des femmes. Il s'attachoit avec des rubans noués sous le cou, & si l'on vouloit avoir la tête découverte, le chapeau se jettoit en arriere sur les épaules où il restoit suspendu aux rubans qui pourtant ne sont jamais visibles. On voit sur diverses Pierres gravées la Figure de Méleagre avec un chapeau ainsi jetté sur les épaules. Sur deux Bas-reliefs semblables dans les Villes Borghese & Albani, on voit Amphion & Zéthus avec leur mere Antiope: le premier a son chapeau sur l'épaule en signe de la vie pastorale qu'il avoit choisie. Je crois avoir publié le premier cet Ouvrage (4). Dans les temps les plus reculés, les Athéniens portoient aussi un pareil chapeau (5); mais cet usage se perdit dans la suite (6).

(3) Ibid. Lib. IV. Cap. 9. p. 170. l. 3.

(4) Descript. des Pier. grav. du Cab. de Stosch, p. 97.

(5) Lucian. Gymnas. p. 895.

(6) Philostr. Vit. Sophist. p. 572.

On trouve une autre ſorte de chapeau à bords retrouſſés, formant par devant une corne longue, avec des inciſions aux deux côtés, pour les retrouſſer de la même façon par devant, comme on les porte à la chaſſe dans quelques contrées d'Allemagne. Le Bacchus Indien ſur le Vaſe de marbre du Palais Farneſe, que je viens de citer, eſt coëffé d'un tel chapeau; & ſur le Vaſe de bronze de forme cylindrique dont j'ai donné plus haut la description, on voit une Figure avec un chapeau à bords peu élevés & lâchemens ſerrés à-peu-près comme les chapeaux des Prêtres.

Ceux qui faiſoient des courſes en char dans les jeux publics à Rome, & que l'on nommoit pour cela *Aurigatores*, portoient une eſpece particuliere de chapeau tout à-fait pointu en-haut, & reſſemblant parfaitement aux chapeaux des Chinois. On voit des Figures coëffées de cette maniere ſur deux morceaux en Moſaïque qui ſont au Palais Maſſini, ainſi que dans un Ouvrage dont Montfaucon donne le deſſin, mais qui s'eſt perdu.

### *Bonnet Phrygien.*

Nous dirons ici un mot des bonnets qui furent communs aux deux ſexes en Phrygie, pour avoir occaſion d'expliquer un paſſage de Virgile

---

(1) Ficorini Rom. p. 20.

(2) Turneb. Adverſ. Lib. XXIX. Cap. 25. Gevartii Elect. Lib. I. Cap. 7. p. 17.

qui a été mal compris jusqu'à ce jour. On voit dans la maison de la Ville Negroni la tête d'un jeune-homme coëffée d'un bonnet Phrygien, duquel descend par derriere une espece de voile qui vient envelopper le cou en devant & couvrir le menton jusqu'à la levre inférieure, de la même façon que le voile est arrangé sur une Figure de bronze connue (1), avec cette seule différence que la bouche de cette derniere est aussi couverte. La premiere de ces deux têtes peut très-bien expliquer ce que Virgile dit de Paris,

*Mæonia mentum mitra crinemque madentem*
*Subnixus.*

Æn. IV. vs. 216.

Cependant on en a donné des explications, des corrections & des commentaires bien différens, que l'on peut voir chez les Auteurs cités au bas de la page (2).

## 2. *Des Culottes.*

Il est bien sûr, quoi qu'en disent quelques Savans, que les Grecs & les Romains porterent des culottes, comme on le voit dans les Peintures d'Herculanum & dans d'autres (3). Les culottes du prétendu Coriolan dans le Tableau qui est aux bains de Titus, lui descendent jusqu'aux chevilles des pieds : elles sont de cou-

(3) Pitt. Ercol. T. I. p. 7. 267.

leur bleue, & collées comme des bas sur les jambes. En Grece les danseuses portoient des caleçons, comme chez nous (1). Cependant l'usage des culottes n'étoit pas absolument général parmi les hommes ; il y en avoit qui au-lieu de culottes se servoient de larges bandes dont ils s'enveloppoient les cuisses. Mais cette coutume étoit réputée une marque de mollesse, c'est pourquoi Cicéron en fait un reproche à Pompée (2). Du temps de Trajan, le peuple portoit de pareilles bandes autour des hanches (3). Les Figures de cet Empereur placées sur l'Arc de Constantin ont les cuisses couvertes & habillées jusqu'au-dessous du genou. Les Nations barbares avoient des culottes & des bas d'une même piece, qu'ils attachoient sous la cheville du pied avec la courroie de la semelle. Dans la suite on sépara, on coupa les bas des culottes. C'est à cela que fait allusion le mot Allemand *Strumpf* qui signifie quelque chose d'écourté, comme Eckhart le démontre. Michel-Ange a donc péché contre le costume lorsqu'il a donné à Moyse des bas remontés sous les culottes & celles-ci attachées au-dessous des genoux.

(1) Athen. Deipnos. Lib. XIII. p. 607.
(2) Cic. ad Att. Lib. II. Ep. III.
(3) Dio Chrysost. Orat. ad Tyrann.
(4) Mithridat. p. 114. l. 17.
(5) Valef. Not. ad Ammian. Lib. XXII. Cap. 4. p. 300.

### 3. *Des Souliers.*

Plusieurs Auteurs ont traité amplement des souliers des Anciens. Ceux des Romains différoient de ceux des Grecs, selon Appien (4). Nous sommes hors d'état de constater cette différence. Les gens de distinction à Rome portoient des souliers de cuir rouge travaillé chez les Parthes (5): ce pourroit bien être le maroquin moderne, ou quelque chose d'approchant. Quelques nobles Athéniens portoient sur leurs souliers une demi-lune d'argent, ou d'ivoire, & elle se mettoit selon toutes les apparences sur le côté au-dessous de la cheville du pied (6).

Je ne trouve plus rien à observer qu'un Adrien de la Ville Albani; il est représenté cuirassé & pieds nuds. J'en ai parlé ailleurs (7); & j'ai démontré que cet Empereur a fait quelquefois vingt lieues à pied dans cette armure & pieds nuds. Mais cette Statue n'est plus reconnoissable. Lorsqu'on a eu besoin d'une tête pour quelque autre Statue, on a pris celle-ci & on y a substitué une tête de Septime Sévere, de sorte que les pieds nuds ne signifient plus rien.

(6) Philostrat. Vit. Sophist. Lib. II. in Herod. Att. p. 555. l. 24.

(7) Préface à la Descript. des Pierres gr. du Cab. de Stosch, p. 24.

4. *Des Gands.*

Casaubon prétend que les Gands ne furent en usage ni chez les Grecs ni chez les Romains (1). Il se trompe. On voit des Figures gantées sur des Urnes Sépulchrales antiques. Casaubon a même d'autant plus tort d'avoir adopté une telle opinion, que les Gands étoient connus dès le temps d'Homere, puisqu'il en donne à Laërte, Pere d'Ulisse (2).

§. III. *De l'Armure.*

L'ARMURE fait partie de l'habillement du corps : elle consiste dans la Cuirasse, le Casque & l'Armure des jambes.

1. *De la Cuirasse.*

Les Anciens portoient une double cuirasse, c'est-à-dire une cuirasse qui couvroit la poitrine & le dos. Elle étoit ou de toile, & ou de bronze. Les cuirasses de toile étoient en usage parmi les Phéniciens (3) & les Assyriens (4) qui servoient dans l'Armée de Xerxès, ainsi que parmi les Carthaginois (5) auxquels on enleva les trois cuirasses que Gelon envoya à Elis, & enfin parmi les Espagnols. Il est très-croyable que la plupart des Empereurs Romains & des Généraux d'Armée porterent des cuirasses de toile, comme on le rapporte en particulier de Galba (6). Celles que l'on voit à leurs Sta-

(1) Animad. in Athen. Lib. XII. Cap. 2. p. 523. l. 29.
(2) Odyss. ω vs. 229.
(3) Herodot. Lib. VI. p. 261. l. 5.
(4) Ibid. p. 257. l. 40.
(5) Pausan. Lib. VI. p. 499. l. 12.

tues semblent représenter des cuirasses de toile : car tous les muscles y sont marqués, ce qu'il étoit plus facile de pratiquer avec de la toile pressée sur une forme, qu'avec du bronze. Cette toile en huit à dix doubles, étoit préparée avec du vin fort, ou du vinaigre & du sel (7). Il y avoit aussi des cuirasses de bronze : on en voit de cette sorte représentées sur des Statues ; quelques-unes ressemblent parfaitement à celles de nos cuirassiers. On en voit une pareille à un beau Buste de Titus, ainsi qu'à deux prisonniers dans la Ville Albani : ces cuirasses ont de chaque côté des charnieres.

## 2. *Du Casque.*

Après tout ce que les Auteurs ont écrit sur les casques des Anciens j'observerai seulement qu'ils n'étoient pas tous de métal ; mais qu'il y en avoit de cuir ou de quelqu'autre matiere maniable : car on voit un casque plié & comme applati sous le pied d'une Statue héroïque dans le Palais Farnese, ce qui ne seroit pas naturel, si le casque étoit de métal.

## 3. *De l'Armure des Jambes.*

On découvre fréquemment des jambes armées ou comme cuirassées sur des Ouvrages en relief & sur des Pierres gravées (8). Quant aux Sta-

(6) Strab. Lib. III. p. 154. C.
(7) Casaub. ad Sueton p. 2c2. A.
(8) Winckelmann Descript. des Pier. gr. du Cab. de Stosch, p. 201.

tues, il n'y en a qu'une ſeule qui porte une telle armure: elle eſt dans la Vigne Borgheſe. En Etrurie & en Sardaigne on mettoit cette armure ſur le gras de la jambe, de ſorte que le devant reſtoit découvert. On trouve une armure de cette eſpece ſur une Figure très-antique repréſentant un Soldat Sarde; j'en parlerai dans le Traité annoncé dans la Préface.

VOILA ce que j'avois à obſerver ſur l'habillement des hommes: je me ſuis borné à ce qu'en indiquent les Monumens qui ſont à Rome, & il me ſemble que ces connoiſſances ſuffiſent à un Artiſte.

*Fin de la premiere Partie.*

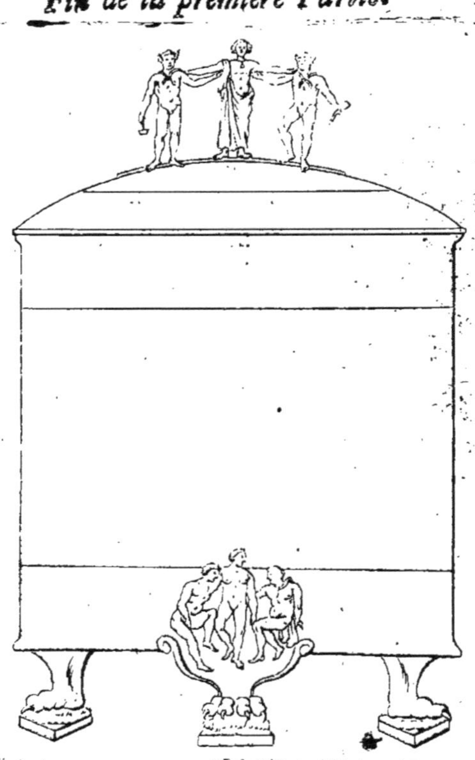

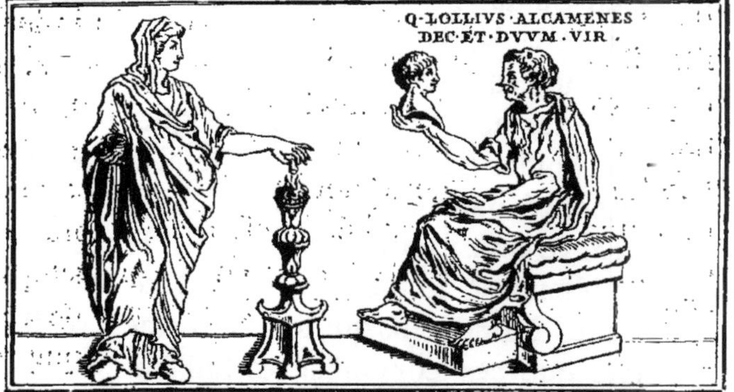

SCVLPTOR PROTOMEN FILII CONSIDERANS, CVM VXORE
IN HORTIS SVBVRB EMINENT·CARD·ALEX·ALBANI.

# HISTOIRE DE L'ART CHEZ LES ANCIENS.

## SECONDE PARTIE.

## DU SORT DE L'ART CHEZ LES GRECS.

### AVANT-PROPOS.

La seconde Partie de cet Ouvrage est à proprement parler l'histoire de l'Art, puisque jusques-ici nous avons considéré l'Art dans sa nature, au-lieu que nous en allons examiner à présent le sort chez les Grecs, en suivant les révolutions qu'il a subies par un effet nécessaire des circonstances extérieures qui ont du influer sur lui comme sur toutes les autres choses. Les Sciences & même la Philosophie dépendent des temps. A plus forte raison l'Art doit-il en dépendre, lui qui ne se nourrit que du superflu, & souvent de la vanité. Il est donc à propos d'indiquer l'état de la Grece en divers temps, afin de voir combien l'Art se ressentit de ces changemens de circonstances. C'est ce que je vais faire aussi briévement que je pourrai, & en me bornant à ce qui a un rapport plus direct au plan de cet Ouvrage qui est seulement l'histoire de l'Art. Tout nous prouve que la liberté seule éleva l'Art à sa perfection. L'histoire ou les vies des Artistes n'entrent point dans mon plan. On les trouve ailleurs. Mais j'indique leurs principaux Ouvrages, & j'en examine même quelques-uns d'après les principes de l'Art. Par la même raison, je ne me suis pas imposé le devoir de nommer tous les Artistes dont Pline & les autres Historiens font mention ; & je ne fais point de difficulté de les passer sous silence, lorsque je n'en pourrois qu'indiquer le nom, sans en tirer aucune matiere d'instruction, & aucune lumiere sur l'histoire de l'Art. J'ai pourtant donné un catalogue exact des Artistes Grecs les plus an-

(1) Pausan. Lib. II, p. 121. l. 6.

ciens, parce que les historiens modernes, purement biographes, les ont oubliés pour la plupart, & que cependant l'indication de leurs Ouvrages sert à fixer les formes & les progrès de l'Art le plus antique. C'est même par cette partie que je vais commencer.

## PREMIERE SECTION.

### DE L'ART DEPUIS LES TEMPS LES PLUS RECULÉS JUSQU'A PHIDIAS.

### §. I. *Catalogue des Artistes les plus célebres de ces anciens temps.*

#### 1. *Dédale.*

En fixant l'origine de l'Art à Dédale, on voit qu'elle remonte jusqu'aux temps les plus anciens de l'Histoire Grecque. On voyoit encore du temps de Pausanias des Figures en bois sculptées par cet Artiste célebre ; & cet Auteur assure que malgré leur difformité elles avoient quelque chose de divin (1).

#### 2. *Smilis.*

Smilis, fils d'Euclès, de l'Isle d'Egine, étoit contemporain de Dédale (2). Il fit deux

(2) Id. Lib. VII. p. 531. l. 3.

Statues de Junon, l'une à Argos, & l'autre à Samos. Ce Smilis est probablement le Skelmis de Callimaque (1). Il est sur que ç'a été un des plus anciens Artistes, & comme le Poëte parle d'une Statue de Junon faite par ce Sculpteur, il y a apparence qu'il faut lire *Smilis* (2) au lieu de Skelmis.

### 3. *Eudocus.*

Eudocus fut un des éleves de Dédale & le premier qui le suivit en Crete (3).

### 4. *Bularque.*

Après ce temps fabuleux il se trouve une grande lacune dans l'histoire des Artistes, & nous n'en trouvons aucun jusqu'à la XVIII. Olympiade. Alors le Peintre Bularque (4) se distingua par son talent. Il fit, entre autres Peintures, une bataille qui lui fut payée au poids de l'or.

### 5. *Aristoclès.*

Il faut bien qu'Aristoclès de Cydonia en Crete ait vécu dans ce même temps, puisqu'on le

(1) Fragm. 105. p. 358.

(2) On trouvera dans les remarques de Bentley sur ce passage, d'autres conjectures sur ce Smilis & autres de ce nom.

(3) Pausan. Lib. I. p. 62. l. 27.

la place, avant la révolution qui fit perdre à la ville de Messine en Sicile son ancien nom de Zancle (5), qu'elle changea en celui de Messine avant la XXIX. Olympiade (6). L'Hercule que l'on voyoit à Elis combattant contre l'Amazone Antiope pour sa ceinture, étoit un Ouvrage de cet Artiste.

6. *Malas.* 7. *Micciadès.* 8. *Anthermus.*

Les Artistes qui se distinguerent ensuite sont Malas de l'Isle de Chio (7), son fils Micciadès, & sont neveu Anthermus.

9. *Bupalus.* 10. *Anthermus fils du précédent.*

Anthermus eut deux fils qui fleurirent dans la LX. Olympiade. L'un se nommoit Bupalus; l'autre portoit le nom de son pere. Ils comptoient des Artistes parmi leurs Ancêtres jusqu'à la premiere Olympiade.

11. *Dipœnus.* 12. *Scyllis.*

Dipœnus & Scyllis fleurirent aussi dans le même temps. Pausanias se trompe assurément (8), lorsqu'il les fait éleves de Dédale; ou bien

(4) Plin. Lib. XXXV. Cap. 34.
(5) Pausan. Lib. V. p. 445.
(6) Id. Lib. IV. p. 337. l. 18.
(7) Plin. Lib. XXXVI. Cap. 5.
(8) Pausan. Lib. II. p. 143. ad fin. p. 161. ad fin.

il veut parler d'un second Dédale postérieur au premier, comme nous savons qu'après le premier Phidias, il y eut un Statuaire du même nom, natif de Sicyone.

13. *Léarque.* 14. *Doryclidas.* 15. *Dontas.* 16. *Tectée.* 17. *Angelio.*

Ils eurent pour éleves (1) Léarque de Rhegium dans la grande Grece; Doryclidas & Dontas, tous deux Lacédémoniens; Tectée (2) & Angelio qui firent à Delos une Statue d'Apollon, la même peut-être dont on voyoit encore au siecle dernier dans l'Isle de Delos, plusieurs fragmens, avec la base & son Inscription célebre.

18. *Aristodemon.* 19. *Pythodore.* 20. *Damophon.*

On pourra placer dans le même temps Aristodemon d'Argos (3), Pythodore de Thebes (4), & Damophon de Messene (5). Ce dernier fit à Egium en Achaie (6) une Junon Lucine de bois avec les membres de marbre. Il fit aussi un Mercure (7) & une Vénus de bois à Megalopolis en Arcadie.

(1) Pausan. Lib. II. p. 251. ad fin.
(2) Id. ibid. p. 187. l. 24.
(3) Id. Lib. X. p. 801. l. 11.
(4) Id. Lib. IX. p. 778. l. 22.
(5) Id Lib VII. p. 582. lin. ult.
(6) Id. ibid
(7) Id. Lib. VIII. p. 665. l. 15.

### 21. *Laphaès.*

Laphaès vecut aussi à-peu-près dans le même temps (8). Egine en Achaie possédoit un Apollon dans le Style antique, de la main de ce Maître.

### 22. *Déméas.*

Déméas suivit de près (9). On connoit de lui la Statue de Milon le Crotoniate, qu'il fit à Elis. Il doit même l'avoir faite après la LX. Olympiade, à en juger par le temps auquel vivoit Pythagore (10), sur-tout puisqu'avant la LX. Olympiade on n'érigea point à Elis de Statues aux Lutteurs tel que fut Milon (11).

### 23. *Stomius.* 24 *Somis.* 25. *Callon.*

Ce Déméas fut suivi de Stomius & de Somis qui fleurissoient avant la bataille de Marathon (12); & de Callon (13) éleve de Tectée. Ce dernier s'illustra par trente-cinq Statues qu'il fit à Elis : c'étoient les Figures de trente cinq jeunes Messeniens de Sicile. Pausanias raconte ce qui y donna lieu.

(8) Id. Lib. VII. p. 592. l. 25.
(9) Id. Lib. VI, p. 486. l. 1.
(10) Bentley's Diss. upon Ep. of Phalar. p. 72. & seq.
(11) Pausan. Lib. VI. p. 497. l. 8.
(12) Id. ibid. p. 488. l. 20.
(13) Id. Lib. V. p. 443. l. 15.

26. *Menæchmus.* 27. *Soidas.*

Ménachmus & Soidas de Naupaclus (1) furent contemporains de Callon. Soidas fit une Diane d'ivoire & d'or pour le temple de cette Déesse à Patra.

28. *Hegias.* 29. *Ageladas.*

Hegias & Ageladas (2) fleurissoient dans le même temps. Ce dernier, qui fut le Maître de Polycletes, fit la Statue de Cléosthenes à Elis. Ce Cléosthenes avoit été vainqueur aux jeux publics dans la LXVI. Olympiade. L'Artiste le représenta sur un char.

30. *Ascarus.*

Ascarus, éleve du même Ageladas (3) fit à Elis un Jupiter orné d'une guirlande de fleurs : nous en avons parlé.

31. *Iphion.*

Iphion d'Egine peut encore être placé dans ce même temps (4). On connoît de lui une Statue d'Angelio, fille de Mercure.

(1) Pausan. Lib. VII. p. 570. l. 11.
(2) Id. Lib. VI. p. 476.
(3) Id. Lib. V. p. 439. l. 14.
(4) Schol. Pind. Olymp. VIII. vs. 106.
(5) Pausan. Lib. V. p. 437. l. 31.

32. *Simon.* 33. *Anaxagoras.*

Les Statuaires les plus renommés avant la guerre de Xerxès contre les Grecs, furent les suivans : d'abord Simon & Anaxagoras (5), tous deux d'Egine : ce dernier fut chargé de faire la Statue de Jupiter que les Grecs éleverent à Elis après la bataille de Platée.

34. *Onatas.*

Onatas, aussi d'Egine (6), fit à Elis, outre plusieurs autres Ouvrages, les Statues des huit Héros qui s'offrirent au sort pour combattre Hector.

35. *Denys de Rhegium.* 36. *Glaucus de Messene.*

Denys de Rhegium (7) & Glaucus de Messene en Sicile vivoient du temps d'Anaxilas Tyran de Rhegium, c'est-à-dire dans la LXXI. & LXXVI. Olympiades (8). Le cheval fait par le premier de ces deux Artistes est connu par l'Inscription qu'il avoit sur le flanc (9).

---

(6) Id. ibid. p. 445. l. 5.
(7) Id. ibid. p. 446, 447.
(8) Bentley loco cit. p. 156.
(9) Pausan. Lib. V. p. 448. l. 9.

37. *Aristomedes.* 38. *Socrates.*

Aristomedes & Socrates firent, par ordre de Pindare, une Cybele qui fut placée dans le temple de cette Déesse à Thebes (1).

39. *Mandas.*

Mandas de Paön fit une Statue de la Victoire à Elis (2).

40. *Glaucias.*

Glaucias d'Egine (3) fit la Statue du Roi Hiéron à Elis. Il le représenta debout sur son char.

41. *Eladas.*

Enfin Eladas d'Argos (4) fut Maître de Phidias.

§. II. *Des Ecoles de l'Art.*

Ces Artistes fonderent différentes Ecoles; les plus célebres de la Grece furent à Egine, à Corynthe & à Sicyone la patrie des Ouvrages

(1) Pausan. Lib. IX p. 758. l. 18.
(2) Id. Lib. V. p. 446. l. 4.
(3) Id. Lib. VI. p. 474. l. 2.
(4) Schol. Aristoph Ran. vs. 504.
(5) Plin. Lib. XXXV. Cap. 40. conf. Lib. XXXVI. Cap. 4.

de l'Art (5). Elles jouissent toutes d'une haute antiquité.

### 1. *Ecole de Sicyone.*

L'Ecole de Sicyone fut peut-être fondée par Dipœnus & Scyllis, deux célebres Sculpteurs qui s'établirent dans cette ville. Je viens de parler de quelques-uns de leurs éleves. Aristoclès, (6) frere de Canachus, célebre Statuaire de la même ville, étoit encore regardé, après sept générations, comme le Chef d'une Ecole qui fleurit très longtemps J'ai aussi nommé les cinq Artistes prédécesseurs de Démocrite, autre Soulpteur de Sicyone (7). Polémon a fait un Traité des Peintures de Sicyone (8), où il parle du célebre Portique de cette ville où l'on avoit rassemblé au grand nombre de beaux Ouvrages de l'Art. Eupompus, Maître de Pamphile qui eut Apelles pour éleve, eut assez de pouvoir pour séparer de nouveau (9) les Ecoles de la Grece réunies depuis quelque temps sous le nom d'*Ecoles unies Helladiennes*, de sorte que depuis cette séparation, il se forma dans la Grece Asiatique trois Ecoles différentes,

(6) Pauf. Lib. VI. p. 459. l. 9.
(7) Id. ibid. p. 457.
(8) Athen. Deipn. Lib XIII.
(9) Plin. Lib. XXXV. Cap. 36.

ſavoir l'Ecole Ionique, celle d'Athenes & celle de Sicyone. Pamphile & Polycletes, Lyſippe & Appelles qui alla chez Pamphile à Sicyone pour ſe perfectionner dans l'Art, illuſtrerent le plus cette Ecole; & il ſemble qu'elle étoit encore la meilleure & la plus célebre du temps de Ptolemée Philadelphe, Roi d'Egypte, puiſque dans la deſcription de la ſuperbe cavalcade faite par ce Prince, on ne parle preſque que des Peintures faites par des Artiſtes de Sicyone (1).

### 2. *Ecole de Corynthe.*

Dès les temps les plus reculés, Corynthe (2) devint par ſa ſituation charmante une des plus puiſſantes villes de la Grece, ce qui lui fit donner le nom d'opulente. On dit que Cléanthe fut le premier qui ajouta au ſimple contours des Figures, l'ébauche de quelques parties (3). Mais Strabon (4) parle de Tableaux à pluſieurs Figures faits par Cléanthe, & qui exiſtoient encore du temps de cet Hiſtorien. Avant la XL. Olympiade Tarquin l'Ancien amena avec lui en Italie Cléophanta de Corynthe, qui enſeigna le premier aux Romains

(1) Athen. Deipn. Lib. V. p. 196. F.
(2) Thucyd. Lib. I. p. 6. l. 1 & ſeq.
(3) Plin. Lib. XXXV. Cap. 5.
(4) Lib. VIII. p. [illegible]. l. 17 ad Almel.
(5) Plin. Lib. XXXV. Cap. 6.

les élémens de la Peinture dans laquelle les Grecs excelloient. On voyoit encore à Lanuvium du temps de Pline (5) deux Figures très-bien dessinées de la main de ce Maître, savoir Atalante & Hélene.

### 3. *Ecole d'Egine.*

A juger de l'antiquité de l'Ecole d'Egine par le célebre Smilis, on pourroit la faire remonter jusqu'au temps de Dédale. On fait mention de tant d'anciennes Statues exécutées dans le Style Eginien, qu'on ne sauroit douter de l'existence d'une école dans cette Isle dès les temps les plus reculés. Il y a eu un des premiers Sculpteurs de cette Isle qui n'est point connu par son nom, mais seulement sous celui de *Statuaire d'Egine* (6). Les habitans de cette Isle, étant Doriens, cultivoient le commerce & la navigation : circonstance qui fut très-favorable à l'Art (7). Pausanias parle de leur navigation dans les temps les plus anciens (8); ils étoient même supérieurs sur mer aux Athéniens (9) qui, ainsi que les Eginetes, n'eurent que des vaisseaux à cinquante rames &

(6) *Æginetæ fictoris.* Plin. Lib. XXXVI. Cap. 4. n. 10.
(7) Pausan. Lib. X, p. 798. l. 7.
(8) Id. Lib. VIII. p. 608. l. 31.
(9) Id. Lib. II. p. 178 l. 24.

ſans tillac (1), avant l'époque de la guerre contre les Perſes. Cette concurrence fit naître entre eux une jalouſie qui éclata enfin par une guerre ouverte (2), laquelle ne finit que quand Xerxès vint en Grece. Egine, ayant beaucoup contribué à la victoire remportée par Themiſtocles ſur les Perſes, en retira auſſi beaucoup de profit. On y tranſporta le riche butin fait ſur les vaincus : il y fut vendu, ce qui, ſelon Herodote, ajouta beaucoup à la grande richeſſe de cette Iſle (3). Elle ſe ſoutint dans cet état de ſplendeur juſqu'à la LXXXVIII. Olympiade, temps auquel les Eginetes ayant pris le parti de Lacédémone contre les Athéniens, ceux-ci les chaſſerent de leur Iſle qu'ils peuplerent de leurs propres colonies. Les fugitifs vinrent s'établir à Thyrea dans l'Argolide. (4) Ils rentrerent dans leur Patrie, mais ils ne purent recouvrer leur puiſſance & leur grandeur paſſée.

(1) Thucyd. Lib. I. p. 6. l. 18.
(2) Pauſan. Lib. I. p. 72. l. 24.
(3) Id. Lib. IX. p. 79.
(4) Id. Lib. II. p. 178.

## §. III. *De l'état de la Grece peu avant Phidias.*

### 1. *D'abord par rapport à la constitution du Gouvernement.*

APRÈS la L. Olympiade il s'éleva un grand orage sur la Grece. Plusieurs Tyrans s'en rendirent successivement maîtres, pendant près de soixante-dix ans. Polycrate se rendit maître de Samos & Pisistrate d'Athenes. Cypselus donna le gouvernement de Corynthe à Pérandre son fils, & fortifia sa puissance par des alliances & des mariages avec d'autres ennemis de la liberté publique, à Ambracia, à Epidaure, & à Lesbos. Melanchrus & Pittacus étoient Tyrans de cette derniere. Toute l'Eubée étoit soumise à Timondas, & Lygdamis, aidé de Pisistrate, subjugua Naxos. Ces Tyrans ne l'étoient pas tous devenus par la force des armes. Plusieurs étoient parvenus à leurs fins par la force de leur éloquence (5) & en captivant la faveur du peuple (6). Quelques-uns même, comme Pisistrate (7), avoient reconnu la supériorité des loix, & avoient promis de les

(5) Aristot. Polit. Lib. V. Cap. 10. p. 152 Edit. Wechel.

(6) Dionys. Halic. Ant. Rom. p. 372. l. 36.

(7) Aristot. loco cit. Cap. 12. p. 164.

maintenir. Le nom de Tyran étoit un titre honorable (1). Ariſtodême, Tyran de Megalopolis dans l'Arcadie, obtint le ſurnom de Χρηστὸς (2), ou d'homme integre. Les Statues des vainqueurs dans les grands jeux, dont Elis étoit déja remplie avant même que les Arts fleuriſſent (3), repréſentoient autant de défenſeurs de la liberté. Les Tyrans n'oſerent pas empêcher les juſtes récompenſes du mérite; & en tout temps un Artiſte jouiſſoit de la liberté d'expoſer ſon Ouvrage aux yeux de tout le peuple.

## 2. *Des plus anciens Monumens de l'Art de ces temps.*

### *Bas-relief.*

Il y en Angleterre un Bas-relief de deux Figures (4) repréſentant un jeune vainqueur aux jeux publics, nommé Mantho, ſelon l'Inſcription gravée ſur cet Ouvrage, & un Jupiter aſſis. Ce Bas-relief pourroit bien être de ce temps, mais il n'eſt ſûrement pas antérieur à la cinquantieme Olympiade, puiſque ce ne fut qu'alors que l'on commença à travailler en marbre, comme je l'ai indiqué dans la premiere Partie. Il

(1) Conf. Barneſ. not. ad Hom. Hymn. in Mart. vs. 5.

(2) Pauſan. Lib. VIII. p. 656. l. 29.

(3) Conf. Herodot. Lib. VI. p. 279. l. 15.

(4) Bimard. Not. ad Marm. Βυστροφηδ.

est même probable qu'il n'y eut encore dans ce temps-là que très-peu de colonnes de marbre en Grece. Du temps de Themistocles, les colonnes qui entouroient le temple de Diane situé sur le promontoire Sunium, étoient d'une pierre blanche (5). Du reste je ne puis porter aucun jugement sur ce Bas-relief n'en ayant vu que le dessin; & un dessin ne suffit pas pour juger de ces sortes d'Ouvrages.

### *Pierre Tombale.*

La prétendue Pierre tombale d'Alcman, Poëte Spartiate (6), qui fleurissoit dans la XXX. Olympiade ne sauroit être, à beaucoup près, aussi antique. On en juge par l'Inscription qui jusqu'ici a été mal entendue & très-arbitrairement expliquée. Cette Pierre se trouve dans la Maison Giustiniani à Venise.

### *Médaille d'or.*

La Médaille d'or la plus ancienne qui nous soit parvenue, & que l'on croit frappée à Cyrene en Afrique, seroit aussi de ce temps; selon l'explication des Antiquaires (7). On dit que Démonax de Mantinée, Régent de Cyre-

(5) Plutarch. in Themist. p. 210.

(6) Altor. Comment. in Alcm. Monum.

(7) Hardouin dans les Mém. de Trevoux, l'an 1727. p. 1444.

ne (1) pendant la minorité de Battus, quatrieme du nom, & contemporain de Pisistrate, l'a fait frapper en mémoire de sa Régence. Démonax y est représenté debout, avec un bandeau ou diadême autour de la tête, duquel sortent des rayons de tous côtés, & une corne de bélier sur l'oreille. Il tient une victoire de la main droite, & un sceptre de la gauche. Il est plus croyable cependant que cette Médaille a été frappée plus tard pour immortaliser la mémoire de Démonax.

## §. IV. *Athenes prépare le beau siecle des Arts & des Sciences.*

### 1. *Athenes délivrée des Tyrans qui l'opprimoient.*

Cependant les Tyrans de la Grece furent tous exterminés, à l'exception de ceux qui gouvernoient Sicyone avec douceur & selon les loix (2). Les fils de Pisistrate furent chassés & tués; & Athenes recouvra sa liberté dans la LXVII. Olympiade, c'est-à-dire à-peu-près dans le temps que Brutus délivra sa Patrie. Les Grecs alors oserent lever la tête trop longtemps courbée sous le joug; & un nouvel esprit vivifia la Nation.

---

(1) Herodot. Lib. IV. Cap. 161. Except. Diod. Sicul. p. 233. l, 13.

*2. Victoire des Athéniens sur les Perses.*

Les Républiques de la Grece qui dans les temps postérieurs devinrent si fameuses & si puissantes, n'étoient encore que de petits Etats peu considérables & peu considérés jusqu'au temps que les Perses inquieterent les Grecs de l'Ionie, détruisirent Milet, & en emmenerent les habitans pour en faire leurs esclaves. Les Grecs en général, mais sur-tout les Athéniens furent sensiblement touchés du malheur de leurs freres; & leur douleur fut si profonde que même quelques années après, Phrynichus ayant fait une Tragédie sur le siege & la prise de Milet, tout le peuple fondit en larmes à la représentation. Les Athéniens rassemblerent toutes leurs forces, & soutenus par les Etrusques, ils allerent au secours des Ioniens Ils formerent la résolution extraordinaire d'attaquer le Roi de Perse dans ses Etats. Ils pénétrerent jusqu'à Sardes dans la LXIX. Olympiade; ils prirent & brûlerent cette ville dont une partie des maisons étoit construite de joncs, & l'autre partie en étoit seulement couverte (3). Dans la LXXII. Olympiade, c'est-à-dire vingt ans plus tard, après le meurtre d'Hipparchus, Tyran d'Athe-

(2) Aristot. Politic. Lib. V. Cap. 12. p. 164. Strabo, Lib. VIII. p. 587. l. 15. edit. rec.

(3) Herodot. Lib. V. p. 206. l. 16.

nes & le banniſſement d'Hippias ſon frere, ils gagnerent la grande victoire près de Marathon, ſi célebre dans toutes les annales.

### 3. *Accroiſſement du courage & de la puiſſance des Athéniens & des autres Grecs.*

Cette victoire éleva les Athéniens au-deſſus des autres Grecs. Comme ils avoient été les premiers civiliſés & policés (1), ils furent auſſi les premiers à quitter les armes, ſans leſquelles les anciens Grecs ne parurent jamais en public en temps de paix comme pendant la guerre. Athenes s'acquit la conſidération la plus grande, & monta rapidement au faîte de la puiſſance. Cette ville devint ainſi le principal Théatre des Sciences. On diſoit alors que presque tout étoit commun entre les Grecs, mais que le chemin de l'immortalité n'étoit connu que des Athéniens (2). La médecine fleuriſſoit à Crotone & à Cyrene (3); la muſique étoit cultivée à Argos. Tous les Arts & toutes les Sciences ſe trouvoient raſſemblés à Athenes. Dix ans après, Themiſtocles & Pauſanias humilierent tellement les Perſes à Platée, que la terreur & le deſeſpoir de ſes ennemis vaincus, laiſſe-rent

(1) Thucyd. Lib. I. p. 12. l. 28.
(2) Athen. Deipn. Lib. VI. p. 250. F.
(3) Herodot. Lib. III. p. 133. l. 11.

rent leurs temples ruinés par les Perses dans l'état où ils les avoient mis sans les rebâtir, afin qu'ils fussent des monumens du danger que leur liberté avoit couru (4). Nous entrons dans le demi-siecle le plus mémorable de la Grece (5).

### 4. *Accroissement des Sciences & des Arts dans la Grece.*

Depuis ce temps les forces de toute la Grece furent en mouvement dans le moral comme dans le physique; & les grands talens de cette nation commencerent à éclater plus que jamais. Les hommes extraordinaires, ces ames sublimes formées depuis le commencement de la grande révolution, se montrerent tous à la fois. Dans la LXXVII. Olympiade Hérodote vint de la Carie à Elis. Il lut publiquement son histoire aux Grecs assemblés. Peu auparavant Phérécydes avoit commencé d'écrire en prose (6). Les Pieces de Théâtre n'avoient été depuis la LX. Olympiade, époque de l'invention de la Scene, que des danses accompagnées de chant. Eschyle fut le premier qui donna des Tragédies régulieres, d'un style noble & éle-

(4) Pausan. Lib. I. p. 5. l. 8. Lib. X. p. 887. ad fin. pag.

(5) Diodor. Sic. circa init. Lib. XII.

(6) Dodwel. App. ad Thucyd. p. 4. Ed. Duckeri.

vé. Il remporta pour la premiere fois le prix dans la LXXIII. Olympiade. On commença aussi à chanter les Poëmes immortels d'Homere. Cynathus les recueillit le premier à Syracuse dans la LXIX Olympiade (1). Epimarchus donna les premieres Comédies, & Simonides, premier Poëte Elégiaque, doit être compté parmi les Génies créateurs de ce bel âge. Alors l'Eloquence devint une Science : ce fut Gorgias de Leontium en Sicile qui lui donna cette forme. Ce ne fut même que du temps de Socrate qu'Antiphon qui vivoit à Athenes, mit pas écrit des harangues & des plaidoyers (2). La Philosophie fut enseignée publiquement à Athenes par Athenagore qui ouvrit son école dans la LXXV. Olympiade (3). Peu d'années auparavant l'alphabet avoit été completté par Simonides & Epimarchus, & on introduisit pour la premiere fois dans les affaires curiales les lettres nouvelles qu'ils avoient inventées. Cette époque est après le gouvernement des trente Tyrans, dans la XCIV. Olympiade (4). Tels furent, pour ainsi-dire, les grands préparatifs qui amenoient la perfection vers laquelle l'Art avançoit à grands pas.

(1) Schol. Pind. Nemes. II. vs. 1.

(2) Plutarch. Vit. Antiph. p. 1530. l. 14.

5. *Progrès de l'Architecture & de la Sculpture occasionné par le rétablissement des édifices ruinés d'Athenes.*

Le malheur de la Grece devoit servir à sa grandeur. Les ravages causés par les Perses, & la démolition de la ville d'Athenes obligerent les Grecs de la relever après la victoire de Thémistocles. On songea donc à rebâtir les temples & autres édifices publics. Les Grecs transportés d'un amour ardent pour leur Patrie dont le salut avoit coûté la vie à tant de Héros, mais qui desormais paroissoit à l'abri des entreprises de ses ennemis, commencerent à orner leurs villes, & à élever des temples & des édifices d'une magnificence fort supérieure à ceux qui avoient été détruits. Les Artistes se formerent, ou plutôt ils parurent tous formés lorsqu'ils eurent l'occasion de se signaler, & de se montrer égaux aux grands hommes dans les autres genres. Parmi les Statues que l'on fit pour les Dieux, on n'oublia point les braves citoyens qui avoient bien mérité de la Patrie en répandant leur sang pour elle. Les femmes même qui étoient sorties d'Athenes avec leurs enfans pour se retirer à Trezene, furent immortalisées par

(3) Meurs. Lect. Att. Lib. III. Cap. 27.

(4) Corsini Fast. Att. Ol. XCIV. p. 276 & seq.

des Statues qu'on leur éleva & qui furent placées sous un portique de cette ville (1).

### 6. *Artistes de ce temps: Ageladas, Onatas, Agenor & Glaucias.*

Les plus célebres Sculpteurs de ce temps furent Ageladas d'Argos, le Maître de Polyclete: Onatas de Regina qui fit & mit la Statue du Roi Gelon de Syracuse, sur le char magnifique que Calamis avoit exécuté ainsi que les chevaux: Agenor qui s'est rendu immortel par les Statues d'Harmodius & d'Aristogiton, les amis & les libérateurs de leur Patrie. Elles furent mises dans la premiere année de la LXXVIII. Olympiade, à la place des Statues de bronze des mêmes Héros que les Perses avoient emportées quatre ans auparavant (2). Glaucias d'Egine fit la Statue du fameux Théagene de Thase, qui avoit obtenu mille & trois cens couronnes pour prix d'autant de victoires qu'il avoit remportées dans les Jeux de la Grece (3).

Les Médailles du Roi Gelon de Syracuse font foi de la perfection de l'Art dans ce temps. Il s'en est conservé une d'or qui est connue pour une des plus antiques que l'on ait de ce métal précieux (4). Il

(1) Pausan. Lib. II. p. 185. l. 13.

(2) Lydiat. ad Marm. Arund. p. 275. Prid. ad id. Marm. p. 437. Ed. Mait.

(3) Pausan. Lib. VI. p. 478. l. 19.

n'eſt pas poſſible de déterminer l'âge des plus anciennes Médailles d'Athenes, mais le Style du travail ſuffit pour réfuter le P. Hardouin qui dit qu'aucune de ces Médailles n'a été frappée avant le regne du Roi Philippe de Macédoine, puiſqu'on en trouve d'un coin fort difforme. La plus belle Médaille d'Athenes que j'aie encore vue, eſt un Quinarius d'or, ainſi nommé, qui ſe conſerve dans le Cabinet Farneſe du Roi des deux Siciles. Boze prétend qu'on ne trouve point de Médaille d'or frappée à Athenes (5): il eſt aſſez réfuté par celle que je viens de citer. J'obſerverai ici en paſſant que le nom ΙΕΡΩΝ qu'on lit ſur la poitrine d'un buſte du Capitole, & qui par cette raiſon eſt réputé le portrait de Hiéron Roi de Syracuſe, eſt indubitablement une addition moderne faite à cette tête.

(4) Hardouin dans les Mém. de Trev. l'an 1727. p. 1449.

(5) Mémoir. de l'Académ. Royale des Inſcript. T. I. p. 233.

## *SECONDE SECTION.*

### DE L'ART DEPUIS LE TEMPS DE PHIDIAS JUSQU'A ALEXANDRE LE GRAND.

LES Grecs avoient posé le fondement de leur grandeur. Il ne s'agissoit plus que d'en élever l'édifice durable & superbe. Les Sages & les Poëtes le commencerent. Les Artistes l'acheverent. L'Histoire nous y introduit par un portail magnifique. Les Grecs de ces temps durent être étonnés de voir Sophocle succéder à Eschyle, comme le seroient aujourd'hui ceux qui n'ont pas de connoissance des Poëtes Grecs. Le passage rapide d'une Tragédie probablement imparfaite du premier, au chef-d'œuvre du second avoit quelque chose de surprenant. La Tragédie ne se perfectionna point par degrés : elle s'éleva d'un vol imperceptible, & tout d'un coup, au plus haut degré de la perfection. Sophocle donna son Antigone, sa premiere Piece, dans la troisieme année de la LXX. Olympiade (1). Il est vraisemblable que l'Art aura fait un saut pareil du Maître à l'Eleve, d'Ageladas à Polyclete. Si le temps nous avoit laissé des monumens propres à nous faire juger de la dis-

(1) Petit Miscel. L. III. Cap. 18. p. 173.

tance de l'un à l'autre par rapport à l'Art, il eſt très croyable que la différence de l'Hercule d'Eladas au Jupiter de Phydias, & du Jupiter d'Ageladas à la Junon de Polyclete auroit été auſſi grande que celle du Promethée d'Eſchyle à l'Oedipe de Sophocle. Le premier eſt plus effrayant que touchant, par ſes penſées ſublimes & ſes expreſſions élevées; & dans ſa fable qui a plus de réel que de poſſible, il ſe montre moins poëte que narrateur. Sophocle touche le cœur par des ſentimens qui vont juſqu'à l'ame. Ce ne ſont point ſes paroles, mais ſes images qui frappent. Dans le dénouement merveilleux de ſa fable, il nous mene juſqu'aux confins de la plus grande poſſibilité; mais il nous y mene en ſoutenant une attente qu'il remplit enfin au-delà de nos ſouhaits.

### §. I. *De la Guerre du Péloponneſe.*

L'ÉPOQUE la plus favorable à l'Art dans la Grece & particuliérement à Athenes, fut celle des quarante ans pendant leſquels Periclès gouverna pour-ainſi-dire la République, & de la guerre opiniâtre qui précéda la guerre du Péloponneſe, laquelle commença dans la LXXXVII. Olympiade. C'eſt peut-être la ſeule guerre dont l'Art naturellement ſi ſenſible non-ſeulement n'ait point ſouffert, mais ait plutôt tiré de grands avantages pour ſa perfection. Les forces de la Grece ſe développerent entiérement dans cette guerre. Athenes & Sparte employerent tous les moyens possibles, pour faire pancher la balance chacune de son côté. Tout fut imaginé & exécuté de part & d'autre. Tous les talens furent mis en œuvre : tous les citoyens furent mis en action : tous leurs sens agirent comme leurs mains Pendant toute la guerre, les Artistes se représentoient les yeux de toute la Grece fixés sur eux & sur leurs Ouvrages. Tous les quatre ans à l'approche des Jeux Olympiques, & tous les trois ans à l'approche des Jeux Isthmiques, toutes hostilités cessoient. Les Grecs oubliant leur acharnement les uns contre les autres, s'assembloient pour la fête commune, à Elis ou à Corinthe. La vue de l'état florissant de la nation leur faisoit perdre pour quelques jours la pensée de ce qui s'étoit passé, & qui devoit se renouveller encore. Nous lisons aussi que les Lacédémoniens firent une suspension d'armes de quarante jours pour célébrer une fête instituée en l'honneur d'Hyacinthe (1). Pendant la guerre entre les Etoliens & les Achéens, dans laquelle les Romains se mêlerent, la célébration des Jeux Néméséens fut suspendue pendant quelque temps (2). La liberté des mœurs dans ces Jeux, favorable à l'instruction générale des Artistes, ne cacha aucune partie du corps. Il

(1) Pausan. Lib. IV. p. 326. l. 9.
(2) Tit. Liv. Lib. XXXIV. Cap. 41.
(3) Dionys. Halic. Ant. Rom. Lib. V. p. 458. l. 11.

y avoit déja longtemps que l'on ne se servoit plus du tablier qui couvroit la partie inférieure du corps. Acanthus fut le premier qui courut à Elis sans ce tablier (3), ce qui arriva dans la XV. Olympiade. C'est donc sans fondement que quelqu'un a prétendu fixer l'époque de cette nudité entiere dans les Jeux entre la LXXIII. & la LXXVI. Olympiade (4).

Il y a sur-tout huit années de cette guerre qui sont très-remarquables: elles forment une période que l'on peut dire sacrée pour l'Art. Il est probable que les temples, les édifices & autres Ouvrages dont Périclès orna sa Patrie, furent exécutés dans cet intervalle. Ce temps concourt avec la LXXXIII. Olympiade dans laquelle Phidias fleurissoit.

Après la cessation de toute hostilité pendant trois ans réglée par Cimon, & tacitement observée par les deux partis opposés, on conclut enfin une suspension d'armes en forme qui commença la seconde année de la LXXXII. Olympiade. Dans ce même temps les Romains envoyerent des Ambassadeurs à Athenes & aux autres villes de la Grece pour leur demander leurs Loix (5). Cimon mourut un an après, & sa mort laissa à Périclès plus de liberté pour

---

Conf. Meurs. Miscel. Lacon. Lib. IV. Cap. 18 p. 328 & seq.

(4) Baudelot. Epoq. de la nudité des Athle. p. 191.

(5) Dionys. Halic. loco cit. Lib. X. p. 645. l. 21.

l'exécution de ses grandes vues. Il cherchoit à faire régner la splendeur & l'abondance dans Athenes. Il occupoit tous les bras & tous les esprits à cette grande entreprise. Il bâtissoit des temples, des arenes, des aqueducs, des ports, *&c.* Il porta par-tout la magnificence jusqu'à la profusion. Le Parthænion, l'Odeum, & surtout la double muraille par laquelle il joignit le Pyrée à la ville, sont des merveilles connues de tout le monde. Ce temps fut pour ainsi dire celui de la vie de l'Art, & Pline l'appelle (1) l'époque de l'existence de la Sculpture & de la Peinture.

### 1. *Observation générale sur l'Art de ce temps.*

L'accroissement de l'Art sous Périclès s'opéra à-peu-près de la même maniere que sa restauration sous Jules II. & Léon X. La Grece étoit alors ce que l'Italie fut dans la suite; semblable à une terre fertile qui n'a été ni épuisée, ni négligée, & qui par les soins de la culture produit au dehors les trésors de sa fertilité. Il est vrai qu'on ne peut pas faire un parallele exact de l'état de l'Art avant Phidias avec son état avant Michel-Ange & Raphaël. On peut dire aumoins qu'à ces deux époques il avoit tant en Grece qu'en Italie une pureté & une simplicité

---

(6) Plin. Lib. XXXVI. Cap. 5.

qui le rendoient d'autant plus propre à être perfectionné, qu'il s'étoit conservé dans son état naturel.

### 2. *Artistes de ce temps.*

### *Phidias & Parrhasius.*

Les deux plus grands Artistes d'Athenes furent Phidias & Parrhasius. Le premier excella dans son art, & dirigea encore avec Mnesiclès les grands Ouvrages d'Architecture de Périclès. Le second secondoit Phidias dans l'exécution de ses propres Ouvrages. Il dessina sur le bouclier de Pallas le combat de Laphiter contre les Centaures, qui fut gravé en ivoire par Mys. Ce temps est l'âge d'or de l'Art : l'union des Artistes aidoit & perfectionnoit leurs travaux : le mérite de chaque Artiste, publiquement reconnu & apprécié, rendoit la jalousie impuissante. Il y avoit déja quelque temps que l'Art jouissoit de ce bonheur, & il en jouit encore assez long-temps après. Comme on en peut juger par les exemples suivans.

### *Artistes qui ont travaillé ensemble les mêmes Ouvrages.*

### *Thylacus, Onathus & leurs fils. Onatas & Calliteles.*

Parmi les Artistes les plus anciens, Thylacus, son frere Onathus & leurs fils travaillerent un

Jupiter à Elis (1). Onatas & Calliteles avoient fait dans le même endroit un Mercure portant un Bélier (2).

*Xenocrite & Eubius. Timoclès & Timarchides. Menæchmus & Soidas. Denys & Polyclès.*

Parmi leurs ſucceſſeurs Xenocrite & Eubius firent enſemble un Hercule (3); Timoclès & Timarchides, un Eſculape (4); Menæchmus & Soidas une Diane (5); Denys & Polyclès, une Junon. Ce dernier eſt ſur-tout célebre par ſa Muſe en bronze (6).

*Dionysodore, Moſchion & Ladamas.*

On pourroit encore rapporter beaucoup d'autres exemples d'Ouvrages faits par pluſieurs Artiſtes (7). Il y avoit dans l'Iſle de Delos une Iſis à laquelle trois célebres Artiſtes d'Athenes, ſavoir Dionyſodore, Moſchion & Ladamas, avoient travaillé, comme l'indique l'Inſcription de cette Statue qui eſt à Veniſe (8).

Au ſeizieme ſiecle il y eut à Rome un Hercule qui fut travaillé par deux Maîtres, comme le portoit l'Inſcription de cette Statue. Je l'ai

(1) Pauſan. Lib. V. p. 438. l. 8.
(2) Id. ibid. p. 449. l. 27.
(3) Id. Lib. IX. p. 732. l. 11.
(4) Id. Lib. X. p. 886. l. 30.
(5) Id. Lib. VII. p. 570. l. 1.

trouvée dans un exemplaire de Pline (Edition de Basle de 1725) avec des Observations manuscrites de Fulvius Ursinus & de Barth. Ægius, qui se conserve dans la Bibliotheque de Stosch à Florence. Voici cette inscription.

ΜΗΝΟΔΟΤΟΣ ΚΑΙ
ΔΙΟΔΟΤΟΣ ΟΙ ΒΟΗΘΟΥ
ΝΙΚΟΜΗΔΕΙΣ
ΕΠΟΙΟΥΝ

Il paroît que Phidias finit la Statue de Jupiter Olympien dans la LXXXIII. Olympiade ; & c'est probablement à cause de la perfection de ce grand Ouvrage achevé dans ce temps, que Pline fixe alors l'époque de la perfection de l'Art. Cet Artiste voua particuliérement son talent aux Dieux & aux Héros (9). Parmi les Statues des Vainqueurs à Elis, il en fit une seule: elle représentoit le beau Pantarces, (que l'Artiste aimoit) dans l'instant qu'il veut s'attacher le bandeau dont on ceignoit le front des Vainqueurs dans ces Jeux (10).

Quoique la treve de cinq ans expirât dans cette même Olympiade, & que la guerre recom-

(6) Conf. Lipf. Var. Lect. Lib. II. Cap. 24.
(7) Conf. Chishul. Inscript. Sig. p. 47.
(8) Opusc. Scientif. Tom. XV. p. 205. Corsini Not. Græc. Diff. VI. p. 120.
(9) Pauf. Lib. X. p. 821. l. 17 & feq. & lin 26.
(10) Id. Lib. VI. p. 261. l. 19.

mençât de nouveau, on continua ſans interruption à rebâtir la ville d'Athenes. Car dans la LXXX., ou ſelon Dodwell, dans la LXXXV. Olympiade, Phidias finit ſa fameuſe Pallas que Périclès, conſacra & inſtalla dans ſon Temple (1). Polémon, ſurnommé Periégetes a écrit quatre Livres ſur les Statues & les autres Ouvrages qui ornoient ce Temple (2). Un an avant la conſécration du Temple de Pallas, Sophocle repréſenta ſon Oedipe, le chef-d'œuvre Tragique, de ſorte que cette Olympiade eſt auſſi mémorable par les Sciences que par les Arts.

### §. II. *Pendant la guerre du Péloponneſe.*

Cinquante ans après la guerre de Xercès contre les Grecs, la haine que ceux-ci ſe portoient mutuellement, enfanta la guerre du Péloponneſe occaſionnée par la Sicile, & à laquelle tous les Grecs prirent part. Une ſeule bataille navale perdue par les Athéniens leur porta un coup terrible dont ils ſe reſſentirent longtemps (3). On conclut dans la LXXXIX. Olympiade une treve de cinquante ans qui fut rompue l'année ſuivante, & l'animoſité des Grecs perſévéra juſqu'à l'épuiſement total de la nation. On peut juger de la richeſſe d'Athenes, par la

(1) Schol. ad Pac. Ariſtoph.
(2) Strab. Lib. IX. p. 396 B.
(3) Tit. Liv. Lib. XXVIII. Cap. 41.

contribution qu'on leva dans le territoire ſeul de cette ville pour la guerre contre les Lacédémoniens, lors de l'alliance des Athéniens avec les Thébains : cette impoſition monta à ſix mille deux cens cinquante talens (4).

### 1. *Comparaiſon entre le ſort de l'Art & celui de la Poéſie Théâtrale dans le temps de cette guerre.*

Il paroît que l'Art & la Poéſie eurent un ſort différent pendant cette guerre. En effet, les Athéniens étant obligés de fournir aux fraix immenſes de cette guerre, il leur fut impoſſible d'employer de grands fonds pour encourager les Arts ou payer les Ouvrages des Artiſtes. Quant aux ſpectacles, le peuple ne pouvoit s'en paſſer. On les comptoit parmi les néceſſités de la vie, au point qu'après le ſiege d'Athenes par Démétrius Poliorcetes ſous le gouvernement de Lachares Macédonien, les ſpectacles ſervirent à appaiſer les cris de l'eſtomac dans la diſette de vivres où l'on étoit (5). Nous liſons encore qu'après la guerre du Péloponneſe, dans la plus grande pauvreté à laquelle Athenes ait jamais été réduite, on diſtribua quelque argent aux citoyens, une drachme par tête, pour qu'ils

(4) Polyb. Lib. II. p. 148. B.
(5) Dionyſ. Halicarn. de Thucyd. Cap. 18. p. 235.

puissent assister aux Pieces de Théâtre. Ce spectacle, ainsi que les autres Jeux publics, étoit réputé comme quelque chose de saint & de sacré, & on ne donnoit guère de représentations théâtrales qu'aux grandes fêtes. Dans la premiere année de cette guerre, le théâtre d'Athenes fut aussi célebre par le combat entre Euripide, Sophocles & Euphorion, dans lequel la Tragédie de Médée, Piece du premier, fut estimée la meilleure & digne du prix (1), que le furent les Jeux Olympiques qui suivirent par la victoire de Doriæus, de Rhodes, fils du célebre Diagoras. Trois ans après la représentation de Médée, Eupolis donna ses Comédies; & dans la même Olympiade, Aristophanes fit jouer sa Piece intitulée *les Guêpes*. Les *Nuées* furent représentées l'année suivante, c'est-à-dire dans la LXXXVIII. Olympiade. Les raisons ci-dessus alléguées font juger que pendant les vingt-huit ans que dura cette guerre, les Artistes ne brillerent pas beaucoup. Pour surcroît de malheur, Périclès, leur protecteur déclaré, mourut dans la seconde ou troisieme année de cette

(1) Epigr. Gr. ap. Orvil. Anim. in Charit. p. 387.

(2) Cicero de Cl. Orat. n. 86.

(3) Il est probable que cette Statue a été souvent copiée; peut-être qu'une Statue de la Vigne Farnese est faite au-moins d'après une copie de ce Diadumenus. C'est une Figure nue au-dessus de la grandeur

cette guerre. Nous ignorons si Phidias lui survécut.

### 2. *Artistes de ces temps, & quelques uns de leurs Ouvrages.*

Cependant l'Olympiade dans laquelle la guerre du Péloponnese commença est donnée pour l'âge des plus grands Artistes après Phidias, savoir Polyclete, Myron, Scopas, Pythagore & Alcamenes.

### *Polyclete.*

Le plus grand & le plus célebre des Ouvrages de Polyclete, est la Statue colossale de Junon qu'il fit à Argos : elle étoit d'or & d'ivoire. Mais ses plus beaux Ouvrages du côté de l'Art sont les Statues de deux Adolescens : l'une fut appellée *Doryphore*, sans-doute à cause de la lance dont elle étoit armée ; elle servit de regle à tous les Artistes suivans pour les proportions du corps. Lysippe la prit aussi pour modele (2). La seconde est connue sous le nom de Diadumenus : c'est un vainqueur qui s'attache le bandeau, comme le Pantarces de Phidias à Elis (3).

naturelle, qui s'attache un bandeau sur le front, & dont la main qui touche ce bandeau s'est conservée, circonstance assez rare pour être remarquée. Une petite Figure semblable en relief se trouvoit, il y a quelques années, dans la Ville Siniani, sur une petite Urne sépulchrale, avec l'inscription DIADVMENI. On voit

On dit qu'au commencement du ſeizieme ſiecle on voyoit à Florence une Statue avec le nom de cet Artiſte (1). Les fils de Polyclete n'égalerent point leur pere dans l'Art (2).

### *Myron.*

Myron d'Athenes, ou d'Eleuthere au territoire d'Athenes, étoit de la même école que Polyclete. Il fit la plupart de ſes Ouvrages en bronze. Un des plus fameux eſt ſon *Dioscobulus*, autrement ſa Statue d'homme qui jette le disque; mais ſa Vache eſt encore plus célebre. Il eſt impoſſible que le Myron qui exécuta la Statue de Lades, Coureur d'Alexandre le Grand, ſoit l'Artiſte du même nom qui fut éleve d'Agéladas.

### *Scopas.*

Scopas étoit natif de l'Iſle de Paros. Il fit une Vénus drappée qui ſe trouvoit à Rome & qui fut préférée à celle de Praxiteles.

---

de petits Amours qui ſe lient un bandeau ſur le front ſur des baſes de marbre de luſtres antiques dans l'Egliſe de Sainte Agnès hors de Rome, ainſi que ſur deux luſtres ou chandeliers dans la Vigne Borgheſe. Un amateur à Rome poſſede le morceau d'une ancienne friſe où l'on voit un enfant dans la même attitude.

*De Niobé; si c'est un Ouvrage de Scopas ou de Praxiteles.*

Quelques-uns ont attribué à Scopas la Niobé qui se voit à Rome; quelques-autres l'ont donnée à Praxiteles, comme Pline & une Inscription sur cette Statue l'indiquent (3). Si l'on admet que le Grouppe bien connu qui est dans la ville Médicis, soit la même Niobé dont parle Pline, ce que semble annoncer l'idée de la beauté sublime qui brille dans les têtes, & que j'ai tâché de décrire dans la premiere Partie, & la simplicité pure de la drapperie, surtout de celle des deux plus jeunes filles, la vraisemblance sera plus favorable à Scopas qu'à Praxiteles, le premier étant de près de cent ans plus ancien que le dernier. Si quelqu'un, faute d'une connoissance suffisante, doutoit que Niobé fut un Ouvrage original, ou une copie, sur ce qu'il y a deux Figures de ce Grouppe, fort inférieures aux autres, & qui par conséquent ne paroissent pas de la même main, ce doute ne préjudicieroit point aux connoissances que l'on peut tirer de cet Ouvrage par rapport à l'Art, ni à la vrai-

(3) Gori Præf. ad T. III. Inscr. p. XXVII.
(4) Plato Protag. p. 290. l. 12. Edit. Bas.
(5) Plin. Lib. XXXVI. Cap. IV. n. 8. Anthol. Lib. 4. Cap. 4.

ſemblance du ſentiment qui le donne à Scopas. Car comme un Ouvrage ſi conſidérable, conſiſtant en un ſi grand nombre de Figures, de la main d'un Maître auſſi célebre, aura été imité avec la plus grande exactitude, quoique toujours fort ſupérieur à toutes les imitations qu'on en aura faites; celui de la ville Médicis, ne fut-il qu'une copie, nous ſerviroit toujours à apprécier le Style de l'Original & du premier Artiſte. Il eſt vrai qu'il y a des répétitions de quelques-unes des Figures de ce Grouppe, dans le même endroit & encore au Capitole. On voit au Capitole une des filles de Niobé; dans la ville de Médicis, une fille & un fils. On voit à Dresde un fils, celui qui eſt étendu par terre, bleſſé au-deſſous de la poitrine. Parmi les ruines des anciens jardins de Salluſte à Rome, on a trouvé des Figures en relief & de grandeur naturelle, qui repréſentoient la même fable. Pirro Ligorio qui rapporte cette anecdote dans ſes manuſcrits qui ſe conſervent dans la Bibliotheque du Vatican, aſſure qu'elles étoient d'une très-belle exécution. Peut-être que cet Ouvrage en relief, repréſentant la fable de Niobé eſt celui qui ſe voit dans la Gallerie du Comte de Pembrocke à Wilton en Angleterre. Il paroît par le Catalogue des Antiques de cette Gallerie, qu'on a voulu apprécier la valeur de ce morceau par ſon poids: car on remarque qu'il peſe près de trois mille livres, poids d'Angleterre (1). Ce relief est composé de vingt Figures, parmi lesquelles il y a sept filles & sept fils de Niobé. Les filles sont en partie debout, & en partie assises. Quelques-uns des fils sont à cheval & travaillés si haut que leurs têtes & leurs cous s'éloignent tout-à-fait du fond. Mais Apollon & Diane ne se trouvent point parmi ces Figures. Dans le Cabinet de dessins de Son Eminence Mgr. le Cardinal Alexandre Albani, ainsi que dans la Collection du célebre Commandeur del Pozzo, on voit le dessin d'un Ouvrage en relief représentant la même fable. Il y a aussi vingt Figures sans compter les chevaux. Je croirois volontiers que ce dessin a été tiré sur l'Ouvrage qui est à-présent en Angleterre, avant qu'il sortît de Rome. Car le dessin représente aussi sept fils & autant de filles, ce qui est conforme à ce que dit Apollodore: Niobé est devant ses filles voulant cacher dans son giron les deux plus jeunes qui sont sans-doute Amycle & Méliboea que quelques-uns croient avoir échappé à la mort. Cinq fils sont à cheval: il y a encore trois autres Figures d'hommes à cheval, qui sont apparemment leurs gouverneurs. Un autre dessin de la même Collection représente une partie d'un Ouvrage en relief où la même fable étoit aussi traitée: ce sont trois Fi-

(1) Descr. delle Pitt. Statue &c. a Wilton, p. 81.

gures, un fils de Niobé bleſſé au côté, & deux filles dont l'une eſt placée de telle façon que ſon bras relevé couvre ſon viſage & cache ainſi ſa douleur. Cette fable étoit encore exécutée en relief ſur la porte d'ivoire du Temple d'Apollon qu'Auguſte fit bâtir ſur le mont Palatin (1).

### *Pythagore.*

Pythagore, le quatrieme des Artiſtes que j'ai nommés ci-deſſus, fut compté parmi les premiers de ſon temps. Le prix qu'il remporta à Delphes ſur Myron, par ſa Statue d'un Pancratiaſte ou lutteur, en fait foi.

### *Alcamenes.*

Alcamenes fut eſtimé le premier après le plus grand Artiſte de ſon temps (2). Un de ſes plus célebres Ouvrages fut la Vénus ſurnommée *la Vénus du Jardin d'Athenes.* Les cinq Artiſtes dont je viens de faire mention furent les plus grands Maîtres du Style ſublime de l'Art.

---

(1) Propert. Lib. II. Eleg. XXIII. vs. 14.

(2) Pauſan. Lib. V. p. 399. l. ult.

(3) Reinold. Hiſt. Litt. Gr. & Lat. p. 9.

(4) Qu'on liſe ce que Spanheim (de Præſt. num. T. I. p. 69.) Cuper, Schott, & d'autres (Chishull. Inſcr. Sig. p. 23.) ont écrit ſur le mot ΚΗΡΟΝΟΣ.

*L'Apothéose d'Homere n'est point un Ouvrage de ce temps-là. Réfutation du sentiment contraire.*

Un savant Anglois prétend que l'Apothéose d'Homere, Monument de l'Art, qui se voit dans le Palais Colonne à Rome, a été fait entre la LXXII. & la XCIV. Olympiade (3). Sa principale raison est tirée de la maniere dont le mot Grec qui signifie le temps est écrit dans l'Inscription de ce marbre. Si ce sentiment étoit adopté, cet Ouvrage seroit un des plus anciens monumens du Style sublime de l'Art. On ne devoit pas s'attendre que ce savant tirât les preuves de son sentiment de l'Art même puisqu'il est probable qu'il ne l'a jamais vu, & par la même raison il s'en est fié à la maniere dont il a lu que ce mot étoit écrit sur le marbre en question, ainsi qu'à ce que les Commentateurs & les Grammairiens ont tant de fois dit & répété sur la maniere de l'écrire (4). Mais il ignoroit que Fabretti avoit déja montré avant moi les méprises des Auteurs sur ce point (5). Le mot dont il s'agit est écrit sur le marbre, comme il doit l'être naturellement, c'est-à-dire ΧΡΟΝΟΣ, (6). Ainsi le seul fait détruit toutes les hypo-

(5) Explic. Tab. Iliad. p. 347.

(6) On voit une autre Apothéose d'Homere représentée sur un Vase d'argent qui a la forme d'un mortier & a été trouvé à Herculanum. Le Poëte assis sur un Aigle est élevé dans l'air. Deux Figures de femme ayant une épée courte sur la cuisse sont assises des deux

theſes appuyées ſur une leçon fautive de ce mot, pour déterminer l'âge de cet Ouvrage. Les Figures ne ſont pas ſeulement de la hauteur du poing; & dès-lors elles ſont trop petites pour l'exécution d'un beau deſſin. Nous avons des Ouvrages anciens en relief dont les grandes Figures ſont plus finies & travaillées avec plus de ſoin. Le nom de l'Artiſte Apollonius de Priene, placé ſur l'Ouvrage, n'eſt point un titre de ſupériorité dans l'Art, vu que nous avons de très-mauvais Ouvrages des temps poſtérieurs de l'Art, auxquels les Maîtres qui les ont faits ont mis leur nom, comme j'en indiquerai plus bas. Ce Bas-relief a été trouvé ſur la voie Appienne près d'Albano dans un endroit nommé autrefois *ad Bovillas*, & à préſent *Fratochie*, appartenant à la Maiſon Colonne. C'étoit jadis une Maiſon de campagne de l'Empereur Claude,

---

côtés ſur des ornemens de feuillages. La Figure de la droite a un caſque. Elle empoigne ſon épée d'une main, & a la tête panchée & l'air penſif. La ſeconde Figure porte auſſi la main ſur ſon épée & tient de l'autre une rame. Elle eſt coëffée d'un bonnet pointu tel qu'on le donne ordinairement à Uliſſe. Il eſt vraiſemblable que la premiere repréſente l'Iliade, qui eſt réellement un Poëme Tragique, & l'autre l'Odyſſée. La rame & le chapeau pointu & ſans bords à la façon des marins du Levant déſignent les longs voyages qu'Ulyſſe fit ſur mer. Les cignes parmi les ornemens qui ſont au deſſus d'Homere, ont auſſi leur ſignification par rapport à ce Poëte. Bajardi a appellé, con-

& on peut présupposer que cet Ouvrage a été fait du temps de cet Empereur. La Table Isiaque a été trouvée au même endroit. Cette Table a passé dans le Cabinet du Capitole après la mort du dernier de la Maison de Spagna; comme la prétendue Réconciliation d'Hercule (1) qui étoit dans la garde-robe du Palais Farnese, a passé par un accident singulier entre les mains de S. E. Mgr. le Cardinal Alexandre Albani, qui l'a fait mettre dans sa Maison de plaisance.

§. III. *Sort de l'Art pendant le malheur d'Athenes dans cette guerre, & lors du rétablissement de la liberté de cette ville.*

Je reviens à l'histoire, & à la malheureuse guerre du Péloponnese qui finit dans la premie-

---

tre toute vraisemblance, cette représentation une Apothéose de Jules César (Catal. de Monum. d'Ercol. Vasi, n°. DXXXX. p. 246.) La barbe seule de la Figure portée par l'Aigle auroit du prévenir une pareille méprise, indépendamment des autres parties du dessin qui répugnent à cette idée. Sans la barbe, Mr. le Comte de Caylus auroit appliqué cette représentation à l'Apothéose de quelque Empereur. Mais il n'en a jugé que d'après un dessin qui représentoit seulement la Figure assise sur l'Aigle. Voyez le Recueil d'Antiq. T. III. Pl. XLI. p. 121.

(1) Donii Inscr. T. I. Tab. VI. & Corsin. explic. huj. marm.

re année de la XCIV. Olympiade par la perte totale de la liberté d'Athenes, & en même temps au grand préjudice de l'Art, comme il est aisé d'en juger par les suites. La ville ayant été assiégée par Lysandre, elle se rendit & fut obligée de s'humilier sous le bras appesanti des Spartiates & de leur Général. Le vainqueur fit combler leur port, démolir les murailles de la ville au son des instrumens, & changea toute la forme du Gouvernement. Le Conseil des trente qu'il établit, chercha tous les moyens possibles de détruire jusqu'aux restes de la liberté en faisant mourir les citoyens les plus distingués. Thrasibule s'éleva contre cette oppression & fut le sauveur de sa Patrie. Après huit mois, une partie des Tyrans expira sous le fer vengeur, & l'autre fut chassée. Un an après, la tranquillité publique fut rétablie par une ordonnance qui prescrivoit d'oublier tout le passé. La ville commençoit même à s'élever sur ses débris, lorsque Conon arma les Perses contre Sparte, battit à la tête d'une flotte Persanne, celle des Spartiates, alla à Athenes où il commença à en faire rebâtir les murs.

*Artistes de ce temps.*

L'Art parut renaître, ou au moins se réveiller d'un long assoupissement. Canachus, Nancydès, Diomedes, & Patrochus, tous éleves des grands Maîtres de l'âge précédent, se distinguerent dans la XCV. Olympiade. Nous voyons par les révolutions de l'Art & de la Capitale de la Grece, qu'il subit toujours le même sort qu'elle : il fleurissoit dans la prospérité de la ville; & il tomboit avec elle.

### *Canachus.*

Canachus est célebre pur une Statue d'Apollon Philesien, c'est-à-dire qui embrasse ou qui est embrassé.

### *Naucydès.*

Naucydès travailloit alors à Corynthe une Hebé d'or & d'ivoire.

### *Diomedes & Patrochus.*

Ces deux-ci se distinguerent aussi dans le même temps, mais il n'atteignirent point la perfection ni la gloire de leurs Maîtres.

### *Bryaxis, Léochare & Timothée.*

Après Canachus & les autres, Bryaxis, Léochare & Timothée cultiverent l'Art avec succès dans la CII. Olympiade. Le premier exécuta à Daphné près d'Antioche un Apollon qui devint fort célebre, & cinq Statues Divines Colossales à Rhodes; le second travailla ce beau Ganymede que l'Aigle enleve avec tant de douceur & d'adresse, qu'il semble avoir peur de lui faire mal même au travers de ses habits (1) : le dernier fit une Diane qui fut placée dans le Palais des Empereurs à Rome.

§. IV. *Après la guerre du Péloponnese.*

DANS la centieme Olympiade les affaires de la Grece prirent une autre face. Epaminondas, le plus grand des Grecs, changea tout le Systeme des Etats de la Grece. Il éleva Thebes sa patrie au-dessus d'Athenes & de Sparte : Thebes qui n'étoit autrefois qu'une ville de peu d'importance. La peur réconcilia Athenes & Sparte si longtemps rivales & ennemies. Elles firent la paix dans la CII. Olympiade. La double victoire d'Epaminondas sur les Lacédémoniens à Leuctre & à Mantinée, rendit à Athenes une tranquillité dont elle avoit eu le temps de perdre le souvenir.

---

(1) La base sur laquelle le Ganymede de Léochare fut autrefois placé à Rome, se trouve encore dans la Ville Médicis avec cette Inscription (*Spon, Miscel. p.* 127) :

ΓΑΝΥΜΗΔΗΣ
ΛΕΟΧΑΡΟΥΣ
ΑΘΗΝΑΙΟΥ

La forme de cette Inscription qui dit „ *Ganimede de* „ *Leochare d'Athenes*, " au-lieu de dire selon la maniere usitée des Grecs „ *Leochare l'a fait*, " & la forme des

### *Artistes de ce temps.*

Alors commença la derniere époque des grands hommes de la Grece, l'âge de leurs derniers Héros, Philosophes, Orateurs, & autres Auteurs les plus renommés. Xenophon & Platon étoient à la fleur de leur âge, & après eux parut Démosthene que l'amour de la Patrie anima d'une éloquence irrésistible.

### 1. *Praxiteles & ses Ouvrages.*

Praxiteles fleurit dans ce temps, c'est-à-dire cent ans après Phidias. Tout le monde parle de son fameux Satyre (περιβόητος), de son Cu-

Lettres indiquent assez qu'elle n'est pas du temps de l'Artiste, mais que probablement la base a été faite à Rome. Au-reste, les Artistes Grecs ne mettoient pas toujours leur nom sur la Statue, mais quelquefois aussi sur le piedestal. Pausanias nous indique plusieurs Statues avec le nom de l'Artiste ou de la Personne représentée, lesquelles furent transportées à Rome, quoique l'un & l'autre restassent en Grece (*Pausan. Lib. VIII. p.* 678. *l.* 41. *& p.* 698. *l.* 28). Mais il se peut fort bien que l'Inscription fût mise sur la base en mémoire des Statues enlevées. On a trouvé de nos temps près de Sparte un pareil piedestal sur lequel avoit été la Statue d'un vainqueur, nommé Menippus, (Recueil d'Antiq. par Mr. le Comte de Caylus, T. II. p. 105).

pidon à Thespis (1), & de sa Vénus à Gnide. Plusieurs de ses Statues étoient connues des Anciens par leur surnom Lorsqu'on nommoit le *Sauroctonon*, c'est-à-dire *le tueur de lezard*, tout le monde savoit que l'on vouloit parler d'un Apollon de Praxiteles. Cette Figure a été souvent copiée. Elle est deux fois dans la Ville Borghese, sous la forme & de la grandeur d'un jeune garçon, appuyé contre un arbre, le long duquel grimpe un lezard; la Figure semble le guetter pour le tuer. Une petite Figure de bronze haute de cinq palmes, dans la Ville Albani, a la même attitude. La copie de cette Statue ne s'est donc pas seulement conservée sur une Pierre gravée comme l'a pensé Mr. Stosch (2); & la Statue elle-même n'étoit pas de bronze, comme il l'a dit, mais

---

(1) De Thou (*de Vita sua Lib. I. p.* 14. *T.* 7. *Edit. Opp. Londin.*) parle d'un Cupidon endormi possédé par les Ducs d'Est à Modene, & que l'on prend pour un Ouvrage de Praxiteles. D'autres racontent l'histoire assez connue d'un Cupidon de Michel-Ange qui doit être au même endroit; on dit que cet Artiste avoit enterré ce Cupidon, & l'avoit vendu ensuite pour une Statue antique (*Condivi Vita di Michel-Angelo*, *f.* 10): on ajoute qu'il avoit exigé de ne jamais faire voir son Cupidon sans l'autre, afin qu'on en pût faire la différence. Mais il me semble que l'on n'a pas plus de raison de donner le premier Cupidon à Praxiteles, que celui qui est à Venise & que l'on veut aussi faire passer pour

de marbre. Une des deux Figures de la Ville Borghese seroit digne d'être l'original. Quelques Auteurs ont avancé que Praxiteles étoit originaire de la grande Grece, & avoit obtenu le droit de citoyen Romain (3). Mais faute de distinguer les temps on a confondu Pasiteles avec Praxiteles. Riccoboni, est je crois, le premier qui a fait cette méprise, & d'autres l'ont adoptée. Pasiteles vivoit du temps de Cicéron: il représenta en argent le celebre Roscius, trouvé dans son berceau, par sa nourrice, entortillé d'un serpent (4). Il faut donc corriger l'endroit cité, & au lieu de *Praxiteles* comme portent les livres imprimés, lire *Pasiteles* (5). Théocrite parle d'un autre Sculpteur, nommé aussi Praxiteles, mais différent de celui dont nous parlons (6).

---

un Ouvrage de cet Artiste. Il existe une petite Vénus avec Cupidon qu'on veut aussi lui donner, & qui est encore moins digne de ses talens supérieurs dans l'Art. (*Bernini Vita del Cav. Bernini p.* 17.)

(2) Pier. gr. Préf. p. XIX.

(3) Riccoboni Not. ad Fragm. Varron. in Comment. de Histor. p. 153. Car. Steph. Hofmanni & Danetii Dict. antiq. Lettre sur une prét. Médaille d'Alexandre p. 3.

(4) Cic. de Divin. Lib. I. Cap. 36.

(5) Les deux plus anciens Manuscrits qui se trouvent, l'un dans la Bibliotheque de St. Marc à Venise, & l'autre dans celle de St. Laurent à Florence, portent *Praxiteles* comme les Livres imprimés.

(6) Idyl. V. vs. 105.

### 2. *Des Fils de Praxiteles.*

Les fils du nôtre imiterent leur pere, & marcherent avec gloire dans la carriere de l'Art. Paufanias (1) fait mention d'une Statue de la Déeffe Enyo & d'un Cadmus que les fils de ce célebre Artifte exécuterent enfemble. L'un d'eux porta le nom de Cephisfodore: il fit le *Symplegma* à Ephefe, c'eft-à-dire le Grouppe de deux Lutteurs (2). Les deux Atletes qui font dans la tribune de la Gallerie du grand Duc à Florence méritent d'être pris pour un Ouvrage de Cephiffodore, ou d'Héliodore qui avoit exécuté auffi un pareil Grouppe (3). Pamphile fut auffi un fils de Praxiteles (4).

### 3. *Lyfippe & fes prétendus Ouvrages.*

Peu de temps après Praxiteles, Lyfippe fuivant la trace des grands Maîtres qui l'avoient précédé, parvint à la perfection de fon Art. Il

---

(1) Paufan. Lib. I. p. 20. l. 1.

(2) Plin. Lib. XXXIV. Cap. 5.

(3) Id. Lib. XXXVI. Cap. 4. n. 10.

(4) On a perdu depuis deux ans, dans la Ville Négroni, une tête avec le nom d'Eubulus qui étoit auffi un fils de Praxiteles. La forme des lettres de l'original differe un peu de la maniere dont elles font rapportées

il remonta à la source du vrai & du beau, il y puisa la vérité pure & sans alliage. La Nature est le modele de l'Art. Les préceptes & les regles peuvent la défigurer & la rendre méconnoissable dans les Arts comme dans les Sciences. Cicéron dit que l'Art est un guide plus sûr que la Nature (5). Cette proposition peut être vraie à quelques égards & fausse à plusieurs autres. Il n'y a rien qui éloigne plus de la Nature qu'un systême. Un esprit préoccupé observe mal ; & c'est en partie une des causes d'un reste de rudesse qui se conserva dans les Ouvrages de l'Art avant Lysippe. Mais celui-ci tâcha d'imiter la Nature ; il n'imita ses prédécesseurs qu'en ce qu'ils avoient tiré d'elle, ou perfectionné d'après elle (6). Il vivoit dans un temps où les Grecs, quoique dans quelque abaissement, goûtoient en paix, sans discorde & sans amertume, les douceurs de la liberté. Leur jalousie mutuelle étoit presque éteinte. Sa fureur avoit cessé ; & les charmes de l'amitié lui succédoient. Ils conservoient le souvenir altier de leur grandeur pas-

---

dans les livres (Stosch, Pier. gr. Préface p. XI). Je la donne d'après un dessin exact.

ΠΡΑΞΙΤΕΛΟΥΣ
ΕΤΒΟΥΛΕΥΣ

Cette maniere d'écrire n'indique pas le temps du célebre Praxiteles.

(5) Cic. de Finib. Lib. IV. Cap. 4.

(6) Plin. Lib. XXXIV. Cap. 19.

ſée; & jouiſſoient du ſentiment de leur tranquillité actuelle. Nous parlerons dans le paragraphe ſuivant d'un Hercule qu'on attribue fauſſement à Lyſippe.

## §. V. *Sous Alexandre le Grand.*

SI quelque choſe étoit capable de troubler leur repos, c'étoit de voir les Macédoniens, les ennemis déclarés de leur liberté, devenus plus grands qu'eux, tandis que quelques années auparavant on pouvoit à-peine tirer un eſclave adroit de leur pays (1). Cependant ils ſe contenterent d'avoir desarmé la liberté des Grecs, & ils cherchoient loin de leur pays des avantures à courir, & des empires à conquérir. Alexandre en Perſe & Antipater en Macédoine laiſſerent les Grecs tranquilles, & après la ruine de Thebes, on ne leur donna aucun ſujet de mécontentement.

Au ſein de cette tranquillité les Grecs s'abandonnerent à leur penchant naturel pour l'oiſiveté, les fêtes & les jeux (2). Sparte même ſe relâcha de ſa premiere auſtérité (3). Les Ecoles des Philoſophes ſe remplirent & ſe multiplierent en acquérant de l'autorité & de la vogue. Les fêtes & les jeux donnerent de l'occupation aux Poëtes & aux Artiſtes qui pour s'accommo-

---

(1) Demoſthen. Phil. III. p. 48. l. 23.

(2) Ariſtot. Polit. Lib. VIII. Cap. 14. p. 209. Edit. Wechel.

der au goût de la nation & du temps tâcherent de flatter la molleſſe des ſens par des formes douces & mignardes. Cependant les Poëtes & les Artiſtes qui s'acquirent alors de la réputation, étoient encore iſſus de la tige généreuſe qui s'étoit élevée à l'ombre de la liberté ſous le ciel des Beaux-Arts. Les mœurs nationales favorables au Génie, le porterent à s'élancer juſqu'aux limites de la plus grande fineſſe poſſible dans les Ouvrages d'eſprit & dans les productions de l'Art. Ménandre, le premier à qui la Grace Comique s'eſt montrée dans toute ſa beauté, parut alors ſur la Scene, menant à ſa ſuite les charmes d'un langage poli, une meſure cadencée, une douce harmonie, des mœurs épurées, l'agréable mêlé à l'utile, & la fine critique aſſaiſonnée de ſel attique. Les reſtes ineſtimables que nous avons de plus de cent Comédies qui ont été la proie du temps, nous prouvent quelle union il y avoit alors entre la Poëſie & l'Art, combien leur influence réciproque étoit grande ; & ſe joignent heureuſement au témoignage des Hiſtoriens pour nous donner une idée des beautés des Ouvrages de l'Art qu'Apelles & Lyſippe ornerent de toutes les graces. Leurs chefs-d'œuvres ſont trop connus pour qu'il ſoit néceſſaire d'en parler ici. L'Hercule de marbre

(3) Id. Ibid. p. 208.

qui eſt à Florence, & qui porte le nom de Lyſippe (1), ne mériteroit pas d'être cité, ſi on n'avoit pas aſſuré que c'étoit un Ouvrage de cet Artiſte (2). D'autres avoient obſervé avant moi que ce nom étoit ſubſtitué (3). Du reſte il eſt abſolument incertain que Lyſippe ait travaillé en marbre. Voyez ce que j'ai remarqué à ce ſujet dans la premiere Partie à l'occaſion de cette Inſcription & d'autres ſemblables.

### 1. *De la Statue de Laocoon.*

Le deſtin favorable veillant encore ſur les Arts lors de leur deſtruction, a conſervé par le

---

(1) L'Auteur qui nous a donné une explication des anciennes Statues n'a pas obſervé ce nom. Sans cela il n'auroit pas donné cet ouvrage à Polyclete. Du reſte cet Hercule ne feroit honneur ni à l'un ni à l'autre. Voy. Racc. di Stat. colle Spieg. di Maffei. n. 44. conf. Cambiagi Giard. di Boboli, p. 9.

(2) Maffei Raccolt. di Stat.

(3) Maffei Obſerv. Lett. T. I. p. 398.

(4) Mr. le Cardinal Alex. Albani découvrit en 1717 à Nettuno, jadis Antium, dans une grande voute enfoncée dans la mer, la baſe d'une Statue, de marbre noir griſâtre, que l'on nomme aujourd'hui Bigio, à laquelle la Figure avoit été jointe en pied. On y lit l'Inſcription ſuivante

ΑΘΑΝΟΔΩΡΟΣ ΑΓΗΣΑΝΔΡΟΥ
ΡΟΔΙΟΣ ΕΠΟΙΗΣΕ.

„ Athanodore fils d'Ageſandre de Rhodes l'a fait." Cette Inſcription nous apprend que le pere & le fils ont

plus grand bonheur du monde, un chef-d'œuvre de ce temps, pour servir de preuve éternelle de la magnificence & de la beauté de tant d'autres productions qui ont péri, & attester la vérité des éloges que l'histoire en fait. Je veux parler du Laocoon avec ses deux fils, travaillé par Agesandre, Apollodore, & Athanodore de Rhodes (4). Ce morceau est, selon toutes les apparences, un Ouvrage de ce temps, quand même on ne pourroit pas fixer l'Olympiade où ces Statuaires ont fleuri, ce qu'un moderne a pourtant voulu déterminer (5). Nous savons que dans l'Antiquité même on éleva le Laocoon

travaillé un Laocoon; & probablement aussi Apollodore étoit fils d'Agesandre: car il faut bien que cet Athanodore soit le même dont parle Pline. Cette Inscription prouve encore que Pline se trompe lorsqu'il nous assure qu'il n'y a eu que trois Ouvrages de l'Art auxquels les Artistes aient mis le mot fait au passé fini, ἐποίησε, *fecit*; & que tous les autres Maîtres l'ont mis par modestie au passé indéfini, ἐποίει, *faciebat*. Sous la même voute, encore plus bas dans la mer, on a trouvé un morceau d'un grand Ouvrage en relief, sur lequel on ne voit qu'une partie d'un bouclier, une épée suspendue au dessus & des morceaux de grosses pierres entassées confusément, au pied desquelles est appuyée une table renversée. Aucun des Ouvrages conservés n'est comparable à celui-ci pour l'élegance de l'execution. Ce fragment appartient au Sculpteur Cavacepi.

(5) Pline ne dit pas un mot du temps auquel vécurent Agesandre & ses associés dans le travail de cet Ouvrage. Mais Maffei dans son explication des Statues

au-dessus de toutes les autres Peintures & Sculptures ; & le suffrage des Anciens doit entraîner celui des modernes, beaucoup moins connoisseurs, & qui d'ailleurs n'ont rien produit qui mérite de lui être comparé. Le Sage y trouve matiere à penser & l'Artiste un grand fond d'instructions. L'un & l'autre doivent être persuadés qu'il y a plus de choses que l'œil n'en peut découvrir, & que le Génie de l'Artiste étoit de beaucoup plus sublime que son Ouvrage.

Laocoon nous offre le spectacle de la nature humaine dans la plus grande douleur dont elle soit susceptible, sous l'image d'un homme qui tâche de rassembler contre elle toute la force de l'esprit. Tandis que l'excès de la souffrance enfle les muscles, & tire violemment les nerfs, le courage se montre sur le front gonflé ; la poitrine s'éleve avec peine par la nécessité de la respiration qui est également contrainte par le silence que la force de l'ame impose à la douleur qu'elle voudroit étouffer ou au-moins concentrer au-dedans sans la laisser éclatter au-dehors. Les soupirs qu'il n'ose exhaler, & l'haleine qu'il retient, épuisent le bas-ventre & creusent les côtés, ce qui nous fait pour-ainsi-dire

---

antiques, a avancé que ces Artistes fleurissoient dans la LXXXVIII. Olympiade ; & d'autres, comme Richardson, l'ont répété d'après lui. Je crois que le premier a pris un Athenodore, éleve de Polyclete (*Plin. Lib. XXXIV. Cap.* 19.) pour un de ces derniers Artistes ; &

juger du mouvement des inteſtins. Sa propre ſouffrance le tourmente moins que celle de ſes enfans qui ont les yeux fixés ſur leur pere & le prient de les ſecourir. On voit la tendresſe paternelle peinte dans ſes regards, & la compaſſion y ſemble comme une vapeur ſombre. Son air eſt plaintif, & non criard: ſa vue élevée vers le ciel en implore l'aſſiſtance moins pour lui que pour ſes enfans. Sa bouche eſt pleine d'anxiété, pour ainſi-parler, la levre inférieure eſt fatiguée de la contrainte qu'il ſe fait. La ſupérieure tirée en-haut ſemble obéir au ſentiment de la douleur, & l'enſemble de l'ouverture de la bouche forme un mouvement mêlé d'indignation excité par la penſée d'une ſouffrance qu'il n'a point méritée. La levre ſupérieure remonte juſqu'au nez, l'enfle, & fait voir les narrines étendues & élevées, ou plutôt tirées en-haut. Ce combat violent entre la Nature qui ſouffre, & l'eſprit qui ſe roidit contre la douleur, ſe montre peint ſur le front avec la plus grande ſageſſe. Tandis que la violence des tourmens rehauſſe les ſourcils, la réſiſtance rabaiſſe la chair qui eſt au-deſſus de l'œil contre la paupiere ſupérieure, de façon à la dépaſſer &

comme Polyclete vivoit dans la LXXXVII. Olympiade, il aura placé ſon prétendu éleve dans l'Olympiade ſuivante. Maffei ne peut pas avoir eu d'autres raiſons. Rollin parle de Laocoon, comme ſi ce chef-d'œuvre n'exiſtoit plus (*Hiſt. anc. T. XI. p.* 87.)

la cacher presqu'entiérement. L'Artiste ne pouvant embellir la Nature, il s'est attaché à la déployer, à la montrer dans les plus grands efforts de sa puissance. Là où est le siége de la plus grande douleur, se trouve aussi la plus sublime beauté. Le côté gauche où le serpent, par sa morsure cruelle, a répandu son venin mortel, est la partie qui doit le plus souffrir par sa proximité du cœur, & l'action du poison. l'Artiste y a mis aussi le plus grand trait de sensibilité : & cette partie peut être appellée un prodige de l'Art. Ses jambes semblent faire un mouvement pour le soustraire à son malheur. En un mot aucune partie du corps n'est en repos ; & les coups même du ciseau augmentent l'expression de la peau ridée par le tiraillement universel de tous les muscles & de tous les nerfs (2).

Quelques-uns ont eu des doutes sur cet Ouvrage. Pline assure que le Laocoon placé aux bains de Titus étoit d'un seul bloc, & comme celui que nous avons est de deux morceaux, on a soutenu que celui-ci n'étoit pas le Laocoon si renommé dans l'antiquité. Pirro Ligorio est un de ceux qui a voulu prouver par des morceaux de pieds & de serpens trouvés de son

---

(1) J'ai trouvé dans une relation manuscrite digne de foi, que le Pape Jules II. voulant récompenser Felix de Fredis qui avoit découvert le Laocoon aux bains de Titus, lui avoit donné pour lui & pour ses descendans une portion dans les droits d'entrée qui se perçoivent à la por-

temps, que l'ancien Laocoon étoit plus grand que celui qui nous reste; & d'après cette prévention, il trouve ces morceaux beaucoup plus beaux que la Statue du Belvedere. C'est ce qu'on lit dans ses manuscrits conservés à la Bibliotheque du Vatican. Le doute tiré du nombre des pieces a été aussi adopté par d'autres, parce qu'ils n'ont pas fait attention qu'il se peut très-bien que la jointure ne fût pas visible du temps de Pline comme elle l'est aujourd'hui. L'opinion de Ligario ne mérite quelque attention qu'à cause d'une tête mutilée, plus que de grandeur naturelle, trouvée parmi des décombres derriere le Palais Farnese, à laquelle on a observé de la ressemblance avec celle de Laocoon, & qui peut-être appartient au même groupe que les pieds & les serpens trouvés du temps de cet Auteur. Cette tête a été transportée à Naples avec d'autres ruines. Je ne dois pas oublier de dire qu'il y a à St. Ildephonse, Château de plaisance du Roi d'Espagne, un Ouvrage en relief représentant Laocoon avec ses deux fils, & au-dessus d'eux un Cupidon qui plane dans les airs, & semble voler à leur secours.

---

te de St. Jean de Latran; Mais que Léon X rendit ces revenus à l'Eglise de St. Jean de Latran, & y substitua un Office à la Secrétairerie Apostolique pour lequel on expédia à Felix de Fredis un Bref en date du 9 Novembre 1517.

## 2. *Médailles de Philippe & d'Alexandre le Grand.*

Outre cet Ouvrage, le plus beau & le plus grand monument de l'époque la plus brillante de l'Art, nous avons encore des Médailles de Philippe, Roi de Macédoine, d'Alexandre le Grand, & du premier de ses Successeurs, qui nous donnent la plus haute idée de ce beau siecle. Le Jupiter assis sur les Médailles d'Argent d'Alexandre le Grand, peut nous fournir une image du Jupiter Olympien de Phidias: tant il y a de Divinité exprimée dans les plus petits traits de son visage dont le travail est poussé jusqu'à la derniere finesse. La belle tête de ce Roi, en marbre & au-dessus de la grandeur naturelle, qui est dans la Gallerie de Florence, pourroit être regardée comme un Ouvrage de ces temps mémorables. Il y a au Capitole une autre tête du même Roi, de grandeur naturelle, qui paroît être une copie de l'autre faite par un bon Artiste. La prétendue tête d'Alexandre, en bronze, qui s'est trouvée parmi les découvertes d'Herculanum, n'est que médiocre aux yeux de ceux qui connoissent les premieres & les ont examinées avec soin.

---

(1) Stosch, Pier. gr. n. 55. 56.

(2) Imag. Illustr. Viror. fol. 85. n. 10.

(3) On fait courir le bruit que Mr. le Cardinal a acheté cette Pierre pour 1200 écus Romains, d'autres

### 3. *Des prétendues Pierres gravées de Pyrgoteles, Artiste du même temps.*

On attend ici un jugement sur deux Pierres gravées avec les têtes d'Alexandre & de Phocion, sur lesquelles on lit le nom de Pyrgoteles (1), Artiste qui avoit le privilege exclusif de graver la tête de ce Roi. Tous les Auteurs qui ont parlé de ces Pierres, les reconnoissent unanimement pour un Ouvrage de cet Artiste : il y a même de la témérité à révoquer en doute l'antiquité de la premiere. Ni Bellori (2), ni Mr. Stosch, n'ont vu cette Pierre : c'est un Camée avec la tête prétendue de Phocion, qui se trouvoit alors fort loin de Rome chez le Comte Castiglione ; & on ne put obtenir de la faire venir à Rome pour en avoir une empreinte exacte en souffre. Ils n'en ont jugé que d'après un moule qui avoit été fait sur une mauvaise empreinte en cire d'Espague. Son possesseur actuel est Mr. le Cardinal Alexandre Albani, & j'en puis juger avec d'autant plus de connoissance qu'elle est à ce moment entre mes mains (3). D'abord la forme des lettres du nom de Phocion & de celui de Pyrgoteles n'a point l'antiquité de ces temps; en

---

disent pour 1200 sequins. Tout cela est faux. Mr. le Chanoine Castiglione, encore vivant, lui en a fait présent.

ſecond lieu, cet Ouvrage eſt fort au-deſſous de l'idée que l'on a d'un Artiſte auſſi célebre. La tête eſt antique, & Phocion auſſi; mais les noms de Phocion & du Lapidaire ne le ſont pas. Il faut donc que le nom de Pyrgoteles y ait été ajouté dans des temps poſtérieurs. Mr. Zanetti à Veniſe poſſede une Pierre ſemblable à celle-ci, (1), & qui vraiſemblablement eſt la même ſur laquelle Vaſari a donné des éclairciſſemens (2), & qui fut taillée par Alexandre Ceſari ſurnommé le Grec (3). Mr. Zanetti l'a eue en préſent du Prince Wenceſlas de Lichtenſtein. La prétendue tête d'Alexandre a été gravée par ordre de Mr. Stoſch d'après une empreinte tirée en cire par Picart ſur cette tête qui n'a que la moitié de la grandeur du deſſin. On conçoit qu'il n'eſt guere poſſible de porter un jugement ſûr d'après cette empreinte. Cette Médaille n'eſt pas dans le Cabinet du Roi de Pruſſe, comme le prétend Natter (4), mais entre les mains du Comte de Schonborn qui a fait parvenir à Mr. le Cardinal Alexandre Albani à Rome, l'empreinte de l'Inſcription, & principalement du nom de l'Artiſte, & on l'a

(1) Gori Dactyl. Zanet. tav. 3.

(2) Vite de' Pitt. Part. III. p. 291. ed. Firm. 1568. conf. Venati Præf. ad Num. Pontif. Rom. p. XXII.

(3) Il y avoit dans le Cabinet de Crozat un portrait

reconnue pour antique. Voilà tout ce que j'en puis dire.

## 4. *Des Bustes de Démosthene.*

Je remarquerai à cette occasion que la tête trouvée il y a quelque temps à Tarragone en Espagne, portant le nom de Démosthene, & prise par Fulvius Ursinus, Bellori & d'autres, pour le portrait du fameux Orateur, doit représenter un autre personnage. Car deux autres beaux Bustes en bronze au-dessous de la grandeur naturelle, dont le plus petit porte le nom de Démosthene, trouvés avec d'autres Figures d'hommes illustres à Herculanum, ont une barbe, au lieu que la tête d'Espagne qui ne ressemble en rien à celles-ci, a le menton uni. Il est beaucoup plus vraisemblable que les têtes trouvées à Herculanum sont de véritables portraits de l'Orateur Grec.

## 5. *De la Statue d'un Jupiter Urius.*

La Statue de Jupiter Urius, c'est-à-dire *Jupiter qui donne le bon vent*, pourroit être un Ouvrage de Philon dont on estime infiniment la

---

de Henri II. Roi de France, gravé sur une Pierre par ce même Artiste. Voy. Mariette Descript. des Pierres gravées de ce Cabinet, p. 69.

(4) Traité de Gravure en pier. Préf. p. 9.

Statue d'Epheſtion, favori d'Alexandre. On en voit encore la baſe avec l'Inſcription à Chalcedonie ſur la mer noire (1): car on a ſouvent laiſſé à leur place les baſes des Statues que l'on a enlevées (2).

### 6. *Du Grouppe appellé communément le* Taureau Farneſe.

Il paroît par l'ordre dans lequel Pline nomme les Artiſtes, qu'Apollonius & Tauriſcus de Rhodes vivoient à-peu-près dans ce temps. Ces deux Maîtres ſont célebres par un grand Ouvrage fait d'un ſeul bloc de marbre, repréſentant Zethus & Amphion, leur mere Antiope & leur Belle-mere Dircé attachés à un taureau. On peut croire que le Taureau Farneſe eſt cet Ouvrage, ne paroiſſant guere probable qu'on ait répété un Ouvrage ſi extraordinairement grand. Mais ceux qui ne le croient pas digne du bon temps de l'Art, & qui le prennent pour une production du Style prétendu Romain (3), & même généralement tous ceux qui ont écrit ſur ce Grouppe, paroiſſent n'avoir pas fait uſage de leurs yeux pour en juger. Ce qu'il y avoit ſans-doute de plus beau,

---

(1) Spon Miſcel. p. 332. Wheler's Voyage of Grece, p. 209. Chiſhul. Inſcr. Sig p 61.

(2) Conf. Pauſan. Lib. VIII. p. 678. lin. penult. ibid. p. 698. l. 30.

est perdu & a été remplacé par une main moderne. En vain l'on a écrit que ce morceau avoit été trouvé sans le moindre endommagement dans les bains de Caracalla, & que pour le rétablir il avoit suffi d'en rejoindre les morceaux auxquels il ne manquoit rien (4). Rien n'est moins vrai. La moitié supérieure de Dircé jusqu'aux cuisses est moderne. Il n'y a d'antique dans Zethus & Amphion que les deux troncs, & une jambe de l'une de ces deux Figures. Le réparateur semble avoir fait toutes les têtes sur celle de Caracalla. Cet Artiste natif de Milan, se nommoit Battista Bianchi. Antiope qui se tient debout, & le jeune homme assis, presque entiérement conservés auroient dû faire sentir la différence de l'antique & du moderne. On ne s'étonnera plus de la conservation de la corde, lorsque l'on fera attention que la tête du Taureau à laquelle elle est attachée, est neuve. La description qu'en a donnée Aldrovandi (5) est antérieure à la réparation de cet Ouvrage, & alors on le prit pour une représentation d'Hercule lorsqu'il tua le taureau de Marathon.

A la façade antérieure du Palais de la Ville Borghese, se trouve un Ouvrage rare en relief,

---

(3) Ficoroni Rom. moder. p. 44.

(4) Maffei Spieg. delle Stat, ant. Tav. 48. Caylus Diss. sur la Sculpt. p. 325.

(5) Stat. di Roma.

auquel on n'a pas fait assez d'attention jusqu'ici. Il représente Amphion & Zethus, & au-milieu d'eux leur mere Antiope, comme l'indiquent les noms marqués à chaque Figure. Amphion tient sa lyre: Zethus en berger a son chapeau rond jetté sur les épaules à la façon des pélerins: la mere semble implorer la vengeance de ses fils contre Dircé. La même représentation parfaitement semblable, mais sans les noms, se voit dans la Ville Albani.

---

## *SECTION TROISIEME.*

### DE L'ART APRÈS ALEXANDRE LE GRAND, ET DE SA DÉCADENCE.

### §. I. *Sous les premiers successeurs d'Alexandre.*

APRÈS la mort d'Alexandre le Grand, il s'éleva de grands différends, des révoltes & des guerres sanglantes dans les Provinces qu'il avoit conquises, entre ses premiers Successeurs qui environ la CXXXIV. Olympiade étoient déja tous morts (1); mais ces guerres continuerent toujours entre leurs fils & leurs descendans.

1. *Etat*

(1) Polyb. Lib. II, p. 155. D.

### 1. *Etat des Grecs & des Athéniens.*

La Grece souffrit en peu de temps plus que dans toutes les guerres civiles précédentes, par les armées ennemies dont elle fut souvent inondée, par le changement presque annuel du Gouvernement, & par les grandes impositions qui épuiserent la nation. Les Athéniens, dans qui l'esprit de la liberté se ranima à la mort d'Alexandre, firent les derniers efforts pour se soustaire à la domination des Macédoniens. Ils armerent encore quelques autres villes contre Antipater, mais après avoir remporté quelques avantages, ils furent battus & forcés d'accepter une paix dure qui les obligeoit de payer tous les fraix de la guerre, & en outre une somme considérable, & de plus de recevoir une garnison étrangere dans le port de Munichia. Une partie des citoyens fut même reléguée en Thrace, ce qui acheva de ruiner leur liberté. Le Roi Démétrius Poliorcetes fit luire à leurs yeux l'espérance de la voir renaître, mais leurs adulations & leurs bassesses incroyables pour ce Prince les en rendirent indignes. Aussi jouïrent-ils bien peu de temps de cette ombre de la liberté.

### 2. *Médailles de ce temps.*

On a de très-belles Médailles du Roi Démétrius Poliorcetes & de Pyrrhus. Le revers de la plupart des premieres porte un Neptune très-finement travaillé. Celles de Pyrrhus ont une tête de Jupiter de la plus belle idée, ou une belle tête barbue qui pourroit bien repréfenter Mars. Quelques-uns ont pris l'une & l'autre pour la Figure de Pyrrhus : reffemblance qui a fait donner le même nom à une tête rapportée par Fulvius Urfinus (1), à-moins que cette dénomination ne foit venue de la reffemblance de cette tête avec celle d'une grande Statue cuiraffée (de Mars) qui a paffé du Palais Maffimi au Capitole (1). Il fe pourroit bien auffi que ce fût la Statue qui eût donné fon nom aux Médailles ; fur-tout fi l'on confidere que les têtes d'Eléphans qui font fur les ailes de la cuiraffe, comme les appelloient les Anciens, auront paru faire allufion aux Eléphans que ce Roi introduifit le premier en Grece & en Italie, ce qui a fait que l'Artifte en a mis d'autres fur la drapperie en réparant les pieds de cette Statue. D'après cette opinion, Gori a encore donné le nom de Pyrrhus à une tête femblable gravée fur une Pierre du Cabinet du Grand Duc de Florence (3). Mais felon l'ufage des Grecs de ce temps, ce Roi a du ne point avoir de barbe, ou n'en avoir que très-

(1) Imag. 102.
(2) Muf. Capit. T. III. tav. 48.
(3) Muf. Florent. T. III. tab. 25. n. 4.
(4) Ibid. T. II. tab. 2.
(5) Athen. Deipn. Lib. XIII. p. 565. l. 6.

peu, comme sur une grande Médaille d'or conservée à Florence, & qui le représente réellement (4). Aucun des Rois de ces temps-là n'avoit de barbe, puisque les Grecs commencerent à se raser sous Alexandre le Grand (5).

La tête de porphyre travaillée en relief, que l'on voit dans la Vigne Ludovise, & citée par Montfaucon (6), n'a rien de commun avec le Roi Pyrrhus lequel se trouve effectivement avoir le menton uni sur ses Médailles (7), comme Pignorius l'a déja observé (8).

### 3. *Situation ultérieure des Athéniens.*

L'Art né avec la liberté, avoit fleuri avec elle : il dut tomber avec elle & être enseveli sous ses ruines. Cépendant, sous le gouvernement modéré des Macédoniens, & en particulier sous celui de Démétrius de Phalere, la Ville d'Athenes fut aussi peuplée qu'elle l'avoit été ; & l'on seroit tenté de croire que la plus grande partie des Athéniens étoient Artistes en lisant qu'on éleva, dans l'espace d'un an, trois cens soixante Statues de bronze à ce Gouverneur, parmi lesquelles il y en avoit plusieurs

(6) Montfauc. Diar. Ital. p. 221.

(7) Golz. Græc, tab. 4. n. 1, 2, 4. Cuper. de Elephant. Exerc. II. Cap. 1. p. 110.

(8) Symb. Epist. p. 33, 34. Conf. Descript. des Pier. gr. du Cab, de Stosch, p. 412, 413.

d'équeſtres & ſur des chars. Il paroît même extraordinaire que les Athéniens aient fait dans ce temps une ordonnance touchant les Statues d'or que la ville réſolut d'ériger à Démétrius Poliorcetes & à ſon pere Antigone (1). J'aimerois mieux croire qu'il s'agit de Statues ſeulement dorées, quoiqu'il ſoit auſſi fait mention de la réſolution priſe par la ville de Sigée de faire dreſſer à Antiochus Soter une Statue équeſtre d'or (2). Mais cette flatterie tourna au desavantage de la Vérité & de l'Art. Quoi qu'il en ſoit, il eſt certain que le beau ſiecle de l'Art finit à la mort d'Alexandre, c'eſt-à-dire, ſuivant la conjecture de Pline (3) dans la CXX. Olympiade.

Ce fut à-peu-près dans ce temps que les Athéniens ſe révolterent contre Démétrius Poliorcetes, après la mort de ſon pere Antigone tué à la bataille d'Ipſus, & Lachares s'empara du Gouvernement de la ville. Démétrius le chaſſa, fortifia le *Muſæum*, & y mit une garniſon pour s'en aſſurer. Il fit ſentir aux Athéniens leur défection ; & ceux-ci prirent avec raiſon pour un véritable eſclavage (4), la condition à laquelle ils furent réduits.

---

(1) Diod. Sic. Lib. XX. p. 782. ad fin. pag.
(2) Chishul. Inſcr. Aſiat. p. 52. n. 35.
(3) Lib. XXXIV. Cap. 19.

## §. II. *Décadence de l'Art en Grece.*

On entend par l'âge de la décadence de l'Art, celui des Artistes qui se distinguerent après la mort d'Alexandre. Car ceux qui lui survécurent, comme Lysippe, Apelles, & Protogenes, sont réputés du beau siecle de l'Art dans lequel ils ont fleuri, quoiqu'ils ayent encore vécu dans le suivant. Le grand changement qui se fit dans les Arts se manifeste aussi dans la langue & le style des Grecs : car depuis cette époque leur écrits sont pour la plupart conçus dans le Dialecte commun, ainsi nommé, non pas que ce fût jamais la façon ordinaire de parler dans aucun temps ni dans aucun lieu ; c'étoit plutôt comme une espece de langue à l'usage des savans, telle qu'est aujourd'hui la langue Latine.

### 1. *L'Art déchu dans la Grece commença à fleurir en Asie sous les Seleucides.*

L'Art chassé de la Grece par le malheur des temps, fut appellé en Asie par les Seleucides, où les Artistes disputerent la palme à ceux qui étoient restés en Grece (5). Hermoclès de

(4) Dicæarch. Geogr. p. 168. l. 14.
(5) Theophrast. Charact. Cap. ult.

Rhodes qui fit la belle Statue de Combabus (1), fleuriſſoit à la Cour des premiers de ces Rois. Peut-être auſſi que Ctéſias célebre par ſon Gladiateur mourant, étoit du nombre des Artiſtes de cette Cour; car on ſait qu'Antiochus Epiphanès, Roi de Syrie, introduiſit en Aſie les combats des Gladiateurs juſqu'alors inconnus aux Grecs. Il fit venir des Gladiateurs de Rome; & les Grecs qui virent d'abord ces combats avec horreur, s'y accoutumerent bientôt & l'habitude leur fit perdre leur premiere ſenſibilité. Les combats de Gladiateurs n'étoient en uſage avant ce temps que chez les ſeuls Crétois, & & les Dames les plus honnêtes y aſſiſtoient (2). Lorſque dans la ſuite il s'agit de les introduire à Corynthe, quelqu'un dit qu'il falloit commencer par renverſer l'autel de la Miſéricorde & de la Commiſération, avant que de ſe réſoudre à goûter un pareil ſpectacle (3).

### 2. *Sous les Ptolemées.*

Ptolemée attira l'Art en Egypte par ſa libéralité. Apelles même ſe rendit à Alexandrie. Les Rois Grecs en Egypte furent les plus puiſſans & les plus magnifiques des ſucceſſeurs d'Alexandre le Grand. Ils entretenoient, ſelon le rapport d'Appien d'A-

(1) Lucian. de Dea Syria, Cap. 26. p. 472.

(2) Scalig. Poet. Lib. I. Cap. 36. p. 44.

(3) Lucian. Demon. p. 393.

lexandrie (4), une armée de deux cens mille hommes à pied, & de trente mille chevaux. Ils avoient trois cens Eléphans dressés à combattre & deux mille chars armés. Leurs forces navales n'étoient pas moins redoutables : ce même Auteur leur donne douze cens galeres à trois & même jusqu'à cinq rames. Sous le regne de Ptolemée Philadelphe, Alexandrie devint presque ce qu'Athenes avoit été. Les Savans & les Poëtes les plus célebres quitterent leur Patrie pour Alexandrie où la gloire & la fortune les appelloient. C'est-là qu'Euclide enseigna la Géométrie. Théocrite, le Poëte de la tendresse, y chanta ses Pastorales dans le Dialecte Dorien. La langue éloquente de Callimaque y loua les Dieux. La cavalcade superbe que ce Roi fit à Alexandrie, prouve la grande quantité de Sculpteurs qu'il y avoit alors en Egypte. On y promena des centaines de Statues, & il est probable qu'on ne les avoit pas tirées des temples, mais que c'étoient des Ouvrages nouveaux. Il y avoit dans la grande Tente décrite par Athénée (5), cent animaux differens de marbre exécutés par les plus célebres Artistes.

(4) Procem. Hist. p. 7. l. 22.
(5) Deipn. Lib. V. p. 196.

## §. III. *Conjectures sur la corruption du goût de ce temps, même dans l'Art.*

Le bon goût commença à se corrompre à-peu-près dans ce temps-là parmi les Grecs. L'air de la Cour que respirerent leurs Poëtes y contribua beaucoup. Cette corruption commença par le vice que de nos jours on appelle *pédantisme*. Callimaque & Nicandre qui furent l'un & l'autre de ce qu'on nomma la Pléiade poétique à la Cour de Ptolemée Philadelphe, parurent plus jaloux du titre de Savant que du nom de Poëte. Ils chercherent à se distinguer par des mots étranges & des expressions surannées. Lycophron qui étoit aussi du nombre des sept eut une autre manie : il aima mieux passer pour inspiré que pour ingénieux, & mettre l'esprit de son lecteur à la torture pour se faire comprendre, que de lui plaire. Il semble avoir été le premier des Grecs qui commença le jeu des anagrammes (1). Les Poëtes firent de leurs vers, des autels, des flutes, des haches, des aîles, des œufs : Théocrite lui-même joua sur des mots (2). Mais ce qu'il y a de plus étonnant c'est qu'Apollonius le Rhodien, qui étoit du nombre des sept Poëtes, ait si souvent violé

(1) Dickins. Delph. Phœnis. Cap. 1.

(2) Idyl. XXVII. vs. 26.

(3) V. Argonaut. Lib. III. vs. 99. 167. 335. 395. 600, &c. Canterus Novar. Lect. Lib. V. Cap. 13. p.

les règles les plus communes de l'Art Poétique (3). Cette observation, quoique éloignée de mon sujet en apparence, sert néanmoins à confirmer les soupçons que l'on peut former sur la corruption générale du goût de ce temps. Un Poëte, tel que Lycophron, emportant les suffrages de la Cour & de son siecle, ne donne pas une haute idée du goût régnant, & l'Art & la Science ont presque toujours & par-tout subi un sort pareil. Lorsqu'au dernier siecle on vit en Italie, ainsi que dans tous les pays où l'on cultivoit les sciences, une maladie contagieuse gagner tous les esprits, remplir de vapeurs malignes le cerveau des savans, & donner à leur sang un mouvement fébrile qui engendra l'enflure & l'affectation de leurs écrits, la contagion gagna aussi les Artistes. Joseph Arpino, Bernini & Borromini furent dans la Peinture, la Sculpture & l'Architecture ce que le Chevalier Marin fut dans la Poésie : ils abandonnerent tous la Nature & l'Antiquité.

## §. IV. *Prétendus Ouvrages de ce temps.*

Il est vraisemblable que les plus célebres Artistes de la Grece qui quitterent leur Patrie dans le temps dont nous parlons, pour aller à

627. observe ces fautes & les regarde comme une licence particuliere dans le changement des pronoms possessifs.

Alexandrie, ſont les Maîtres des Statues de porphyre qui furent transportées d'Egypte à Rome par les ordres de l'Empereur Claude, comme Pline nous l'apprend (1). On voit encore à la montée du Capitole le beau tronc d'une Pallas de porphyre. Une autre Pallas de porphyre avec une tête de marbre orne la Ville Médicis. Mais la plus belle non-ſeulement des Statues de porphyre, mais auſſi de toutes celles de l'antiquité, eſt une prétendue Muſe, plus que de grandeur naturelle, dans la Vigne Borgheſe. D'autres lui donnent le nom de Junon à cauſe de ſon diadême. Sa drapperie eſt une merveille de l'Art (2). Cependant il y a eu auſſi des Statues de porphyre exécutées à Rome, comme le prouve un Buſte cuiraſſé du Palais Farneſe, dont la cuiraſſe n'eſt pas tout-à-fait achevée. Pirro Ligorio a écrit dans ſes Manuſcrits, conſervés dans la Bibliotheque du Vatican, que ce Buſte avoit été trouvé au Champ de Mars. Probablement auſſi que pluſieurs Statues de Rois captifs, de la même eſpece de pierre, ont été travaillées à Rome. On en voit pluſieurs dans la Vigne Borgheſe, la Vigne Médicis & ailleurs.

Hermoclès de Rhodes eſt un des plus célebres Artiſtes de ce temps. Un Lapidaire nommé Satyrius acquit auſſi beaucoup de réputation ſous

(1) Plin. Lib. XXXVI. Cap. 13.

(2) Montfaucon Antiq. expliq. T. I. Pl. XXI. n. 2.

Ptolemée Philadelphe, dont il grava en cristal sa femme, nommée Arsinoé (3).

## §. V. *Décadence de l'Art en Egypte & dans la grande Grece.*

L'ART Grec ne pouvoit prendre racine sous un ciel & dans un sol qui lui étoient aussi étrangers que le sol & le ciel de l'Egypte (4). Il perdit beaucoup de sa grandeur & de sa noblesse en s'amollissant pour se conformer au luxe qui régnoit à la Cour des Seleucides & des Ptolemées. Il tomba tout-à-fait dans la grande Grece. Il y avoit fleuri avec la Philosophie de Pythagore & de Zenon d'Elée dans un grand nombre de villes libres & opulentes. Il y périt par les armes & la barbarie des Romains.

## §. VI. *Chute de l'Art dans la Grece par les guerres civiles entre les Achéens confédérés & les Etoliens.*

CEPENDANT l'ancienne souche de la liberté poussa de nouveaux rejettons dans la Grece fatiguée de gémir sous plusieurs tyrans qui l'opprimoient à l'ombre de l'autorité d'Antigone

(3) Anthol. Lib. IV. p. 205. 9.

(4) Conf. Strab. Lib. XIV. p. 959.

Gonatas, Roi de Macédonie (1). Il sortit quelques grands hommes des cendres de leurs ancêtres, & en se sacrifiant pour l'amour de la patrie, ils donnerent beaucoup d'inquiétude aux Macédoniens & aux Romains. Trois ou quatre villes à-peine connues dans l'histoire entreprirent dans la CXXIV. Olympiade de se soustraire à la domination des Macédoniens : elles réussirent à chasser & à tuer les Tyrans qui s'étoient élevés au milieu d'elles & dans chacune d'elles. D'ailleurs comme leur ligue paroissoit de peu de conséquence, on dédaigna de les châtier. Tel fut le fondement & le commencement de la célebre ligue d'Achaïe. Plusieurs grandes villes, Athenes même, furent honteuses d'avoir été prévenues, dans une si belle entreprise; elles voulurent y avoir part, & montrer leur zele pour la liberté. Bientôt toute l'Achaïe fut liguée. On projetta de nouvelles loix, on ébaucha une nouvelle forme de Gouvernement; & comme la jalousie arma les Lacédémoniens & les Etoliens contre les Achéens, Aratus âgé de vingt ans, & Philopœmenes, les derniers héros de la Grece, se mirent à la tête de ceux-ci, & furent les défenseurs de la liberté.

(1) Polyb. Lib. II. p. 129. A.

(2) Excerpt. Diodor. p. 225. l. 10.

La Grece étoit pourtant fort déchue de sa grandeur passée ; & la constitution des villes, celle même de Sparte restée inaltérable pendant près de quatre cens ans (2), avoit pris une autre forme après la bataille de Leuctres. Les Ephores gouvernerent seuls, depuis que Cléomenes Roi de Sparte devenu odieux par ses vues despotiques, avoit été obligé de quitter sa patrie pour se refugier en Egypte. Mais après sa mort on procéda de nouveau à l'élection d'un Roi; & comme Agesipolis étoit encore enfant, on conféra la dignité suprême à Lycurgue dont les ancêtres n'étoient pas du sang royal; mais il sut la mériter en donnant un talent à chaque Ephore. Il fut aussi obligé de fuir, mais il fut rappellé (3). Ceci arriva dans la CXL. Olympiade. Peu après, lorsque Sparte, après la mort du Roi Pelops, fut successivement gouvernée par divers Tyrans, & à la fin par Nabis, celui-ci défendit la ville avec des troupes étrangeres (4).

(3) Polyb. Lib. V. p. 377. A. p. 431. B.
(4) Tit. Liv. Lib. XXXIV. Cap. 28.

*Les Romains prennent part à la guerre entre les Achéens & les Etoliens. La Victoire remportée par les Grecs les fait reconnoître pour une nation Libre.*

Lorsque la guerre éclatta entre les Achéens & les Etoliens, l'animosité des deux partis alla si loin qu'ils commencerent à tourner leur rage contre les Monumens même de l'Art. Les Etoliens étant entrés sans résistance dans une ville de Macédoine, nommée Dios, que les habitans furent obligés de leur abandonner en se retirant, ils en démolirent les murs & les maisons, mirent le feu aux portiques & aux allées couvertes des temples & détruisirent toutes les Statues (1). Les mêmes Etoliens exercerent une fureur pareille dans le temple de Jupiter à Dodone en Epire. Ils mirent le feu aux Galleries, briserent les Statues, & détruisirent entiérement le temple (2). Dans la harangue d'un Ambassadeur Acarnanien Polybe cite plusieurs autres temples pillés par les Etoliens (3). La ville même d'Elis & la province du même nom, qui jusqu'alors avoit été épagnée par tous

(1) Polyb. Lib. IV. p. 326.
(2) Id. ibid. p. 331. A.
(3) Id. Lib. IX. p. 567. A.
(4) Id. Lib. IV. p. 336. 337.
(5) Id. Lib. V. p. 358. C. & Lib. IX. p. 562. D.
(6) Excerpt. Polyb. Lib. XI. p. 45.

les parties à cause de ses Jeux qui la faisoient jouir du privilege d'une ville franche, furent pourtant saccagées par les Etoliens dans la CXL. Olympiade (4). Du reste les Macédoniens, sous le Roi Philippe, & les Achéens exerçoient presqu'avec la même fureur la loi du talion à Therme, Capitale des Etoliens : ils épargnoient pourtant les Statues & les images des Dieux (5). Mais quand ce même Roi y vint pour la seconde fois, il fit détruire les Statues qu'il avoit épargnées dans sa premiere expédition (6). Au siege de la ville de Pergame, Philippe assouvit sa rage sur les temples & sur leurs Statues : tout fut brisé, démoli, détruit. On eut soin, même de briser tellement les pierres, qu'elles ne pussent plus servir à la reconstruction du temple (7). Diodore attribue ce ravage au Roi de Bithynie (8) : c'est une erreur, selon toutes les apparences. On trouva dans cette ville le fameux Esculape exécuté par Philomaque (9), ou Phyromaque, selon d'autres (10). Athenes dépendante entiérement des Macédoniens & du Roi d'Egypte, fut assez tranquille au commencement de cette guerre (11).

(7) Ibid. Lib. XVI. p. 67.
(8) Excerpt. Diodor. p. 294.
(9) Excerpt. Polyb. p. 169. l. 20.
(10) Anthol. Lib. IV. Cap. 12. Excerpt. Diodor. p. 337. l. 22.
(11) Polyb. Lib. V. p. 444. A. B.

Mais ſon inaction lui fit perdre l'eſtime & la conſidération des autres Grecs ; & lorſqu'enfin elle quitta le parti des Macédoniens, le Roi Philippe entra dans ſon territoire, brûla l'Académie qui étoit devant la ville, pilla tous les temples d'alentour, & n'épargna pas même les tombeaux (1). Lorſque les Achéens ne voulurent pas entrer dans ſes vues contre Sparte & le Tyran Nabis, il entra de nouveau ſur le Territoire Attique, détruiſit les temples qu'il n'avoit que pillés auparavant, démolit les Statues, & fit auſſi briſer les pierres des temples afin qu'elles ne puſſent pas ſervir une ſeconde fois (2). Cet excès fut la principale cauſe de l'ordonnance portée par les Athéniens qui preſcrivoit de briſer & d'anéantir toutes les Statues de ce Prince, & de toutes les perſonnes de ſa maiſon, hommes & femmes, & de réputer pour profanes & infames tous les endroits où l'on avoit placé quelque Inſcription en ſon honneur (3). Le Conſul Marcus Acilius dans la guerre de Syrie contre le Roi Antiochus, après la victoire remportée près des Thermopiles, fit démolir le temple de Pallas Itonienne, parce qu'il y trouva la Statue de ce Roi (4). Les Romains avoient été juſqu'alors plus religieux ou moins féroces ſur

(1) Excerpt. Diodor. p. 294 Tit. Liv. Lib. XXXI. Cap. 24.

(2) Tit. Liv. Lib. XXXI. Cap. 26. 30.

ſur les terres ennemies. Ils avoient épargné les temples. Ils commencerent auſſi à exercer la loi du talion : ils pillerent les temples de l'Iſle de Bachium, ſituée vis-à-vis de Phocea, & en enleverent les Statues (5). Tel étoit l'état de la Grece dans la CXL. Olympiade (6).

Les Etoliens pouſſerent l'animoſité aſſez loin contre les Achéens pour demander du ſecours aux Romains qui entrerent pour la premiere fois ſur le territoire Grec. Les Achéens de leur côté ſe rangerent du parti des Macédoniens. Après une victoire remportée par Philopœmenes, chef de la confédération, ſur les Etoliens & leurs alliés, les Romains mieux inſtruits des circonſtances de la Grece, abandonnerent ceux qui les avoient appellés à leur ſecours, & voulurent au contraire ſecourir les Achéens : ils firent la conquête de Corynthe, & battirent Philippe Roi des Macédoniens. Cette victoire fut couronnée par une paix glorieuſe. Le Roi accepta les conditions que firent les Romains : il fut obligé d'évacuer toutes les places de la Grece, & d'en retirer ſes garniſons ; & tout cela même avant la célébration prochaine des Jeux Iſthmiques. Les Romains parurent alors s'intéreſſer vivement pour la liberté d'une

(3) Id. ibid. Cap. 44.
(4) Idem. Lib. XXXVI. Cap. 20.
(5) Idem. Lib. XXXVII. Cap. 21.
(6) Polyb. Lib. V. p. 448. B.

autre nation ; & le Proconſul Quintus Flaminius, âgé de trente-trois ans eut l'honneur de proclamer pour libres les Grecs qui l'adorerent preſque en reconnoiſſance.

## §. VII. *Nouveaux avantages que l'Art tira de cette liberté, mais qui furent de peu de durée.*

Les Grecs furent proclamés libres dans la CXLV. Olympiade, 194 ans avant l'Ere Chrétienne. Il paroît que Pline a voulu déſigner cette Olympiade & non la CL. lorſqu'il dit que les Arts commencerent à refleurir en Grece. Car dans la CLV. Olympiade les Romains étoient en Grece comme ennemis, & les Arts ne peuvent s'élever que ſous d'heureux auſpices. Peu après Paul Emile confirma de nouveau les Grecs dans leur liberté. Ce temps de la décadence des Arts chez les Grecs peut être comparé à l'intervalle qu'il y eut dans les temps modernes depuis Raphaël & Michel-Ange juſqu'aux Caraches : car alors l'Art tomba dans une grande barbarie, même dans l'Ecole Romaine ; & les Artiſtes de cette Ecole qui écrivirent ſur l'Art, comme Vaſari & Zuccheri, parurent preſque frappés d'aveuglement. Les Tableaux des deux plus grands Maîtres étoient dans leur plus bel éclat ; & pour-ainſi-dire faits ſous les yeux de ces Artiſtes qui dégénérerent juſqu'au point de faire croire qu'ils ne contemplerent & n'étudierent jamais attentivement aucune

Statue antique : au moins leurs Ouvrages le font ainsi juger. L'ainé des Caraches fut le premier qui ouvrit les yeux.

§. VIII. *Du temps auquel l'Art fleurit en Sicile.*

LORS de la décadence des Arts en Grece, lorsqu'on y brisoit leurs plus belles productions, ils fleurirent en Sicile au milieu des plus grands troubles, sous le Roi Agathoclès, pendant la guerre qu'il fit aux Carthaginois, & pendant la premiere guerre Punique. Cet état fleurissant de l'Art est suffisamment empreint sur les belles Médailles en or & en argent de ce Roi : il y en a de différente grandeur. Elles représentent ordinairement d'un côté la tête de Proserpine & sur le revers la victoire qui met un casque sur un trophée composé d'armes suspendues au tronc d'un arbre. Ce temps heureux pour l'Art duroit encore sous Hiéron II. Roi de Syracuse, qui entre autres Ouvrages remarquables, fit construire un vaisseau célebre dans toute l'antiquité, lequel avoit vingt rangs de rames de chaque côté ; & ressembloit plutôt à un Palais qu'à un vaisseau. Il y avoit des aqueducs, des jardins, des bains, un temple ; & le plancher d'une chambre étoit un parquet de petites pierres en mosaïque qui représentoient tous les événemens de l'Iliade. Lorsqu'Annibal triomphoit partout où il se montroit, ce Roi envoya aux Romains une flotte chargée de grains, & une Victoire d'or pesant trois cens vingt livres (1). Le Sénat l'accepta; mais quoique réduit à la derniere nécessité il ne prit de quarante Vases d'or que les Ambassadeurs de Naples lui apporterent, que le plus léger (2); & de-même les Vases d'or envoyés par la ville de Pæstum en Lucanie, furent rendus à ses Ambassadeurs avec bien des remerciemens (3).

### *Médaille remarquable de la Ville de Segeste en Sicile.*

PEU après le temps d'Agathoclès on frappa à Segeste ville de Sicile, une Médaille remarquable, moins par rapport à l'Art, que pour sa rareté & à cause de la Chronologie. D'un côté est la tête d'une femme qui représente celle d'Egesta, fille d'Hippotès Roi de Troye, & de laquelle cette ville tire son nom. Sur le revers est un chien & trois épics qui dénotent la fertilité du terrein. Le chien est l'image du fleuve Crimisus qui, selon la fable, se changea en cet animal pour jouir d'Egesta que son Pere avoit envoyée vers les bords de ce fleuve pour lui sauver la vie. Car, lorsque Neptune & Apollon

(1) Tit. Liv. Lib. XXII. Cap. 37.
(2) Id. ibid. Cap. 32.
(3) Id. ibid. Cap. 36.
(4) Polyb. Lib. I. p. 14. C.

ne purent obtenir de Laomedon, la récompense que ce Roi leur avoit promise pour avoir reconstruit les murs de la ville de Troie, Neptune envoya un monstre terrible contre la ville, à la fureur duquel l'Oracle d'Apollon avoit ordonné de livrer les filles les plus distinguées pour en être dévorées. Ce qu'il y a de plus remarquable dans cette Médaille, c'est d'y voir en même temps les nom d'Egeste & de Segeste. Cette Ville assiégée par les Carthaginois fut délivrée par Cajus Duillius dans la CXXIX. Olympiade (4), & dix-neuf ans après Cajus Lutatius Catulus chassa les Carthaginois de la Sicile, & en fit une Province Romaine, à l'exception néanmoins de l'empire d'Hiéron (5); mais on laissa à quelques villes de cette nouvelle Province, & en particulier à Ségeste (6), la plaine jouissance de leur liberté. Les dix-neuf ans dont je viens de parler se trouvent indiqués sur cette Médaille par les caracteres ΞIB, en séparant le premier des deux autres, car Ξ ou Z signifie sept, & IB douze. Pour écrire dix-neuf en caracteres liés, il faudroit mettre IΘ. Je m'imagine donc que les habitans de Ségeste ont voulu conserver sur cette Médaille le souvenir du temps écoulé depuis l'époque de leur dé-

(5) Tit. Liv. Lib. XIX. Cap. 63.

(6) Conf. Sigon. de antiq. juris provinc. Ital. Lib. I. Cap. 3. p. 266.

livrance jusqu'à la conquête de la Sicile, à laquelle leur liberté leur fut confirmée contre toute attente ; & qu'alors ils changerent le nom de leur ville Egeste en celui de Ségeste (1).

## §. IX. *Artistes & Ouvrages célebres de ce temps.*

PARMI les Artistes qui fleurirent au renouvellement de l'Art en Grece, on distingue Anthée, Callistrate, Athénée, Polyclès, le Maître du bel Hermaphrodite, Methrodore, Peintre & Philosophe, & quelques autres. Le bel Hermaphrodite de la Vigne Borghese pourroit être pris pour l'Ouvrage de Polyclès. Il y en a un autre dans la Gallerie du grand Duc à Florence, & un troisieme dans les voutes de la Vigne Bor-

---

(1) Conf. Mazocchi in Comment. Tab. Heracl.

(2) L'O Grec Ω, dans le nom de cet Artiste, a la forme d'ω dont les plus anciens exemples sont sur les Médailles des Rois Syriens ; par conséquent il n'est pas aussi nouveau que Montfaucon & plusieurs autres l'ont pensé. Le plus ancien Ouvrage, d'un temps déterminé, outre ces Médailles, où l'omega paroît sous cette forme, est un beau Vase de bronze, grand & cerclé, qui se voit au Capitole, & qui selon l'Inscription qu'on lit sur le bord, a été donné en présent par le célebre Mithridate Eupator Roi du Pont, à un Gymnase qui s'appella Euporista du nom de ce Roi. Ce Vase a été trouvé de nos jours à Porto d'Anzio, autrefois *Antium*, lorsqu'on nettoya ce port. Outre l'inscription qu'on vient de rapporter, laquelle est en grandes lettres ponctuées, on lit encore sur ce Vase ces mots jusqu'ici mal entendus

grefe. Il est assez probable qu'Apollonius fils de Nestor, d'Athenes, vivoit dans ce même temps; car à en juger par la forme des lettres de son nom tel qu'il est écrit sur le *Torso* du Belvedere, il faut qu'il ait vécu quelque temps après Alexandre le Grand (2).

*Description particuliere de l'Hercule mutilé qui est au Belvedere.*

Quoique cette Statue d'Hercule ait été maltraitée & mutilée d'une maniere étrange, se trouvant sans tête, sans bras & sans jambes, elle est cependant encore un chef-d'œuvre aux yeux des Connoisseurs; & ceux qui savent percer

ευφα διαζωζε (a) qui probablement veulent signifier εὐφαλαρον διασῶζε, c'est à-dire *conserve le pur & luisant*, expression dont on se servoit en parlant des harnois luisans des chevaux (*Hesich. in* Φάλαρα, εὐφάλαρος). L'écriture est en Lettres Grecques courantes dont on se sert à présent, & est la plus ancienne espece d'Ecriture Grecque dont nous ayons des traces, plus ancienne peut-être que le vers d'Euripide écrit en pareils caracteres sur le mur d'une maison de l'ancienne Herculanum

ὡς ἓν σοφὸν βȣλευμα τὰς πολλὰς χεῖρας νικᾷ.

Pitt. d'Ercol. Tom. II. p. 34.

(a) Sur le dessin envoyé a Pococke en Angleterre, ces mots ont été copiés par quelqu'un qui ne les entendoit pas. Ce Vase a aussi la rondeur du demi-cercle d'un Ouvrage Elliptique de la plus grande beauté. V. Pococke's Descri. of the East, Vol. II, p. 207. pl. XCII.

dans les mysteres de l'Art, se la représentent dans toute sa beauté. L'Artiste en voulant représenter Hercule, a formé un corps idéal au-dessus de la Nature, ou si l'on veut, un corps viril dans la perfection de l'âge, élevé jusqu'à la satiété divine. Cet Hercule paroît donc ici tel qu'il dut être lorsque purifié par le feu des foiblesses de l'humanité, il obtint l'immortalité & prit place auprès des Dieux (1). Il est représenté sans aucun besoin de nourriture & de réparation de forces. Les veines y sont toutes invisibles; le bas-ventre est fait pour jouir sans besoin, c'est-à-dire pour être rassasié sans rien prendre, & plein sans se remplir. A en juger par les restes du tronçon, il doit avoir été assis, avec la tête soutenue & élevée, & l'air d'un Héros occupé du souvenir délicieux de ses grands travaux glorieusement achevés. Il paroît que le dos ait la même signification par la maniere sublime dont il semble vouté (2). La poitrine puissamment élevée nous donne une idée de

(1) C'est ainsi qu'Artémon le peignit. Plin. Lib. XXXVI Cap. 40.

(2) Il est impossible que ce soit un Hercule filant, & je ne me souviens pas où quelqu'un peut avoir pris que Raphaël y ait découvert cette attitude. Cours de Belles-Lettres par le Batteux Tom. I. p. 66.

(3) Il y a des méprises qui méritent à peine d'être relevées. Telle est celle de le Comte (Cabinet T. I. p. 20) lorsqu'il nomme Hérodote de Sicyone pour le Maî-

celle contre laquelle le Géant Gérion fut écrasé. La force & la longueur de ses cuisses nous retracent ce Héros infatigable qui poursuivit & atteignit le cerf aux pieds agiles, & qui traversa des pays innombrables pour aller combattre & détruire des monstres jusqu'aux extrémités du monde. Que l'Artiste admire dans le contour de ce corps l'écoulement continuel d'une forme dans l'autre, & les traits mouvans qui comme les ondes, s'élevent, s'abaissent, & se mêlent ensemble : il trouvera l'impossibilité de pouvoir en copiant s'assurer du droit, puisque le mouvement avec lequel on le cherche, s'en détourne imperceptiblement, & en déviant trompe également l'œil & la main. Les os semblent couverts d'une peau grasse, les muscles sont charnus sans superfluité : une semblable carnation ne se retrouve dans aucune autre Figure. On pourroit dire même que cet Hercule approche plus du temps & du Style sublimes de l'Art que l'Apollon (3). On trouve dans la

---

tre de cet Ouvrage. Pausanias fait mention d'un Herodote d'Olynthe, mais personne ne connoît un Sculpteur de ce nom, natif de Sicyone. Le tronçon d'une Statue de femme qui doit être à Rome, & surpasser en beauté toutes les autres Statues, selon le même Auteur, & qu'il donne aussi pour un Ouvrage du même Artiste, m'est inconnu. Un autre Auteur (Demontios della Sculpt. antiq. p. 12) nous dit que cet Apollonius est encore le

Collection magnifique de Dessins de Mr. le Cardinal Alexandre Albani, les Etudes des plus grands Artistes d'après ce *Torso* ou tronçon; mais ce ne sont que des rayons d'une lumiere foible en comparaison de l'original. Apollonius, Artiste de cet Ouvrage, est inconnu aux Historiens. Dubos se trompe aussi, quand il (1) dit que Pline parle favorablement de l'Hercule Farnese: il ne parle ni de cette Statue, ni de Glycon qui la fit.

Le Torso d'Hercule paroît un des derniers Ouvrages parfaits que l'Art ait produit en Grece, avant la perte de sa liberté. Car après que la Grece fut réduite en Province Romaine, l'histoire ne fait mention d'aucun Artiste célebre de cette nation, jusqu'aux temps du Triumvirat Romain. Un peu plus de quarante ans après que les Grecs eurent été déclarés libres par Quintus Flaminius, ils perdirent encore leur

---

Maître de Dircé, de Zethus, & d'Amphion. Mais il confond l'Apollonius de Rhodes avec l'Apollonius d'Athenes. Il y avoit encore à la fin du dernier siecle, dans le Palais Massimi à Rome, le tronc d'un Hercule, d'autres disent d'un Esculape, exécuté par le même Artiste, comme l'Inscription l'indiquoit. Je trouve au Tome X. p. 224. des Manuscrits de Pirro Ligorio qui sont dans la Bibliotheque Royale Farnesienne au Capo di monte à Naples, que ce morceau avoit été trouvé aux bains d'Agrippa, & qu'il avoit appartenu au célebre Architecte Sangallo. Il faut bien que ç'ait été un Ouvrage estimé, puisque l'Empereur Trajan Dece qui l'y

liberté. Les troubles & les dissentions des Chefs de la Ligue Achaïque, & encore plus la jalousie des Romains, en furent les causes. La victoire que les Romains remporterent sur Persée Roi de Macédoine, les rendit Maîtres de ce Royaume. Ainsi ils avoient tout à craindre de la confédération des Grecs, & ceux-ci vivoient dans des inquiétudes continuelles, à cause de la puissance de ces voisins redoutables. Après bien des tentatives infructueuses de la part des Romains pour vivre en bonne intelligence avec les Grecs, au moins selon le rapport des Historiens Romains, Lucius Mummius entra enfin sur leur territoire, battit les Grecs près de Corinthe, s'empara de cette ville comme la premiere de la Ligue Achaïque, & la démolit. Ceci arriva dans la CLVI. Olympiade (2) la même année que Carthage fut prise. La prise de Corinthe procura aux Romains les premiers

---

avoit fait placer, fit aussi connoître par une Inscription particuliere le déplacement de cette Statue, comme l'assure le même Auteur. Je n'ai pu découvrir ce qu'elle est devenue. Il y avoit de même à Rome, trois Inscriptions différentes sur la Statue d'un Hercule; celle de Lucius Lucullus qui l'avoit apportée à Rome, celle de son fils qui la plaça dans les Rostres, & celle de l'Edile T. Septimius. *Plin. Lib. XXXIV. Cap.* 19.

(1) Réflexions sur la Poësie & sur la Peinture, Tome I. p. 360.

(2) Plin. Lib. XXXIII. Cap. 3.

Monumens de l'Art de la Grece, & on les fit servir à rendre l'entrée triomphante de Mummius brillante & magnifique. Pline croit (1) que le fameux Bacchus d'Aristide est le premier Tableau Grec qui ait été apporté à Rome. On dédaigna de prendre les Statues les plus antiques qui étoient de bois; on laissa dans la ville démolie un Bacchus doré dont le visage étoit peint en rouge (2); un Bellerophon de bois avec des membres de marbre (3); & un Hercule de bois que l'on prit pour un Ouvrage de Dédale (4). Les Romains du reste enleverent tout ce qu'ils voulurent, même jusqu'aux bassins de bronze placés dans l'intérieur du Théâtre pour renforcer le son des déclamateurs (5).

### §. X. *Refutation du sentiment qui fixe l'époque de quelques Statues particulieres à ce temps.*

FABRETTI semble incliné à croire que deux Statues qui sont dans la Maison Carpegna à Rome dont on a fait un Marc-Aurele & un Septime Sévere en y mettant des têtes étrangeres aux corps, furent du nombre de celles que Mummius apporta de la Grece, parce que l'Inscription portoit M. MVMMIVS

(1) Plin. Lib. XXXV. Cap. 8.
(2) Pausan. Lib. II. p. 115. l. 24.
(3) Id. ibid. p. 119. l. 32.
(4) Id. ibid. p. 121. l. 3.

COS. quoique ce Mummius s'apellât Lucius (6). Les Connoisseurs y trouvent des marques d'un Style bien inférieur. Les premieres bases étoient probablement perdues, lorsqu'on a fait de nouveaux pieds & de nouvelles bases sans Inscription.

## §. XI. *Les plus beaux Monumens de la Grece enlevés par les Romains.*

Le pillage de quelques villes auroit pu se réparer, vu la grande quantité de Statues & de Peintures dont toutes les autres villes & généralement tous les endroits de la Grece étoient remplis. Il faut donc que les Grecs, se voyant exposés à la cupidité de leurs vainqueurs, aient perdu tout courage depuis ce temps, & n'aient plus voulu faire aucune dépense pour les Ouvrages publics & l'encouragement des Arts. En effet depuis cette époque les Romains ne cesserent de piller la Grece dans toutes les occasions. Marius Scaurus, étant Edile, fit emporter en cette qualité, de Sicyone à Rome, pour des arrérages de dettes, toutes les Peintures des Temples & des Edifices publics, & s'en servit pour orner le Théatre superbe qu'il fit

(5) Vitruv. Lib. V. p. 5.

(6) Fabr. Inscr. Lib. V. p. 400. n. 293. Conf. Buonarotti Oss. sopra alc. Medagl. p. 264.

bâtir (1). On transporta à Rome (2) toutes les Statues que l'on trouva à Ambraccia, résidence du Roi d'Epire, parmi lesquelles se trouvoient les neuf Muses qu'on plaça au Temple d'*Hercules Musarum* (3). On transporta même à Rome des murs entiers à cause des Peintures qui y étoient. Muræna & Varron, en agirent ainsi à Sparte, pendant leur Edilat (4). Il n'y avoit que la crainte de gâter les Peintures qui put reprimer ce brigandage. Cette crainte sauva sous le regne de Caligula deux beaux morceaux, Atalante & Hélene, qui étoient à Lanuvium dans le Latium (5). D'après ces faits on peut aisément s'imaginer combien les Artistes, surtout les Sculpteurs & les Architectes, furent peu encouragés, & combien ils eurent peu d'occasions de se distinguer. Cependant il paroît que l'on continua toujours à ériger des Statues aux Vainqueurs dans les Jeux Olympiques. Le dernier Vainqueur dont l'Histoire fait mention, se nommoit Muesibulus &

---

(1) Plin. Lib. XXXV. Cap. 40. conf. Lib. XXXVI. Cap. 24.

(2) Excerpt. Polyb. legat. p. 828.

(3) Plin. Lib. XXXV. Cap. 36. n. 4.

(4) Id. ibid. Cap. 49.

(5) Plin. Lib. XXXV. Cap. 6. On a fait la même opération avec les Peintures de l'Eglise de St. Pierre de Rome, qui après avoir été premiérement travaillées en Mosaïque, ont été sciées avec la muraille de pierre

remporta le prix au commencement du regne de l'Empereur Marc-Aurele dans la CCXXXII. Olympiade (6).

Ce que l'on faisoit en Grece en temples, édifices ou Statues, s'exécutoit pour la plus grande partie aux fraix de quelques Rois de Syrie, d'Egypte, ou autres. On érigea une Statue à Delos, à Laodice, fille du Roi Seleucus, & épouse de Persée, pour reconnoître sa libéralité envers les habitans de cette Isle, & le temple d'Apollon. La base sur laquelle on lit l'Inscription qui en fait mention, se trouve parmi les marbres d'Arundel (7). Antiochus IV. Roi de Syrie fit placer différentes Statues autour de l'autel d'Apollon dans la même temple (8).

Antiochus Epiphanès, Roi de Syrie, fit venir à Athenes un Architecte Romain nommé Cossutius pour y achever le temple de Jupiter Olympien; qui depuis le temps de Pisistrate étoit resté imparfait (9). Ce trait pourroit paroître une preuve de la disette de bons Artistes

---

de taille, sur laquelle elles sont appliquées, & puis transportées sans dommage dans l'Eglise des Chartreux. Les Peintures Etrusques du temple de Cerès ont aussi été transportées avec le mur. Plin. Lib. XXXV. Cap. 45.

(6) Pausan. Lib. X. p. 886.

(7) N. 29. p. 26. Edit. Mettaire.

(8) Chishull. Inscr. Sig.

(9) Vitruv. Præf. Lib. VII.

dans la même ville qui avoit été autrefois le siege de l'Art. Mais peut être qu'Antiochus Epiphanès ne le fit que par complaisance & par flatterie pour les Romains. Ce fut par une politique semblable & une pareille intention, à ce qu'il paroît, qu'Ariobarzanes Philopator II. Roi de Cappadoce se servit de deux Architectes Romains, savoir Cajus Stallius & son frere Marcus, & d'un Grec nommé Manalippus, pour reconstruire l'Odéum d'Athenes qui avoit été en partie démoli par Ariston, Général de Mithridate, pendant le siege fait par Sylla (1).

## §. XII. *Fin de l'Art sous les Seleucides.*

En Asie & à la Cour des Rois de Syrie l'Art Grec eut le sort d'une bougie qui s'éteint faute d'aliment. Elle jette une flamme vive, puis disparoît. Antiochus IV. fils cadet d'Antiochus le Grand, succéda à son frere aîné Seleucus IV. Il aimoit le repos: il chercha à jouir voluptueusement de la vie. L'Art & la conversation des Artistes firent ses plus cheres occupations. Il ne fit pas seulement travailler pour lui-même, mais aussi pour les Grecs. Il fit couvrir d'or le temple de Jupiter à Antioche, qui étoit

(2) Explic. d'une Inscr. sur le rétabl. de l'Odeum, p. 189.

(3) Tit. Liv. Lib. XIV. Cap. 25.

étoit resté découvert, & fit revêtir tous les murs en dedans de plaques dorées (2). Il y fit mettre la Statue du Dieu, de la grandeur du Jupiter Olympien de Phidias (3). Il fit achever avec beaucoup de magnificence le temple de Jupiter Olympien à Athenes, le seul temple qui au jugement des Anciens, fût digne de la majesté du Maître des Dieux. Il orna d'une grande quantité d'autels & de Statues le temple d'Apollon à Délos. Il bâtit un superbe Théâtre de marbre dans la ville de Tégée (5). Il semble que l'Art Grec ait fini en Syrie avec la mort de ce Roi. Après la bataille de Magnesia, on donna aux Rois de Syrie le mont Taurus pour limites, & on les força de céder tout ce qu'ils avoient possédé en Phrygie & dans l'Asie Ionique. Ils perdirent par-là toute communication avec la Grece, & le pays au-delà des monts n'étoit pas un pays propre pour entretenir & faire fleurir une École Grecque. Luccius Scipion qui avoit remporté une grande victoire sur le pere de ce Roi, avoit fait transporter à Rome une quantité incroyable de Statues dans la CXLVII. Olympiade. Fulvius Ursinus dit que la belle tête de basalte du frere de ce Scipion, savoir Scipion l'Afriquain l'aîné, laquelle se voit au Palais Rospigliosi, a été

(4) Ammian. Lib. XXII. Cap. 13.
(5) Tit. Liv. Lib. XLI. Cap. 25.

trouvée à Liternum, près de Cumes où ce grand homme finit sa vie. Si ce fait, que Fulvius Ursinus pouvoit savoir, est vrai, cette tête seroit un monument de l'Art de ce temps (1). On ne trouve point de Statues de Scipion, quoique citées hardiment par un Poëte (2) moderne. Les Médailles des successeurs de ce Roi ami des Arts, attestent leur décadence. Une Médaille d'argent du Roi Philippe, le vingt-troisieme depuis Seleucus, est une preuve convaincante que l'Art avoit quitté sa Cour. La tête de ce Prince, & le Jupiter assis qui est au revers, semblent à-peine avoir été faits par des Grecs. En général les Médailles des Seleucides sont plus mal frappées que celles des plus petites villes de la Grece. La barbarie de l'Art se montre déja dans le coin & le dessin de celles des Rois Parthes dont l'Inscription est Grecque, & même en partie fort belle. Il est pourtant probable qu'elles auront été faites par des Artistes Grecs, d'autant plus que les Rois Parthes vouloient passer pour amis des Grecs, ils en prenoient même le titre sur leurs Médailles (3).

(1) Elle appartenoit ci-devant à la célebre Maison de Cesi: la Maison de Rospigliosi fut obligée, au decès du dernier des Cesi, de l'accepter pour remboursement d'une prétention de 3000 écus. Sur la tête à droite on voit une plaie comme une incision cruciale. La même marque se retrouve sur trois têtes semblables en marbre, dont l'une est au Palais Barberini, l'autre au Capitole & la troisieme dans la Ville Albani. Il y a dans l'appartement des *Conservatori* au Capitole une autre tête qui

## §. XIII. *L'Art fleurit sous les Rois de Bythinie & de Pergame.*

L'ART déchu en Syrie trouva encore des protecteurs dans l'Asie Mineure, dans les Rois de Bythinie & de Pergame. Attale & son frere Eumenes accueillirent les Grecs & tâcherent de se les attacher par de grandes libéralités. Les habitans de Sicyone témoignerent à Attale leur reconnoissance, par une Statue colossale qu'ils lui éleverent au milieu de la place publique de leur ville (4). Ce même Roi se fit tellement aimer dans toute la Grece, que la plupart des villes du Péloponnese firent dresser des colonnes en son honneur (5). Il fonda & forma une grande Bibliotheque à Pergame; mais les savans de cette ville fabriquerent des écrits & les firent passer pour des Ouvrages d'Auteurs anciens; les savans d'Alexandrie furent leurs rivaux dans cette fourberie (6). Ce qui feroit croire qu'il y eut alors aussi dans l'Art plus de copies que d'originaux.

porte aussi le nom de Scipion à cause de sa ressemblance. C'est un présent de Clement XI. qui l'acheta pour 800 Ecus. Elle n'a pas la même cicatrice que les autres.

(2) Concorso dell' Acad. di S. Luca an. 1750. p. 43.

(3) Spanheim de præst. Num. Tom. I. p. 467.

(4) Excerpt. Polyb. Lib. XVII. p. 97.

(7) Ibid. Lib. XXVII. p. 131. 133.

(6) Galen. in Hippocrat. de nat. hominis, p. 7. l. 24.

## §. XIV. *Fin de l'Art Grec en Egypte.*

### *Réfutation de Vaillant & autres.*

L'ART & les sciences fleurirent en Egypte sous les trois premiers Ptolemées: leur attention s'étendoit jusqu'aux monumens de l'Art Egyptien. On dit que Ptolemée Evergetes après la victoire qu'il remporta sur Antiochus Théos, Roi de Syrie, revint en Egypte avec deux mille cinq cens Statues parmi lesquelles il y en avoit plusieurs que Cambyses avoit enlevées d'Egypte (1). Les cent Architectes que Philopoter son fils & son successeur, envoya avec des présens d'une richesse incroyable, à la ville de Rhodes qui avoit été endommagée par un tremblement de terre (2), sont une preuve du grand nombre de ces sortes d'Artistes qu'il y avoit alors à sa Cour. Mais tous les successeurs d'Everge-

(1) Monum. Adulit. ap. Chishul. Inscr. Sig. p. 79. 80. S. Hieronym. Comment. in Dan. Cap. 11. vs. 8. p. 706.

(2) Polyb. Lib. V. p. 429. E.

(3) Athen. Deipn. Lib. V. Cap. 25. p. 184. Justin. Lib. XXXVIII. Cap. 8.

Vaillant ne comprenant pas bien un passage d'Athenée, donne à ce Prince méprisable (*Hist. Ptolem. p.* 111.) la louange d'avoir estimé particuliérement les Savans & les Artistes, & d'avoir donné un lustre nouveau aux Sciences & aux Arts sous son regne; mais Athénée ne dit pas que le renouvellement des Sciences se soit fait

tes, excepté le seul Philometor, furent des Princes indignes du trône, qui tournerent leur fureur contre leur empire & leur propre sang, & qui mirent l'Egypte dans la derniere confusion. Sous Lathyrus, le cinquieme successeur d'Epiphanès, Thebes fut presque détruite & dépouillée de sa splendeur. Ce fut par-là que commença la destruction de tant de Monumens de l'Art Egyptien.

Les Artistes Grecs, quoiqu'ils eussent perdu presque toute la faveur dont ils avoient joui dans cet Empire, y étoient pourtant restés jusques sous le Regne de Ptolemée Physcon, septieme Roi d'Egypte & pere de Lathyrus. Mais presque tous les Savans & les Artistes quitterent l'Egypte & se refugierent en Grece lorsque ce Tyran, de retour dans son Royaume d'où il s'étoit enfui, exerça la plus cruelle persécution contre Alexandrie (3). Cette cruauté

---

en Egypte mais en Grece. Les Auteurs Anglois de l'Histoire Universelle (*T. VI. p.* 474. *Trad. Franç.*) suivant ainsi que bien d'autres la mauvaise explication de ce passage d'Athénée par Vaillant, sont tombés dans une grande contradiction. Comment accorder en effet ces deux circonstances, savoir que les Artistes & les Savans furent obligés de sortir d'Egypte sous le regne de ce Prince; & que ce Prince étoit leur ami & leur protecteur? Ils citent à cette occasion St. Epiphane (*Des Mesures & des Poids*): c'est sans doute à cause du surnom de Φιλολόγος donné à ce Roi, car du reste il n'en dit rien de plus. Athénée ne dit pas aussi que

rendit la ſeconde année de ſon regne remarquable dans la CLVIII. Olympiade. Malgré cela du temps de Céſar & encore après, il y avoit aſſez de ſavans pour enſeigner la philoſophie avec beaucoup de ſuccès & de vogue à Alexandrie (1).

## §. XV. *Rétabliſſement de l'Art en Grece.*

L'Art commença donc à fleurir de nouveau en Grece. Les Romains eux-mêmes le protégerent dans ſon pays natal. Ils firent exécuter à Athenes des Statues pour leurs maiſons de campagne, comme Cicéron nous apprend que ſon ami Atticus eut ſoin de lui en fournir pour ſon Tusculum, parmi lesquelles il y eut des Hermès de marbre Pentélien avec des têtes de bronze (2). Le luxe introduit à Rome fut une nouvelle reſſource pour l'entretien & l'encouragement des Artiſtes même dans les Provinces. Les loix permettoient aux Proconſuls & aux Préteurs de ſe faire bâtir & dédier des temples dans leurs Provinces ou Préfectures (3). Les Grecs maintenus en apparence dans leur liber-

---

Phyſcon ait fait recueillir des livres dans toutes les parties du monde : il fait ſeulement mention de vingt-quatres livres de commentaires de ce Roi, où, entre autres choſes dignes de remarque, il apprenoit à la poſtérité qu'il n'avoit jamais mangé de paon.

(1) Appian. Bel. Civ. Lib. II. p. 239. l. 31.

(2) Cicer. ad Attic. Lib. I. Ep. IV. VI. VIII IX.

té, étoient obligés de fournir les fonds nécessaires pour ces constructions. Pompée avoit des temples dans toutes les Provinces. Cet abus augmenta considérablement sous les Empereurs : Hérode bâtit à Césarée un temple qu'il dédia à Auguste, dans lequel il fit mettre sa Statue faite de la même grandeur & sur le modele du Jupiter Olympien ; il y mit aussi la Déesse Roma faite d'après la Junon d'Argos (4). Appius fit construire à ses fraix un portique à Eleusis (5).

Il paroît que le Style Egyptien passa dans l'Art Grec sous les auspices des Artistes sortis d'Egypte, sur quoi j'ai hazardé mes conjectures dans la premiere Partie de cet Ouvrage. La ville d'Alexandrie se vantoit que les Arts s'étoient repandus de nouveau de chez elle parmi les Grecs & les autres peuples (6). Mais il faut bien que Syracuse ait toujours eu des Artistes très-distingués, même après qu'elle fut prise, puisque Verrès qui ne vouloit que ce qu'il y avoit de plus beau, y fit travailler des Vases. Il établit un attelier au vieux Palais des Rois, & pendant huit mois tous les plus fa-

(3) Mangault Differt. sur les honneurs rendus aux Gouverneurs, &c. p. 253.

(4) Joseph. de Bel. Jud. Lib. I. Cap. 21. §. 7. p. 107.

(5) Cicer. ad Attic. Lib. VI. Ep. I.

(6) Athen. Deipn. loco cit.

meux Artiſtes y furent occupés pour lui ou à deſſiner, ou à ciſeler des Vaſes. On n'y travailla qu'en or.

§. XVI. *Combien la guerre de Mithridate, & la ruine totale de la Grece furent dommageables à l'Art, dans la grande Grece & dans la Sicile.*

Le repos dont les Arts avoient joui pendant quelques années fut interrompu de nouveau par la guerre de Mithridate dans laquelle les Athéniens prirent le parti du Roi du Pont contre les Romains. De toutes les grandes Iſles de la mer Egée dont Athenes avoit jadis été en poſſeſſion, elle ne garda que la ſeule petite Iſle de Delos; & même elle l'avoit perdue peu auparavant, mais Archelaüs, Général de Mithridate l'avoit reconquiſe (1). Athenes ſe trouvoit ébranlée par les partis. Ariſtion, Philoſophe Epicurien crut l'occaſion favorable pour parvenir à ſon but: il s'en rendit maître & ſe ſoutint dans ſon uſurpation par des forces étrangeres, & fit maſſacrer tous les Citoyens portés pour les Romains (2). Lors donc que dès le commencement de cette guerre, Sylla aſſiégeoit Archélaüs dans Athenes, cette ville tom-

(1) Appian. Mithridat. p. 153. lin. ult.
(2) Id. ibid. p. 124. l. 5.
(3) Id. ibid. p. 127. l. 27. 29.
(4) Plin. Lib. XXXVI. Cap. 5.

ra dans la derniere néceſſité. Les vivres y devinrent ſi rares que l'on mangea juſqu'à la peau des animaux après s'être raſſaſié de leur chair ſanglante. On trouva même lors de la reddition de la place des membres humains dont on avoit dévoré une partie (3). Sylla fit entiérement démolir le Pyrée, l'arſenal & tous les autres édifices publics qui ſervoient à quelque uſage pour la Marine. Alors Athenes n'étoit plus, ſelon l'expreſſion des Anciens Hiſtoriens, que le ſquelette d'elle-même. Sylla fit ôter le Jupiter Olympien de ſon temple; il en enleva même les colonnes (4) qu'il fit tranſporter à Rome avec la Bibliotheque d'Apellion (5). Sans doute qu'il en aura emmené en même temps un grand nombre de Statues, puiſqu'il envoya une Pallas d'Alalcomene à Rome (6). Le malheur de cette ville répandit une terreur générale dans toute la Grece; & c'étoit l'intention de Sylla. Le deuil fut ſi grand qu'il arriva alors en Grece ce qui n'étoit encore jamais arrivé. Aucun des Jeux Olympiques ne fut célébré à Elis (7) excepté la courſe des chevaux. Sylla transféra tous les autres à Rome. Cette époque eſt de la CLXXV. Olympiade. Léandre Alberti parle de la moitié ſupérieure d'une Statue de Sylla

(5) Strab. Lib. XIII. p. 907. l. 10.

(6) Pauſan. Lib. IX. p. 777.

(7) Appian. Bel. civ. Lib. I. p. 198. l. 33.

qui se trouvoit à Casoli dans le Diocese de Volterre en Toscane (1).

Toutes les autres contrées de la Grece offroient partout des marques sensibles de la désolation publique. Thebes, cette ville si célebre, s'étant remise du malheur qu'elle avoit souffert sous Alexandre, étoit toute ruinée & déserte, à l'exception de quelques temples de l'ancienne Citadelle (2). Sparte, qui avoit conservé ses Rois pendant la guerre de Pompée & de César (3), étoit alors destituée d'habitans, ainsi que le pays d'alentour (4). Il ne restoit plus de Mycene que le nom (5). Sylla pilla les trois temples de la Grece les plus célebres & les plus riches, celui d'Apollon à Delphes, celui d'Esculape à Epidaure, & celui de Jupiter à Elis (6).

La grande Grece & la Sicile furent en même réduites à une situation aussi déplorable. De tant de villes célebres & puissantes il n'y avoit que Tarente & Brindes qui fleurissent au commencement de la Monarchie Romaine (7). Les habitans de Crotone qui montoient à plus d'un million dans une ville dont les murs for-

(1) Descript. d'Ital. p. 51. a.
(2) Pausan. Lib. IX. p. 727. l. 9.
(3) Appian. Bell. civ. Lib. II. p. 232. l. 39.
(4) Strab. Lib. VIII. p. 557. l. 19.
(5) Id. ibid. p. 579. l. 5.
(6) Excerp. Diodor. p. 406.

moient une circonférence de douze milles, étoient déja réduits à une poignée d'hommes dès la seconde guerre Punique. On n'y comptoit pas vingt mille habitans (8). Peu avant la guerre contre Persée Roi de Macedoine, Quintus Fulvius Flaccus fit découvrir le temple de Junon Lacinia, situé près de Crotone, & en fit transporter les carreaux de marbre à Rome pour en couvrir le temple de la Fortune Equestre (9). Il fut pourtant obligé de les renvoyer, lorsque l'on sut à Rome où il les avoit pris.

D'un bout de la Sicile à l'autre, c'est-à dire depuis le promontoire de Lilybée, jusqu'à celui de Pachynum, on ne voyoit que des ruines de villes ci-devant florissantes (10). On prenoit encore Syracuse, pour la plus belle ville de la Grece, lorsque Marcellus l'ayant assiégée & prise, il versa des larmes de joie en la regardant d'un lieu élevé (11). La langue Grecque commença à n'être plus en usage, & conséquemment à se perdre dans les villes Grecques situées en Italie: car, au rapport de Tite-Live (12), peu avant la guerre contre le Roi Persée, c'est-à-dire dans la cinq-cens-soixante-

(7) Strab. Lib. VI. p. 430. l. 8.
(8) Tit. Liv. Lib. XXIII. Cap. 30.
(9) Id. Lib. XLII. Cap. 3.
(10) Strab. Lib. VI. p. 417. l. 23.
(11) Tit. Liv. Lib. XXV. Cap. 24.
(12) Lib. XL. Cap. 42.

douzieme année de la fondation de Rome, la ville de Cumes demanda au Sénat & obtint la permiſſion de ſe ſervir de la Langue Romaine dans toutes les affaires publiques, & dans les ventes de marchandiſes. Pour moi, je crois que ce fut plutôt une ordonnance portée, qu'une permiſſion demandée & accordée.

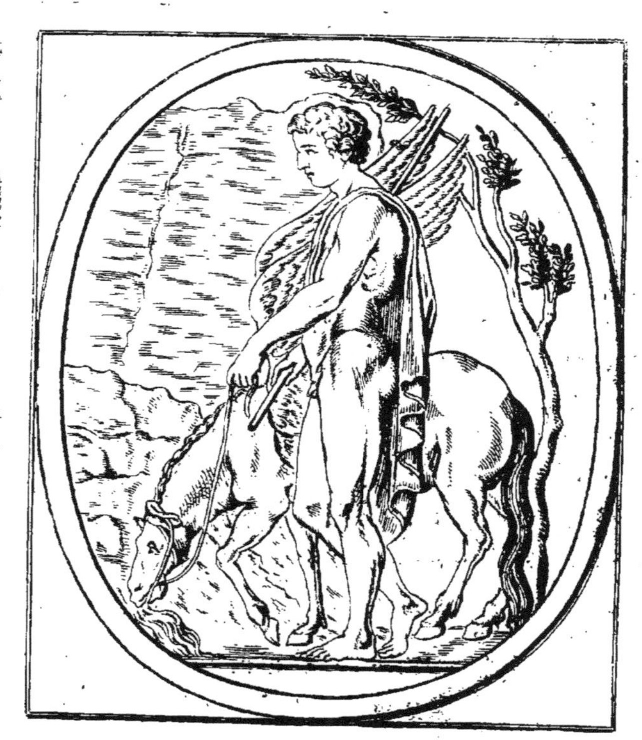

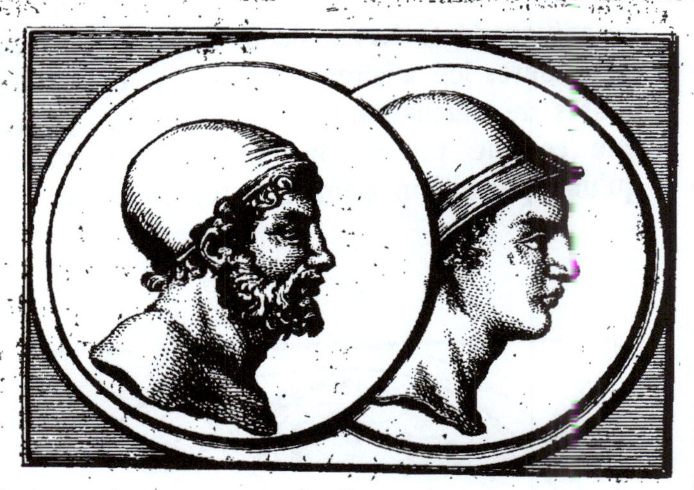

## SECTION QUATRIEME.

### DE L'ART GREC CHEZ LES ROMAINS SOUS LES EMPEREURS.

La décadence de l'Art en Grece après son rétablissement, n'empêcha pas qu'il n'y eût encore alors des Artistes de réputation.

### §. I. *Sous Jules César.*

#### 1. *Artistes renommés.*

Sous Jules César, Strongylion s'acquit beaucoup de gloire dans la Sculpture (1). C'est lui

(1) Plin. Lib. XXXIV. Cap. 19.

qui fit l'Amazone aux belles jambes, que Neron menoit partout avec lui. Il exécuta aussi la belle Statue du jeune favori de Brutus. Timoachus excelloit alors dans la Peinture. César paya quatre-vingt talens son tableau d'Ajax & de Médée, & le fit mettre dans le temple de Vénus qu'il avoit fait bâtir (1). La Statue Equestre de César étoit devant ce temple; & il paroît par un passage de Stace (2), que le cheval étoit un Ouvrage du fameux Lysippe, & par conséquent il a du être amené de la Grece à Rome. Arcésilas, l'ami de Lucullus, fleurissoit aussi alors (3). Les modeles de ce Maître étoient plus estimés, & payés plus cher par les Artistes, que les Ouvrages les plus finis des autres Maîtres. Il travailla pour César une Vénus qui lui fut enlevée & placée à Rome avant qu'il pût y mettre la derniere main. On nomme encore Pasiteles, Pasidonius, Ladus & Zopyrus.

### 2. *Ouvrages de l'Art de ce temps.*

La grande & belle Statue de Neptune, trouvée il y a quelques années avec une prétendue Junon à Corinthe en Grece, & actuellement à vendre à Rome, a été exécuté du temps de Ju-

(1) Id. Lib. XXXV. Cap. 40.
(2) Conf. Nardi 1 Rom. p. 267.
(3) Plin. Lib. XXXV. Cap. 45.

les César, ou peu après. Il envoya une colonie à Corinthe, & fit rebâtir la ville de ses propres ruines. Le Style de l'Ouvrage répond aussi à ce temps. On prouve par ce Style & encore plus par l'Inscription Grecque qui se lit sur la tête d'un Dauphin placé aux pieds de la Statue, qu'elle n'a pas été faite avant la destruction de la ville. Cette Inscription dit que cette Statue avoit été posée par un Prêtre de Neptune, nommé Publius Licinius Priscus. La voici :

Π. ΛΙΚΙΝΙΟϹ
ΠΡЄΙϹΚΟϹ
ΙЄΡЄΥϹ . . .

On mettoit quelquefois sur la Statue, avec le nom de l'Artiste, celui de la Personne qui l'avoit fait faire (4). Pausanias (5) rapporte qu'après le rétablissement de la ville de Corinthe, un des habitans fit faire à Elis la Statue d'Alexandre le Grand sous la forme d'un Jupiter.

On trouve dans différens Cabinets des têtes qui portent le nom de César, & pas une ne ressemble tout-à-fait aux têtes de cet Empereur qui sont sur ses Médailles : cette particularité fait douter au plus habile Connoisseur en Antiquités, Mr. le Cardinal Alexandre Albani,

(4) Conf. d'Orville Animadv. in Chariton. p. 186.
(5) Lib. V. p. 44. l. 11.

qu'il se soit conservé de véritables têtes de César. Quoi qu'il en soit, il y a de la folie à prétendre qu'un Buste du Cabinet du Cardinal de Polignac doive être regardé comme une piece unique, & un portrait travaillé d'après vie (1). J'observerai à cette occasion, qu'il est impossible de prouver que dix Statues que ce Cardinal fit déterrer près de Frescati, aient formé ensemble un grouppe, & encore moins que ce grouppe prétendu ait représenté la famille de Lycomede, & Achille travesti sous des habillemens de femme. Lorsque le Roi de Prusse acheta ce Cabinet, on cria beaucoup en France que ces Statues ne devoient pas sortir du Royaume : on les estimoit seules trois millions de livres. Mais le Cabinet entier avec ces Statues passa à Berlin pour une somme d'environ trente-six mille écus. Il faut savoir que toutes les dix Statues furent trouvées sans tête, & que de jeunes éleves de l'Ecole Françoise à Rome, y mirent des têtes neuves, & leur donnerent des visages à la mode, selon leur coutume. La tête du prétendu Lycomedes fut exécutée d'après un portrait du célebre von Stosch. C'est un fait digne d'être remarqué qu'une Romaine exigea

(1) Cabinet de Polignac.

(2) Conf. Lipf. Elector. Lib. I. Cap. 9.

(3) Dio. Cassi. Lib. LIV. Cap. 7. p. 738. Ed. Reimar.

exigea de ſon mari par teſtament, qu'il érigeât au Capitole à Céſar, une Statue du poids de cent livres d'or (2).

Lorſqu'enfin Rome & tout l'Empire Romain ne reconnurent qu'un ſeul Chef, les Arts s'établirent dans cette ville comme dans leur centre, & les Artiſtes y vinrent d'autant plus volontiers qu'ils trouvoient peu de travail en Grece. Athenes & d'autres villes perdirent tous leurs priviléges pour avoir pris le parti d'Antoine (3): Athenes même fut dépouillée d'une partie de ſon Domaine; & nous ne liſons nulle part qu'elle ait été traitée avec plus de ménagement pour avoir fait bâtir un temple à Auguſte, dont le portail Dorique exiſte encore (4). Vers la fin de ſon regne les Athéniens voulurent ſe révolter, mais ils furent bientôt réduits.

## §. II. *Sous Auguſte, Protecteur de l'Art & de ſes Monumens.*

AUGUSTE, que Tite-Live nomme le créateur & le reſtaurateur de tous les Temples, achetoit de belles Statues des Dieux pour les placer dans les marchés & dans les rues de Rome (5). Il fit mettre dans le Portique du Forum

(4) Le Roy Monum. de la Grece.

(5) Sueton. Aug. Cap. 57.

les Statues des grands hommes de la nation qui avoient contribué à la gloire de la patrie, & fit raccommoder celles de ceux qui s'y trouvoient déja (1). La Statue d'Enée y fut placée à la tête des autres (2). Une Inſcription trouvée au Monument de Livie, paroît indiquer qu'Auguſte établit un Inſpecteur ſur toutes ces Statues (3).

### 1. *Statues d'Auguſte & de Livie.*

La Statue d'Auguſte, qui eſt au Capitole, qui le repréſente debout, jeune, & ayant à ſes pieds un gouvernail comme une alluſion à la bataille d'Actium, eſt médiocre. La prétendue Statue aſſiſe, avec la tête d'Auguſte, qui eſt auſſi au Capitole, n'auroit jamais du être citée (4). La Livie tant vantée dans les Livres, & que d'autres appellent Sabine (5) épouſe d'Adrien, eſt dans la Ville Mattei, repréſentée comme Melpomene, la Muſe Tragique, ce que le cothurne indique. Maffei parle d'une tête d'Auguſte couronnée de chêne (*corona civica*) qui doit être au Cabinet Bevilacqua

(1) Sueton. Aug. Cap. 31.
(2) Ovid. Faſt. Lib. V,
(3) Gori Columb. Liv. p. 157.
(4) Muſ. Capit. Tom. III. tav. LI.
(5) Maffei Stat. n. 107.

à Verone, & il doute qu'on en trouve ailleurs une pareille (6); cependant il auroit du savoir qu'il y en avoit une semblable dans la Bibliotheque de St. Marc à Venise (7). Il y a dans la Ville Albani trois différentes têtes d'Auguste avec une couronne de chêne, & une belle tête colossale de Livie.

## 2. *Des prétendues Statues de Cléopatre.*

Deux Statues de femmes couchées, l'une au Belvedere, l'autre dans la Ville Médicis, portent le nom de Cléopatre, parce que leur Bracelet a été pris pour un serpent; mais elles représentent des Nymphes endormies ou Vénus, comme un savant l'avoit déja observé (8). Par conséquent ce ne sont pas des Ouvrages qui puissent faire juger de l'Art sous le regne d'Auguste. On dit pourtant que Cléopatre avoit été trouvée morte dans une attitude pareille (9). La tête de la premiere n'a rien de remarquable, si ce n'est qu'elle est un peu de travers. La tête de la seconde prise par quelques-uns pour une merveille de l'Art, &

(6) Verona illustrata Part. III. Cap. 7. p. 215.
(7) Zanetti Statue delle Libr. di S. Marc.
(8) Steph. Pigh. in Schotti Itin. Ital. p. 326.
(9) Galen. ad Pison. de Theriaca Cap. 8. p. 941. Edit. Charter. Tom. XIII.

comparée à une des plus belles têtes de l'antiquité (1), eſt un idéal fort commun, & de plus indubitablement moderne. Il y avoit autrefois au Palais Adescalchi, un Figure ſemblable à ces deux-là, & comme elles au-deſſus de la grandeur naturelle: elle a paſſé en Eſpagne avec les autres Statues du même Cabinet.

### 3. *Pierres gravées de ce temps.*

En fait de Pierres gravées il s'en trouve quelques unes de très-bien travaillées par Dioscorides, qui grava les têtes dont Auguſte ſe ſervit comme de ſceau (2). Un autre Graveur célebre en Pierres fut Solon, dont nous avons entre autres morceaux, une prétendue tête de Mécene, la fameuſe Méduſe, un Diomede & un Cupidon (3). Outre ces Pierres que je viens d'indiquer, on voit au Cabinet de Stosch une des plus belles têtes d'Hercule qui jamais ait été gravée en Pierre (4); & l'Auteur poſſede une belle Cornaline briſée où eſt repréſentée une Victoire immolant un taureau. La Victoire s'eſt conſervée entiere avec le mot ΣΟΛΩΝ. Le beau petite Buſte d'Auguſte gravé ſur une Calcedoine, de la hauteur d'un peu

(1) Richardſ. Traité de la Peinture.
(2) Sueton. Aug. Cap. 58.
(3) Stoſch Pier. gr. pl. 62. 63. 64.

plus que ſix pouces d'une Palme Romaine, & qui ſe trouvoit ci-devant au Cabinet de Carpegna (5), eſt à-préſent dans la Bibliotheque du Vatican.

4. *D'une Caryatide de Diogene à Athenes.*

Nous avons encore un meilleur Monument d'un Artiſte Grec du temps d'Auguſte ; car ſelon toutes les apparences, il nous reſte une des Caryatides de Diogene d'Athenes qui ſe trouvoient au Panthéon. Elle a été longtemps méconnue dans la Cour du Palais Farneſe. C'eſt la moitié ſupérieure d'une Figure d'homme, nue & ſans bras, ayant ſur la tête une eſpece de corbeille, laquelle n'eſt pas travaillée du même bloc que la Figure. On voit ſur cette corbeille quelque choſe qui avance, & qui repréſentoit ſelon toutes les apparences les feuilles qui la recouvroient. Une corbeille ainſi garnie de feuilles peut avoir donné à Callimaque l'idée du Chapiteau Corinthien. Cette demi-figure à environ huit palmes de hauteur, & la corbeille trois palmes & demie. Cette Caryatide a donc la juſte proportion qui convient à l'ordre Corinthien du Panthéon qui eſt à-peu-près de dix-neuf palmes.

---

(4) Deſcript. des Pier. gr. du Cab. de Stoſch, p. 268.

(5) Buonarot. Oſſ. Sopra alc. Med. p. 45.

Ce que quelques Auteurs (1) ont pris jusqu'à présent pour des Caryatides, atteste leur ignorance.

### 5. *Des Ouvrages d'Architecture sous Auguste.*

Quoiqu'un Ouvrage d'Architecture fait hors de Rome du temps d'Auguste ne puisse pas absolument nous faire conclure que tel étoit le goût universel d'alors, ses défauts méritent cependant d'être observés. C'est un temple de Melasso dans la Carie (2), bâti en l'honneur d'Auguste & de la ville de Rome, suivant l'Inscription qui se lit sur l'entablement. Le frontispice formé des colonnes d'un ordre Romain, avec des colonnes Ioniques sur les côtés, & leur base ornée de feuilles ciselées en forme de Chapiteau, péchent contre les regles & le bon goût. Le bon goût commença même à baisser sous le regne d'Auguste quant au Style, & il paroît que cette décadence eut pour cause une trop grande complaisance pour Mécene qui aimoit dans le Style l'orné, le doux, & l'agrément (3). Tacite dit qu'en général il n'y eut plus de grands esprits après la bataille d'Actium. Le goût dans les ornemens peints étoit déja gâté, comme Vi-

---

(1) Demontiof. Gal. Rom. hosp. p. 12.
(2) Pococke's Descr. of de East. Vol. II. Part. II. p. 61.
(3) Suet. Aug. Cap. 86.

truve (4) s'en plaint. Il dit que contre la Nature qui aime le vrai ou le vraisemblable, on représentoit les choses dans un ordre renversé, qu'on bâtissoit des Palais sur des cannes de jonc & sur des chandeliers, voulant parler des colonnes difformes, longues & menues comme les chandeliers des Anciens (5). Des débris de bâtimens de pure idée, trouvés parmi les Peintures d'Herculanum, faits peut-être dans ce temps ou peu après, attestent la dépravation de ce goût. Les colonnes y ont le double de leur longueur ordinaire, & quelques-unes sont déja tournées contre les regles d'un pilier fait pour soutenir: les ornemens sont bisarres & barbares. Les colonnes d'une Architecture peinte sur un mur long de quarante palmes au Palais des Empereurs, dans la ville Farnese, & aux bains de Titus, sont d'une maniere également extravagante (6).

## §. III. *Sous Tibere.*

Nous avons à-peine quelque connoissance des noms des Artistes qui se sont acquis de la réputation sous les premiers successeurs d'Auguste. Ils auroient peu trouvé d'occupations

(4) Lib. VII. Cap. 5.

(5) Pitture d'Ercol. Tav. XXXIX.

(6) J'en ai vu un dessin du célebre Jean de Udine, éleve de Raphaël.

ſous Tibere qui faiſoit peu bâtir (1); & du reſte, comme il dépouilla de leurs biens tous les gens riches des provinces & de la Grece, ſe ſervant de toutes ſortes de prétextes pour ces concuſſions (2), perſonne n'aura voulu faire de dépenſes en Ouvrages de l'Art pour ſe les voir ravir par l'avarice du Tyran. Il envoya chercher à Temenos en Sicile (3) la Statue d'Apollon pour la placer dans la Bibliotheque Palatine. C'eſt un fait connu que dans ſon héritage il préféra une Peinture lubrique de Parrhaſius, à une ſomme conſidérable d'argent qu'il auroit pu choiſir: mais il paroît que l'amour pour l'Art eut la moindre part dans l'appréciation qu'il fit de ce Tableau. Les Statues furent ſous ſon gouvernement la récompenſe ordinaire des eſpions, ce qui les avilit & les fit regarder comme des objets mépriſables (4). La Statue de Germanicus (5), exécutée par un Artiſte Athénien nommé Cléomenes (6), qui étoit ci-devant dans la Ville Montalto, aujourd'hui Negroni, & qui orne à-préſent les Jardins de Verſailles, mérite d'être eſtimée com-

---

(1) Suet. Tiber. Cap. 47.

(2) Id. ibid. Cap. 49.

(3) Id. ibid. Cap. 174.

(4) Fragm. Dion. Lib. LVIII. apud Conſtant. Porphyrog. de Vit. & Virt.

(5) Maffei Stat. n. 69.

(6) Ce Cléomenes étoit fils d'un Pere du même nom,

me un beau Monument de l'Art de ce temps. La tête de Germanicus au Capitole eſt une des plus belles têtes Impériales. Il y avoit autrefois en Eſpagne la baſe d'une Statue que l'Edile Lucius Turpilius avoit fait dreſſer à Germanicus (7).

## §. IV. *Sous Caligula.*

CALIGULA ne peut en aucune maniere être regardé comme un Protecteur des Arts. Ce fut par ſon commandement que les Statues des Grands hommes placées par Auguſte au Champ de Mars, furent abattues & briſées (8). C'eſt lui encore qui fit abattre la tête des plus belles Statues des Dieux pour y mettre la ſienne à leur place ( ). Il vouloit même détruire & anéantir la Statue d'Homere (10).

## §. V. *Sous Claude.*

CLAUDE montra la connoiſſance qu'il avoit de l'Art, & le cas qu'il faiſoit de ſes productions, en faiſant mettre les têtes d'Auguſte ſur

---

Cléomenes, dont le nom ſe trouve placé ſur la baſe de la Vénus de Médicis, étoit fils d'Apollodore.

(7) Grut. Inſcr. p. CCXXXVI. n. 2. Conf. Pigh. Annal. Rom. an. 764. p. 540.

(8) Sueton. Caj. Cap. 34.

(9) Id. ibid. Cap. 22.

(10) Id. ibid. Cap. 34.

deux Tableaux à la place des têtes d'Alexandre (1). Cependant pour être appellé le Protecteur des Savans, il fit agrandir le Musæum d'Alexandrie où ils avoient leur demeure (2). Son ambition se bornoit à mériter la gloire de passer pour un second Cadmus en inventant de nouvelles lettres : c'est lui qui mit en vogue la lettre Ⅎ renversée. Le Cardinal Girolamo Colonna transporta en Espagne le beau Buste de Caligula, trouvé dans l'endroit nommé *alle Fratocchie* (3). Lorsque les Autrichiens prirent Madrid, Mylord Gallowai le chercha & apprit qu'il étoit à l'Escurial, où il le trouva servant de poids à l'horloge de l'Eglise. Il le prit & l'emporta en Angleterre.

## §. VI. *Sous Neron.*

NERON témoigna beaucoup de zele & d'affection pour tout ce qui étoit relatif aux Arts. Mais cette passion ressembloit à l'avarice qui cherche uniquement à amasser plutôt qu'à produire. Son mauvais goût se manifesta dans l'ordre qu'il donna de dorer la Statue d'Alexandre le Grand, faite par la main habile de Lysippe (4); dont il fallut ôter ensuite la dorure qui la dépa-

(1) Plin. Lib. XXXV. Cap. 36.
(2) Athen. Deipn. Lib. VI.
(3) Montfaucon Antiq. expliq. T. V. pl. 129.
(4) Plin. Lib. XXXIV. Cap. 19. §. 6.

roit. Ses vers rimés méritent auſſi qu'on en parle comme d'une ſeconde preuve de ſon goût (5). Il paroît que les bons Artiſtes devinrent tous les jours plus rares, puiſque Neron fut obligé de faire venir des Gaules à Rome l'Artiſte Zenodore qui avoit fait une Statue de Mercure, pour exécuter ſa propre Statue Coloſſale en bronze (6).

## 1. *Etat où la Grece ſe trouvoit alors.*

Les circonſtances de la Grece étoient peu favorables aux Arts: car, quoique Neron tâchât autant qu'il lui étoit poſſible, de laiſſer jouir les Grecs de leur ancienne liberté, il exerça pourtant encore ſa fureur contre les Monumens de l'Art: il fit abattre & jetter dans des lieux immondes les Statues des Vainqueurs aux grands Jeux (7). Malgré l'apparence de liberté qu'on laiſſoit aux Grecs, on enleva pourtant de leur pays les meilleurs Monumens de l'Art. Caligula avoit commencé ce pillage pour orner ſes Jardins & ſes Maiſons de Campagne, ſous prétexte que ce qu'il y avoit de plus beau devoit être placé dans l'endroit le plus beau, & Rome à ſon jugement l'emportoit en beauté

(5) Perſ. Sat. I. vs. 93——95.
(6) Plin. Lib. XXXIV. Cap. 18.
(7) Suet. Ner. Cap. 24.

ſur tout le reſte de la terre (1). Il enleva aux Theſpiens leur fameux Cupidon exécuté par Praxitele, mais Claude le leur rendit. Neron le reprit de nouveau; & voulut même faire transporter à Rome le Jupiter Olympien de Phidias, ce qui n'eut pourtant pas lieu, parce que l'Architecte Memmius Régulus n'oſa pas l'entreprendre, crainte de briſer la Statue (2).

### 2. *Statues emportées de la Grece.*

L'avidité de Neron étoit tout-à-fait inſatiable. Il envoya en Grece un Affranchi inſolent nommé Acratus avec un certain Secundus Carinas demi-ſavant, pour en enlever tout ce qu'ils trouveroient de plus beau & de plus précieux, & ſurtout de plus agréable à l'Empereur. On enleva du ſeul temple d'Apollon à Delphes cinq cens Statues en bronze (3), outre celles qu'on en avoit enlevées auparavant (4). Il eſt probable que l'Apollon du Belvedere, & le Gladiateur de la Ville Borgheſe, faits par Agaſias d'E-

---

(1) Joſeph. Antiq. Jud. Lib. XIX. Cap. 1. p. 916.

(2) Pauſan. Lib. IX. p. 762.

(3) Id. Lib. X p. 813. l. 13.

(4) Strab. Lib. IX. p. 420. C.

(5) Bianchini (*de Lapide Antiate*, *p.* 52) croit que ſi ces Statues avoient déja été à Antium du temps de Neron, Pline les auroit citées. Mais ce n'eſt pas une conſéquence, Pline ne dit rien non plus de la Statue de Pallas par Evodius (*Pauſan. Lib. VIII. p.* 694. *l.* 38)

phese furent du nombre des Statues enlevées (5); puisqu'ils ont été trouvés tous les deux à Antium, aujourd'hui Nettuno. C'étoit le lieu de naissance de Neron, & il se plut à l'orner avec des fraix immenses : on en voit encore des ruines le long de la mer. Il y avoit entre autres un Portique peint par un Affranchi de l'Empereur, où l'on voyoit des Figures de Gladiateurs dans toutes les postures imaginables (6).

*Apollon du Belvedere ; sa description.*

L'Apollon qui est au Belvedere est le plus sublime idéal de l'Art que nous connoissions parmi les Ouvrages de l'antiquité qui se sont conservés. On peut dire que l'Artiste a fait une Statue intellectuelle, ne prenant de la matiere que ce qu'il lui en falloit pour rendre son dessin visible. Cet Apollon surpasse autant toutes les autres Statues de ce Dieu, que l'Apollon d'Homere est au-dessus de celui des Poëtes suivans. Sa structure est au-dessus de l'humanité, & son attitude

---

qu'Auguste fit transporter de la Ville d'Alea à Rome, ni d'un Hercule de Lysippe (*Strab. Lib. X p.* 705 *A.*) qu'on amena d'Alyzia en Acarnanie à Rome. Selon l'explication d'un passage de Pline par le P. Hardouin (*Plin. Lib. XXXV. Cap.* 33.) la Peinture auroit fleuri beaucoup à Antium; mais c'est une méprise. La suite de ce passage fait voir que le mot *hic* ne se rapporte point à Antium, mais à la ville de Rome.

(6) Vulpii Tabula Antian. illustr. p. 17.

parle de la grandeur divine qui le remplit. La forme élégante & pure de ses membres semble formée sous le climat fortuné des champs Elisées : sa jeunesse est la fleur d'un printemps éternel, mais c'est en même temps une fleur parfaite qui n'a plus rien à acquérir & qui ne peut rien perdre, une structure complette, tendre & douce. Que l'esprit s'éleve jusqu'à la sphere des Beautés aëriennes, qu'il s'efforce d'imaginer une Nature céleste pour y contempler des graces au-dessus de la matiere : car il n'y a rien ici de mortel, ni de tout ce qui fait l'appanage de la foiblesse humaine. On ne voit ni veines ni nerfs qui rehaussent & meuvent ce corps. Il est animé par un esprit divin répandu sur toute la surface de cette Figure. Tel il parut lorsqu'il poursuivit le serpent Pithon, & qu'il essaya pour la premiere fois ses traits contre ce monstre : son pas puissant l'atteint sans effort, & son bras le perce. Son regard élevé s'étend du plus haut degré de la complaisance bien au-delà de sa victoire. Il semble abîmé dans une satisfaction infinie. Le mépris siege sur ses levres ; & l'indignation qu'il concentre au-dedans de lui-même vient enfler ses narrines, & monte même jusques sur son front superbe. La paix parfaite qui semble faire son attribut essentiel n'en est point troublée, & son œil est plein de douceur, tel qu'il est quand les Muses le caressent. Toutes les Statues du Pere des Dieux ne le représentent point avec cette sublimité d'idée que le conçut l'eſprit du Poëte divin. Il fallut une idée auſſi grande pour concevoir le fils tel qu'il eſt ici repréſenté ; les beautés iſolées des autres Divinités, ſont raſſemblées ſur ſon viſage comme ſur Pandore. Le front de Jupiter gros de la Déeſſe de la ſageſſe, & ſes ſourcils qui par leur mouvement expliquent ſa volonté ; les yeux de Junon voutés avec dignité, une bouche l'image de celle de Branchus où reſpiroit la Volupté, une chevelure de ſoie, doucement agitée par le ſouffle des Zephirs, flottant négligemment, comme les filets tendres & plians des ſarmens, parfumée d'aromates céleſtes, & nouée par les graces ſur le ſommet de la tête avec une pompe charmante. A la vue de cette merveille de l'Art, j'oublie la terre, je m'éleve au-deſſus des ſens, & mon eſprit prend aiſément une diſpoſition ſurnaturelle propre à en juger avec dignité. Ma poitrine s'éleve avec reſpect comme celle des Prophetes, je me ſens tranſporté à Delos & dans les bois de la Lycie qu'Apollon honoroit de ſa préſence : car cette Statue ſemble s'animer comme la Beauté de Pygmalion, & prendre de la vie & du mouvement à-meſure qu'on la contemple plus attentivement. Comment pourroit-on la peindre & la décrire? L'Art ſeroit obligé de m'aſſiſter de ſes conſeils & de guider ma plume pour exprimer les traits qu'il ſut rendre ſi parfaitement & dont je n'ai fait qu'ébaucher les premiers & les plus ſenſibles. Je poſe donc aux pieds de cette Statue ſublime l'idée qu'elle m'inſpire, comme ceux qui venant couronner les Dieux, mettoient leurs couronnes à leurs pieds, ne pouvant atteindre à leur tête. L'idée d'un Apollon chaſſant que Spencer (1) croit appercevoir dans cette Statue, ne convient pas à l'expreſſion de ſon viſage.

### *Du Gladiateur de la Vigne Borgheſe.*

Le Gladiateur nommé Borgheſien du lieu où il eſt à-préſent, & qui, comme je l'ai dit, a été trouvé dans le même endroit & en même temps que l'Apollon du Belvedere, paroît par la forme des Lettres, la plus antique de toutes les Statues de Rome, ſur leſquelles l'Artiſte a mis ſon nom. Nous ne ſavons abſolument rien d'Agaſias, le Maître qui a fait cet Ouvrage: mais ſon

(1) Polymet. Dial. VIII. p. 87.

(2) Quelques uns font de cette Statue un Diſcobule ou jetteur de diſque. C'étoit le ſentiment du célebre von Stoſch, comme il me l'écrivoit, mais il n'avoit pas bien examiné la poſition qu'auroit demandée une Figure ſemblable. Celui qui veut jetter quelque choſe doit tirer le corps en arriere (χατωμαδιος δίσκος. *v. Euſtath. in Homer. p.* 1309. *l.* 32.); & dans l'inſtant que l'action du jet doit s'exécuter, la force réſide dans la cuiſſe droite, & la jambe gauche eſt dans l'inaction. C'eſt ici le contraire. Toute la Figure penche en avant, & la jambe droite eſt étendue en arriere autant qu'il eſt poſſible.

son mérite est assez connu par ce chef-d'œuvre de l'Art. L'Apollon & le *Torso* offrent un idéal sublime : le Laocoon montre la nature élevée & embellie par l'idéal de l'expression : le Gladiateur est un assemblage des beautés seules de la Nature dans un âge parfait, sans aucune addition de l'imagination. Les premieres Statues sont comme un Poëme héroïque, sublime, qui passe du vraisemblable au-delà du vrai & jusqu'au merveilleux ; mais la derniere ressemble à une histoire qui expose la vérité avec le plus beau choix des pensées & des expressions. Le visage annonce clairement que la forme est prise de la Nature : c'est un homme qui a passé le printemps de la jeunesse, & se trouve dans l'âge viril : on y découvre partout les traces d'une vie occupée, active, & endurcie par le travail (2).

---

Le bras droit est moderne, & on lui a mis à la main le morceau d'une lance ; on voit encore sur le bras gauche la courroie du bouclier qu'il a tenu. Quand on considere que la tête & les yeux sont élevés, & que la Figure paroît se garantir de quelque chose qui la menace d'en-haut, on pourroit avec plus de raison la prendre pour la représentation d'un militaire qui s'est tiré avec honneur d'une rencontre périlleuse, puisque vraisemblablement l'honneur de la Statue n'a pas été accordé en Grece aux Gladiateurs publics, & que d'ailleurs cet Ouvrage paroît plus ancien que l'institution des jeux de Gladiateurs dans ce pays.

Toutes les autres Statues que Néron fit transporter de la Grece à Rome servirent à la décoration de son Palais d'or (1). Il périt une infinité de Monumens de l'Art avant la construction de ce Palais, dans le grand incendie de Rome, qui de quatorze parties de la ville n'en épargna que quatre (2); & comme nous trouvons une grande quantité d'Ouvrages anciennement réparés, on peut croire qu'ils furent endommagés & mutilés lors de cet incendie, le derriere du fameux *Torso* du Belvedere est sculpté d'une maniere inégale & raboteuse, ce qui vient peut-être des réparations: on voit aussi la marque du ciseau qui a adapté & attaché la partie ajoutée à l'ancienne.

Il est à remarquer que l'on commença à peindre sur la toile du temps de Néron à l'occasion de sa Figure gigantesque haute de cent-vingt pieds; & que ce Prince passionné pour tout ce qui portoit le nom Grec, fit pourtant peindre son Palais par un Artiste Romain nommé Amulius (3).

### 3. *Têtes de Néron. Statues d'Agrippine & autres.*

Nous ne sommes pas en état de juger du Style des Artistes qui fleurirent sous Néron: car nous

(1) Plin. Lib. XXXIV. Cap. 19.
(2) Sueton. Ner. Cap. 38.
(3) Plin. Lib. XXXV. Cap. 37.

n'avons que très-peu, ou plutôt nous n'avons point d'Ouvrages de ce temps. Les véritables têtes de Néron sont fort rares; & celle qui est au Capitole n'a que la partie inférieure d'antique. On a cru reconnoître cet Empereur dans le menton relevé de ce morceau & en conséquence on y a ajouté la partie supérieure qui est la plus grande. La prétendue Agrippine assise du même endroit, n'approche pas de sa Figure ressemblante qui se voit dans la Ville Farnese. Il y en a une troisieme Statue dans la Ville Albani. La position des mains jointes est la raison qui a fait donner le nom d'Agrippine à la Figure d'une Pierre gravée (4): car dans les desseins en grand du Poussin, qui sont dans la Bibliotheque Albani, je ne trouve aucune ressemblance entre Agrippine & la Figure qui doit la représenter. La décadence de l'Art doit avoir été très-grande alors, puisque Pline rapporte que sous Néron on ne savoit plus fondre en bronze; comme à-présent l'art de fondre les caracteres semble s'être perdu en quelque sorte à Rome. Cet Auteur cite en exemple la Statue colossale de cet Empereur faite par Zénodore qui malgré toute son habileté ne put pas réussir (5). Ce passage de Pline ne doit pourtant pas faire conclure avec Donat & Nardi-

(4) Maffei Pietr. intagl. T. I. Tav. XIX.
(5) Plin. Lib. XXXIV. Cap. 18.

ni (1), que cette Statue ait été de marbre. Dans les troubles qui diviserent Rome du temps de Vitellius, Julius Sabinus se retrancha au Capitole avec des Statues & s'en fit un rempart de défense (2). Quelqu'un qui a eu occasion de voir & confronter des Médailles antiques, observe (3) que les têtes des Empereurs sur les Médailles Grecques ne sont pas comparables à leurs têtes des Médailles Romaines: ce qui nous confirme dans l'opinion que les bons Artistes Grecs étoient passés à Rome. Je me souviens d'avoir vu entre autres, la Médaille Grecque rare qui porte les têtes de Claude & de Pompée: le coin en est presque barbare.

### §. VII. *Sous Vespasien, Tite & Domitien.*

A tant de monstres qui avoient occupé le trône, succéda Vespasien dont le regne, malgré son économie, fut plus favorable à l'Art que ne l'avoit été la prodigalité fastueuse de ses prédécesseurs. Non-seulement il fut le premier qui assigna un revenu considérable à ceux qui enseignoient l'Eloquence Grecque & Romaine; mais il attira encore des Poëtes & des Artistes à sa Cour par des récompenses dignes d'un Empereur (4). Il fit mettre les Tableaux des plus célebres Artistes de tous les temps, dans le temple de la

(1) Rom. ant. Lib. III Cap. 12. p. 134.
(2) Tacit. Hist. Lib. III. Cap. 71.
(3) Haym Tesoro Britan. Proœm. al T. I. p. 7.

Paix qu'il avoit fait bâtir, de ſorte qu'on peut dire qu'il en fit ce qu'on appelleroit aujourd'hui une Gallerie publique de Peintures. Il paroît pourtant qu'ils n'étoient pas dans le temple même, mais au-deſſus du temple dans les ſales ſupérieures où l'on monte par un escalier tournant conſervé jusqu'à ce jour. Il y avoit auſſi en Grece des temples qui étoient des Pinacotheques (5), c'eſt-à dire des Galleries de Peintures. Les Arts trouverent auſſi un ami, un admirateur & un protecteur dans Tite, collegue & puis ſucceſſeur de Vespaſien. Sa belle tête coloſſale ſe voit dans la Ville Albani. Cornelius Pinus & Accius Priscus (6), Peintres Romains, étoient renommés ſous Veſpaſien. Ils peignirent le temple de l'Honneur & de la Vertu.

1. *Situation de la Grece. Colonnes de marbre Penthélien travaillées à Athenes par l'ordre de Domitien pour le temple de Jupiter Olympien à Rome.*

La Grece fut enfin miſe au nombre des Provinces Romaines & déclarée telle ſous Veſpaſien. Les Athéniens perdirent même alors le petit privilege qu'ils avoient eu jusqu'alors de battre monnoye ſans y mettre l'effigie de l'Em-

(4) Suet. Veſp. Cap. 18.
(5) Strab. Lib. XIV. p. 944.
(6) Plin. Lib. XXXV. Cap. 37.

pereur (1). Il paroît que les Grecs furent un peu moins gênés sous Domitien. Car on ne trouve aucune Médaille de Corinthe du temps de Vespasien & de Tite (2); au-lieu qu'on en a un grand nombre, & même de la plus grande forme, sous le regne de Domitien. Plutarque rapporte une anecdote remarquable pour l'Art (3). Il dit que lorsqu'on apporta à Rome les colonnes de marbre Penthélien travaillées à Athenes par ordre de Domitien pour le temple de Jupiter Olympien, & qu'on voulut les polir & y mettre la derniere main, on en gâta la belle forme.

2. *Autres Ouvrages de ce temps.*

Quant aux Ouvrages de l'Art sous cet Empereur, la plus grande partie du portail du temple de Pallas s'est conservée. Les Figures de la frise dont la bosse est pour la plupart plus que de leur moitié, sont sculptées d'après les dessins de Santès Bartoli. Pallas, travaillée aussi en relief, placée au milieu au-dessus de l'entablement de la colonne, perd par la proximité dans laquelle elle se montre à-présent que le pavé est rehaussé jusqu'au milieu des colonnes; & elle paroît comme seulement ébauchée

(1) Vaillant Num. Imp. a Græcis percuss. p. 20. & p. 223. Wise Num. Bodlej. p. 193

(2) Vaillant Num. Colon. p. 199. & seq.

en comparaiſon des ornemens entaſſés de l'entablement. On voit au Capitole une belle tête de Domitien, mais ce que Montfaucon dit de ſa Statue au Palais Giuſtiniani eſt faux (4); il prétend qu'elle n'a pas ſouffert le moindre dommage, & que c'eſt l'unique de toutes les Statues de cet Empereur qui ſoit échappée à la vengeance du Sénat Romain qui avoit ordonné qu'elles fuſſent toutes détruites. Il ſemble qu'on prenne la Statue du Palais Giuſtiniani pour celle qui lui fut accordée à la priere de l'Impératrice (5): mais celle-ci étoit de bronze, & elle ſe voyoit encore au Capitole du temps de Procope; par conſéquent la premiere eſt de marbre. En ſecond lieu il eſt faux que celle-ci n'ait rien ſouffert. Elle a été caſſée au-deſſous de la poitrine, & les bras ſont modernes; enfin il eſt douteux que la tête appartienne à la Statue. Montfaucon avoit envie de parler de cette Statue & de ſa cuiraſſe, mais en jugeant par le deſſin peu correct qu'il en avoit ſous les yeux, il ne pouvoit rien dire de bien ſûr. Ce que Maffei prend pour une Syrene avec une queue de poiſſon, & qui paroît à Moutfaucon quelqu'autre choſe, eſt pourtant un être marin, mais Maffei auroit du l'appeller une Néréide, car les Syrenes ont

(3) In Poblic. p. 190.
(4) Antiq. Expl. Suppl. T. IV. Pl. IV. p. 6.
(5) Procop. Hiſt. arcana, Cap. 8. p. 25.

des pattes d'oiseau. La Figure du milieu, représentée avec une main élevée, tient des fruits devant elle. L'Explicateur ne fait que faire de l'animal sur lequel est monté un enfant; le dessin en fait un taureau; mais si l'on se donne la peine de considérer la Statue de près, on reconnoîtra l'Amour monté sur un lion.

### 3. *D'une Statue de Domitien & d'une tête de Nerva.*

On trouva au printemps de l'année 1758 une Statue véritable de Domitien, à un endroit nommé *alla Colonna* situé entre Frescati & Palestrina, là même où l'on avoit découvert une Vénus peu de temps au-paravant. Le corps de la Statue jusqu'aux genoux, mais sans bras, n'a pas été enterré profondément, ce qui fait qu'il est fort rongé, & l'on y apperçoit aisément des marques évidentes de la cruauté exercée contre cette Statue, comme des coupures aux reins, des coups fortement marqués, ce qui fait soupçonner qu'elle fut renversée & brisée dans la fureur dont les Romains furent justement trans-

(1) Fabretti Inscr. Cap. 4. p. 274. 330. Le nom d'ANTONINVS eut le même sort dans les Inscriptions de Caracalla. Il est à-moitié effacé au Gymnase découvert il y a quelque temps à Pouzzole, dont l'Inscription est

portés contre la mémoire de Domitien. On hachoit & détruisoit son nom lorsqu'on le trouvoit dans quelque Inscription (1). La tête détachée fut trouvée beaucoup plus avant dans la terre, ce qui fait qu'elle a moins souffert. Cette Statue sans drapperie est d'une grande beauté. Une couronne de bronze entouroit la tête : on voit encore les points où elle étoit attachée. M. le Cardinal Alexandre Albani l'a fait réparer & placer avec d'autres Statues Impériales sous le portique le plus grand de sa Maison de Campagne.

La tête rare du Nerva, qui est au Capitole, n'est pas nouvelle & travaillée par Algardi, comme on l'avance dans l'explication des antiquités de ce Cabinet (2). Cet Artiste n'a d'autre part à cet Ouvrage que d'avoir réparé le bout du nez. Le Cardinal Alexandre Albani obtint ce Buste du frere du Prince Pamphili mort le dernier de sa Maison, & il se voit à-présent dans la Ville du Cardinal.

## §. VIII. *Sous Trajan.*

ROME & tout l'Empire Romain commencerent à respirer sous Trajan (3). Cet Empereur

M.... ANTONINO
COLONIA. PVTEOLANA.

(2) Mus. Capit. T. II. p. 31.
(3) Flor. Procem. L. I.

entreprit de grands Ouvrages qui réveillerent l'Art & les Artistes accablés par les troubles & la tyrannie des regnes précédens. Il ne s'attribua point à lui seul l'honneur de la Statue : il le partagea volontiers avec les hommes de mérite de son temps (1): ce qui tourna à l'avantage de l'Art. Nous lisons même que l'on dressa des Statues à des jeunes-gens de grande espérance morts à la fleur de leur âge (2). On récompensoit non ce qu'ils avoient fait, mais ce qu'ils eussent fait, si une mort prématurée ne les en eût pas empêchés. Il semble que la Statue d'un Sénateur assis, qui se voit dans la Vi-

---

(1) Plin. Panegyr.

(2) Id. ibid. Lib. II. Ep. VII.

(3) Le nom de Zenon se trouve écrit sur le bout du vêtement de la Statue, selon la coutume des Anciens, qui avoient quelquefois des lettres tissues sur le bord de leurs habits (*Ruben. de re vestiar. Lib. I. Cap.* 10, *p.* 63.)

ΖΗΝΩΝ
ΑΤΤΙΝ.
ΑΦΡΟΔΙ
ΣΙΕΥΣ
ΕΠΟΙΕΙ.

Personne n'avoit encore remarqué cette Inscription.

(4) V. Inscr. Syrac. in Crævii Thes. Sicil. T. VI. Au-dessous de la Statue d'une Muse dont parle Buonarotti (*Pref. à Vetri Antich. p. XXI.*) on lisoit ce mot ΑΦΡΟ-ΔΙΙSIENSIS.

gne Ludovisi, ait été exécutée par Zenon d'Aphrodisée, fils d'Attis (3), & qu'elle soit de ce temps. On pourroit même presque croire qu'il se forma dans ce temps une Ecole de l'Art dans cette ville de la Carie, à cause de différens noms d'Artistes d'Aphrodisée qui se sont conservés (4). Un autre Zenon, natif de Staphis en Asie, qui a posé la Figure à-demi-vêtue de son fils du même nom sous la forme d'un *Herma*, sur son tombeau, comme l'indique l'Inscription conçue en dix-neuf lignes (5), n'aura pas existé beaucoup plus tard. La tête étrangere placée sur cet *Herma* ne répand pas

(5) Voici cette Inscription en vers.

ΠΑΤΡΙϹ ЄΜΟΙ ΖΗΝω
ΝΙ ΜΑΚΑΡΤΑΤΗ ϹΤΑΦΙϹ Α
ϹΙΑϹ ΠΟΛΛΑΔЄ . . . . .
ЄΜΑΙϹΙ ΤЄΧΝΑΙϹΙ ΔΙЄΛΘ . .
ΚΑΙ ΤЄΥΞΑϹ ΖΗΝωΝΙ ΜЄ
ΠΡΟΛЄΘΝΚΟΤΙ ΠΑΙΔΙ
ΤΥΜΒΟΝ ΚΑΙ ϹΤΗΛΗΝ
ЄΙΚΟΝΑ ϹΑΥΤΟϹ ЄΓΛΥΨΑ
ΑΙϹΙΝ ЄΜΑΙϹ ΠΑΛΑΜΑΙϹΙ
ΤЄΧΝΑϹ ΖΑΜЄΝΟϹ ΚΑΥΤΟΝ
ЄΡΓΟΝ . . . . . . .

Les dernieres lignes de l'Inscription ne sont pas assez lisibles & personne encore n'a pu les déchiffrer. Elle ne sert pas seulement à nous faire connoître un Arplus de lumiere sur le temps de sa composition. Ce Monument se trouve dans la Ville Negroni. Mais je ne sais dans quel temps placer un Antiochus d'Athenes (1) dont nous avons dans la Ville Ludovisi une Pallas haute de deux grandeurs naturelles. La Statue est commune, le travail en est même assez grossier : mais l'Inscription paroît d'un temps antérieur à celui-ci. Les deux Centaures du Cardinal Furietti, d'un marbre noirâtre & dur, nommé bigio, exécutés

---

tiste, mais elle conserve de plus le nom de la ville ΣΤΑΦΙΣ en Asie, qui ne se trouve chez aucun Auteur : elle nous sert aussi à expliquer les lettres ΣΤΑ qui se lisent sur une Médaille du Roi Epiphanès, & qui ont donné lieu à différentes conjectures (*Beger. Thes. Brand. T. I. p.* 259. *Wise Num. ant. Bodlej. p.* 116. *conf. Cuper. de Elephant. Exerc. I. Cap.* 7. *p.* 74. *E.*) Ce pourroit être le nom abrégé de cette ville, car σαφυλίτης & σαφμοδότης sont cherchés trop loin. Du reste la quantité irréguliere des syllabes n'induira point en erreur ceux qui connoissent la négligence des Poëtes de ces temps postérieurs, laquelle étoit encore plus grande dans les Inscription que dans tout autre genre.

Je communiquerai à cette occasion une autre Inscription placée sur la base d'une Statue de Bacchus en Grece.

ΛΙΣΑΝΙΑΣ ΔΙΟΝΥΣΟΥ
ΤΟΝ ΔΙΟΝΥΣΟΝ ΚΑΤΕΣΚΕΥΑΣΕ.

Le mot κατεσκέυασε fait douter si Lysias fut le Statuaire ou seulement celui qui fit faire la Statue.

par Ariſtée & Papias d'Aphrodiſée, ont été trouvés dans la maiſon de Campagne d'Adrien, & peuvent être regardés comme des copies du Centaure de la Ville Borgheſe. On voit dans la Ville Altieri la partie ſupérieure du corps d'un Centaure de la même grandeur & du même marbre, mais avec cette particularité remarquable que les yeux & les dents ſont de marbre blanc.

---

Plus l'Art baiſſoit plus les mauvais Ouvriers eſtimoient leurs Ouvrages, & plus ils affectoient de mettre leur nom aux moindres bagatelles. On lit, par exemple le nom d'un Sculpteur de Bithynie ЄΥΤΥΧΗϹ au-deſſus d'une petite Figure d'un mort, de la hauteur d'un pied, repréſentée ſur le côté antérieur d'une petite Pierre tombale qui eſt au Capitole (*Muratori Inſcr. p. DCXXXIII.* 1.)

(1) Voici la copie de ce nom envoyée de Rome à Carle Dati à Florence (*Vit. de' Pitt. p.* 111). . . ΤΙΟΧΟΣ ΙΑΛΙΟΣ ΕΠΟΙΕΙ. Maffei, le donne tel qu'il doit être completté ſans faire mention qu'il fût mutilé (*Muſ. Veron. Inſcr. var. p. CCCXVIII*); & moi je le donne tel qu'il eſt ſur la baſe endommagée :

. . . ΤΙΟΧΟΣ

. . . ΙΝΑΙΟΣ

. . . ΠΟΙΕΙ.

On trouve le nom d'un Antiochus ſur deux Pierres gravées (*Gori Inſcr. T. I. Gem. p. XXXXIII, quirini Epiſt. ad Freret, p.* 29.)

### *Colonne de Trajan.*

Le plus grand Monument qui nous reste du temps de Trajan est sa Colonne qui étoit au milieu de la place, qu'il fit faire par Apollodore d'Athenes. Quiconque aura occasion d'examiner les Figures de stuc qui s'y trouvent, sera étonné de la différence infinie de tant de milliers de têtes. On voyoit encore au seizieme siecle la tête colossale de la Statue de cet Empereur qui étoit placée sur cette Colonne (1). On ne sait plus aujourd'hui ce qu'elle est devenue. Le généreux Abbé Farsetti de Venise, qui avoit fait modéler les meilleures Statues antiques de Rome, avec une dépense vraiment royale, dans le dessein d'établir une Académie de Peinture dans sa patrie, avoit aussi résolu de faire mouler de nouveau & en entier cette magnifique Colonne. Le marché étoit accordé à neuf mille écus Romains, & Mr. Farsetti avoit déja fourni les fraix de l'échaffaudage.

### *Trophées de Marius ou peut-être de Trajan.*

Les Trophées de Marius qui sont au Capitole, semblent être travaillés dans le même Style que la base de la Colonne, & sont peut-être des Trophées de Trajan. Un Auteur moderne croit qu'ils ont été posés après la bataille d'Actium, sa raison est qu'il croit voir de l'eau représen-

(1) Ciacc. Column. Traj. p. 4.

tée dans la rognure en forme de vagues qui se voit au piedestal.

Je ne puis me dispenser de parler ici d'une Médaille d'or fort rare, qui porte d'un côté la tête de Plotine, femme de Trajan, & de l'autre côté celle de Matidie, sœur du même. On l'a payée plus de cent écus : elle est au Cabinet du College de St. Ignace à Rome.

### *Arc de Trajan.*

Pour ce qui est de l'Architecture, l'Arc de Trajan à Ancone mérite bien d'être cité. Aucun édifice antique n'offre des blocs de marbre d'une grandeur aussi énorme. La base de l'Arc jusqu'au talon de la colonne est d'un seul morceau dont la longueur porte vingt-six palmes Romaines & un tiers : la largeur en a dix-sept & demie, & la hauteur treize. Selon Dion, les arcs-boutans du pont construit sur le Danuble par Trajan, ne servirent après sa démolition qu'à prouver jusqu'où avoit pu aller la force humaine.

## §. IX. *Sous Adrien.*

### 1. *Ses Voyages & les Edifices qu'il fit bâtir.*

ADRIEN se proposant de rendre à la Grece sa premiere liberté, commença par la déclarer libre. Il fit bâtir non-seulement à Athenes, comme Périclès, mais aussi dans tous les endroits célebres de la Grece. Il acheva le temple de Jupiter Olympien à Athenes qui étoit resté imparfait pendant sept cens ans depuis Pisistrate, & en fit un édifice qui avoit plusieurs Stades de circonférence. Pausanias nous apprend que cet Empereur, outre plusieurs autres Statues d'or & d'ivoire, y fit placer la Statue colossale de Jupiter de la même matiere (1). Le temple qu'il fit bâtir à Cysique est compté parmi les sept merveilles du monde. Chaque ville fit ériger à cet Empereur une Statue dans le temple de Jupiter Olympien à Athenes.

Adrien n'étoit pas seulement un connoisseur, un amateur, un protecteur : il étoit Artiste & a fait réellement des Statues. Mais Victor parle en flatteur quand il dit (2) que cet Empereur pouvoit être mis à côté de Polyclete & d'Euphranor. Il céda aux Parthes un pays assez vaste pour avoir la paix, & employer ce temps de tranquillité à l'exécution de ses grandes vues.

Le

(1) Ce passage de Pausanias (*Lib. I. p.* 42.) est obscur, & les corrections que l'on propose dans les notes de l'Edition de Leipsig, ne le rendent pas plus clair. Il me semble qu'on pourroit le rectifier plus aisément en mettant ϰ̀ au-lieu de μὲν, & lisant ὅτι ϰ̀ Ῥωμαίοις. Pausanias auroit voulu dire : la Statue de Jupiter étoit digne d'être examinée non par rapport à sa grandeur, puisqu'à Rome & à Rhodes on voyoit d'autres colosses La période suivante commence par τὰ λοιπά. Il est

La sixieme année de son regne il commença ses grands voyages. Il visita presque toutes les Provinces; & l'on a des Médailles des dix-sept qu'il visita. Il passa jusqu'en Arabie & en Egypte: pays qu'il étudia à fond, comme il le dit lui-même (3). Quatre-ans avant sa mort il revint à Rome, & donna tous ses soins pour bâtir & embellir sa Maison de Campagne de Tivoli. C'étoit un édifice immense, ou plutôt un très grand nombre d'édifices superbes dans lesquels il fit représenter des contrées entieres avec leurs plus célebres monumens, jusqu'aux lieux fortunés connus sous le nom de Champs Elisées avec leur entrée (4). Il orna cette Maison vraiment Impériale de tous les Ouvrages de l'Art qu'il rassembla dans les pays où il avoit voyagé. La circonférence des ruines de ce bâtiment est de plus de dix milles d'Italie. Il s'y trouve encore, entre autres Monumens, quelques temples ronds, ou rotondes, dont il ne manque que le frontispice. Il y avoit deux théâtres aux deux extrêmités de cette Maison

---

vrai que la précédente est un peu brusquement interrompue: mais cela ne paroîtra pas étrange à ceux qui connoissent la façon d'écrire en Grec, ordinaire à ce Cappadocien. Le Traducteur Italien y trouve un Jupiter plus grand que tous les colosses de Rome & de Rhodes: ce qui se réfute de soi-même.

(2) Epitom. 14. 2.

(3) Vopisc. in Saturnino.

(4) Conf. Salmas. in Spartian. p. 60. D.

de Campagne, & les ruines qui en restent peuvent donner une idée de leur magnificence. Un des plus renommés de ces édifices, & celui peut-être qui mérite le plus d'être vu, est celui qu'on nomme les cent chambres destinées pour la Garde Impériale, qui n'avoient aucune communication l'une avec l'autre, que par une Gallerie extérieure de bois que l'on pouvoit fermer, & occuper par une sentinelle. Il y a un château rond où il est à croire que se tenoit le corps de garde. A chaque rang de voute il y avoit deux guérites élevées sur un plancher assis sur des pierres saillantes. Dans l'une on a trouvé le nom abrégé d'un Soldat, écrit en noir, comme avec le doigt. La magnificence de ces bâtimens étoit si grande qu'il y avoit un étang revêtu de *Giallo antico*, & cet étang étoit, dit-on, assez vaste pour qu'on pût y représenter un combat naval. On y a trouvé une grande quantité de têtes de marbre & d'autres pierres plus dures, dont plusieurs ont été brisées par la pioche. Il y avoit de longues allées en forme de promenades, pavées à la mosaïque, dont il reste encore de grands morceaux. Les appartemens étoient pavés de la même maniere, mais les pierres en étoient plus petites. On a découvert sous ces décombres une infinité de tables qui sont à Rome & ailleurs. Toutes les Statues placées ci-devant dans la Ville d'Este à Tivoli, & qui sont aujourd'hui au Capitole, plusieurs autres Statues du même endroit, & quantité d'autres encore qui sont dans les Palais & dans les Campagnes de Rome, ont été découvertes sous les mêmes ruines. On y fouille encore tous les jours, & sans cesse on en tire des morceaux de prix.

Un des plus beaux & des plus rares monumens qu'on y ait trouvés est un Ouvrage en mosaïque représentant un bassin d'eau avec quatre pigeons sur le bord, dont l'un veut boire. Cet ouvrage a été réputé jusqu'à ce jour le plus beau de cette espece: ce pourroit bien être le même qui, du temps de Pline, se trouvoit à Pergame, & que Sosus avoit fait: dans ce cas Adrien l'auroit fait transporter à Rome Mr. le Cardinal Furietti qui est le possesseur de cette rareté en a donné une description détaillée. On l'a trouvé incrusté au centre du pavé d'un appartement, qui lui-même étoit une ouvrage des plus beaux & des plus finis de cette espece. M. le Cardinal Alexandre Albani a fait mettre dans une table d'albatre oriental un morceau des bandes à feuillage qui formoient un quarré sur le pavé de cet appartement: ce morceau a quatre palmes de longueur sur une palme de largeur. Mais Son Eminence a fait présent au Prince Electoral de Saxe d'un dessus de Table semblable avec une bande plus longue, mais de la même largeur & du même travail.

L'Ouvrage le plus beau, après celui dont je viens de parler, est selon moi la Syrene Parthenopé, trouvée sur le mont Palatin à Rome, & qui se voit à-présent dans la Gallerie Royale Farnesienne à Capo di monte près de Naples. L'Auteur en question a ignoré ce morceau.

Cependant ces deux morceaux le cedent pour la finesse du travail à un Ouvrage découvert le 28 Avril 1763 dans la ville comblée de Pompée. Il fut trouvé au milieu du plancher d'une chambre, & donne une grande idée de la magnificence des Romains & en particulier de l'édifice où il fut placé. Ce morceau haut de deux palmes Romaines, représente quatre Figures qui tiennent des masques comiques devant leur visage & jouent des instrumens. La premiere Figure à droite joue du tambourin. La seconde joue des crotales: ce sont deux hommes. La troisieme tournée de profil, est une femme qui joue de deux flûtes. La quatrieme est un enfant qui joue du chalumeau. Les petites pierres qui forment le fond du tableau, sont de la grandeur d'un tuyau de plume coupée à l'extrémité. Elles passent dans les Figures pour se rendre au centre, toujours en diminuant jusqu'à ce qu'elles deviennent méconnoissables à l'œil. Les poils des sourcils sont exprimés sur les masques: le prix de cet Ouvrage inimitable est encore augmenté par le nom de l'Artiste écrit en caracteres noirs.

ΔΙΟΣΚΟΥΡΙΔΗΣ ΣΑΜΙΟΣ ΕΠΟΙΗΣΕ.

---

(1) Euseb. Præp. Evangel, Lib. IV. p. 92. l. 9. ibid. p. 98. l. 25.

## 2. *Du Style & des caracteres distinctifs de l'Art du temps d'Adrien.*

Si l'Art avoit pu remonter au faîte de sa gloire passée, c'eût été sous les auspices d'Adrien qui ne manquoit ni de goût ni de connoissance, ni de zele ni de moyens. Mais la liberté avoit quitté la terre; & la source des pensées sublimes & de la véritable gloire étoit tarie. Peut-être en doit-on chercher la cause dans l'empire de la superstition détruit, & dans la propagation du Christianisme qui commença à se répandre sous cet Empereur (1). Quelques efforts que fit Adrien pour faire fleurir les Sciences, elles furent étouffées par les minuties. L'éloquence enseignée par des Orateurs gagés, se perdit dans le labyrinthe des sophismes. Cet Empereur lui-même mal inspiré ou mal conseillé voulut supprimer Homere & le remplacer par Antimachus (2). Le style des Auteurs Grecs de ce temps, à l'exception de Lucien, est inégal, recherché, affecté : ce qui le rend obscur; Aristide en est un exemple frappant. Malgré tous les privileges accordés aux Athéniens, ils se trouverent dans de telles circonstances qu'ils voulurent vendre quelques Isles qu'ils avoient pu garder & maintenir jusqu'alors (3).

---

(2) Conf. Cuper. Apotheos. Homer. p. 5.
(3) Philostr. vita Lolliani, p. 527. l. 19.

Il fut aussi impossible aux Arts qu'aux Sciences, de s'élever à la perfection ; le Style des Artistes de ce temps differe considérablement de celui des Anciens, comme on s'en apperçut même alors, selon les témoignages allégués ci-dessus de quelques Auteurs de ce regne. La protection que l'Empereur accordoit à l'Art étoit comme les alimens ordonnés aux malades par les médecins : ils les empêchent de mourir d'inanition ; mais ils ne les nourrissent pas.

Un des plus grands Ouvrages de Sculpture ordonnés par Adrien a du être sans-doute sa Statue élevée sur un char attelé de quatre chevaux qui, à ce que l'on dit, fut placée sur la pointe de son Monument funebre, aujourd'hui le château St. Ange ; si l'on peut ajouter foi à l'historien de qui nous tenons cette relation (1), cet Ouvrage étoit si grand qu'un homme robuste pouvoit entrer commodément dans les trous des yeux des chevaux. On ajoute que l'Ouvrage entier étoit d'un seul bloc de marbre. Mais c'est un mensonge Grec, estimé tel du temps même de l'historien, & qu'on peut mettre en parallele avec ce qu'on dit d'une tête de Junon à Constantinople qu'à-peine quatre couples de bœufs pouvoient tirer (2).

---

(1) Jo. Antiochen. περι αρχαιολογιας citat. a Salmas. Not. in Spartian. p. 51.

### 3. *Description du prétendu Antinoüs du Belvedere.*

On indique ordinairement comme le plus beau Monument de l'Art sous Adrien, la Statue du Belvedere, qui porte sans raison le nom d'Antinoüs (3), par la fausse idée que l'on a qu'elle représente le favori de cet Empereur ; mais elle représente plutôt un Méléagre ou quelqu'autre jeune Héros. On la met au nombre des Statues de la premiere classe, plutôt pour la beauté des parties prises séparément que pour la perfection du tout-ensemble : car quant à la forme & à l'exécution, les pieds, les jambes & le bas-ventre sont fort inférieurs au reste de la Statue. La tête est indubitablement une des plus belles têtes de jeunesse de toute l'antiquité. La Majesté & la fierté regnent sur le visage d'Apollon, mais c'est ici l'image de la Grace d'une tendre jeunesse, de la beauté pure du bel âge, d'une innocence naïve sans aucun mêlange de passion qui puisse altérer l'harmonie des parties, & la paix parfaite de l'ame. Toute l'attitude de cette belle Figure exprime ce repos, cette jouissance de soi-même, lorsque tous les sens recueillis semblent ne plus avoir de commerce avec les

---

(2) Mich. Choniat. apud Fabric. Bibl. Gr. T. VI. p. 406.

(3) Bottari Muf. Capit. T. II. p. 35.

objets extérieurs. L'œil est modiquement vouté comme celui de la Déesse de l'amour, mais sans desir, & ne respirant que l'innocence. La bouche rassemble dans une petite circonférence une quantité d'émotions vives sans paroître les sentir. Les joues nourries d'un embonpoint agréable, & la rondeur du menton doucement élevé, achevent le contour noble & parfait de ce bel adolescent. Cependant le front paroît au-dessus de l'adolescence: il annonce un Héros jouissant déja de la gloire dans laquelle il se complaît, complaisance exprimée ici comme sur le front d'Hercule. La poitrine est puissamment élevée; les épaules, les côtés & les hanches sont de la plus belle structure; mais les jambes manquent de la belle forme qu'exige un tel corps: les pieds sont grossiérement travaillés, & le nombril est à-peine indiqué.

Le Style differe de celui du temps d'Adrien. Les plus beaux monumens de cet âge, sont le Buste d'Antinoüs, travaillé en relief, dans la Ville Albani, & son Buste qui étoit ci-devant dans le Cabinet de la Reine Christine de Suede, & qui se trouve à-présent à St. Ildephonse en Espagne. La tête du même dans la Ville dite Monte Dragone au-dessus de Frescati, est trois fois aussi grande que le naturel, & a les yeux

(1) V. Borioni Collect. Antiq. Tab. IX.
(2) Maffei Stat. n. 104.

ajoutés. La petite Statue équestre de la hauteur de deux pieds, qui se voit dans la Ville Mattei, & qui a été, à ce que l'on dit, travaillée par Adrien (2), mérite à-peine d'être citée, encore moins d'occasionner un écrit véhément de la part d'un homme qui n'avoit pas vu la Figure lorsqu'il en parloit (3). La plus belle tête de cet Empereur gravée en pierre, est un Camée du Cabinet du Prince d'Orange où il a passé des mains du Comte de Thoms: cette Pierre étoit auparavant au Cabinet Royal Farnese à Capo di monte près de Naples & passa de-là entre les mains dudit Comte; je laisse au Lecteur à conjecturer de quelle maniere cela se fit.

Je dois encore observer ici que les grands Médaillons véritables des Empereurs, ont seulement commencé sous Adrien. Ainsi tous ceux qui se trouvent dans le Cabinet Impérial à Vienne sont supposés. Un des plus beaux Médaillons de cet Empereur, creux en dedans, a servi plusieurs années de sonnette au mulet d'un paysan des environs de Rome.

### §. X. *Sous les Antonins.*

#### 1. *Observation générale sur l'Art.*

Les Antonins estimerent les Arts. Marc Aurele dessinoit bien. Diognete, homme sage (4),

(3) Riccobaldi Apolog. del Diar. Ital. di Monfauc. p. 45. & seq.

(4) Capitolin. in M. Aurel. p. 24. A.

lui avoit enseigné en même temps la philosophie & le dessin. Mais les bons Artistes commencerent à devenir plus rares de jour en jour; l'estime que l'on avoit eue ci-devant pour eux, se perdit entiérement: ce qui devoit nécessairement arriver suivant le goût & les idées de ce temps-là. Les Sophistes étoient pour ainsi-dire élevés sur le trône. Les Antonins leur firent élever des chaires publiques, & leur donnerent de grands appointemens, récompensant plutôt leur voix & la force de leurs poumons, que leur mérite (1). C'étoient des gens sans goût, sans génie (2) qui crioient contre tout ce qui n'étoit pas aussi savant, c'est-à-dire aussi pédant qu'eux. Un Artiste habile n'étoit à leurs yeux qu'un vil artisan. Ils pensoient sur l'Art, comme Lucien parle de l'érudition dans son Songe. On regardoit comme une bassesse dans un jeune-homme le desir de ressembler à Phidias. C'est pourquoi on est étonné qu'Arrien, Auteur de ce temps, ait regardé comme un malheur pour lui de n'avoir pas vu le Jupiter de Phidias (3).

Le temps des Antonins fut pour l'Art comme l'état le meilleur en apparence d'une maladie mortelle, qui précede la mort: ou comme la vive lueur que jette une bougie le moment avant de s'éteindre. Les Artistes formés sous Adrien

---

(1) Αθλα φωνης.

(2) V. Galen. de pulsuum diff. sub. init.

vivoient encore: les grands Ouvrages construits sous les Antonins, & encore plus leur bon goût & leur connoissance leur procurerent l'occasion de s'illustrer par l'exercice de leurs talens; mais après eux l'Art tomba tout d'un coup. Antonin Pie fit bâtir près de Lanuvium une Maison de Campagne dont les décombres attestent la grandeur & la magnificence. On en peut juger par un robinet d'argent par lequel l'eau couloit dans les bains. On le déterra parmi ces ruines il y a environ quarante ans. Il pesoit entre trente & quarante livres: il avoit pour Inscription FAVSTINAE NOSTRAE. L'eau couloit aussi dans les bains de Claude (4) par des tuyaux d'argent. On trouva encore en 1714 dans les ruines de la Maison de Campagne d'Antonin Pie, la belle Thetis du Cardinal Alexandre Albani, mais sans tête. Elle est nue jusqu'aux cuisses, elle tient une rame appuyée sur un monstre marin: la base s'est conservée avec un des pieds; on y voit la proue d'un vaisseau. Il est vraisemblable que cette Statue est d'un temps plus ancien, ainsi que deux Statues non-drappées qui portent chacune une tête de Lucius Verus (5), qui se voient dans les Villes Mattei & Farnese, dont il y en a une qui est des plus parfaites Fi-

---

(3) Arrian. Epict. Lib. I. Cap. 6, p. 35.
(4) Fabric, Rom. p. 205.
(5) Maffei Stat. n. 106.

gures d'homme de l'antiquité. Marc-Aurele fit ériger auſſi des Statues à tous les braves qui avoient péri dans la Guerre Germanique.

2. *D'une tête coloſſale de Fauſtine.*

Un des plus beaux monumens de l'Art de ce temps eſt une tête coloſſale de Fauſtine, à ce qu'il paroît. Je dis à ce qu'il paroît, car la reſſemblance des têtes de jeuneſſe, ſur-tout de celles du ſexe, devient un peu méconnoiſſable dans les têtes coloſſales. Sa longueur depuis le menton juſqu'à la naiſſance des cheveux eſt de deux empans. On voit clairement que cette tête fut ajoutée à la Statue, ſelon la méthode que j'ai indiquée: & il faut que la Statue ait été de bronze ou de marbre. Un des pieds qui s'eſt conſervé étoit ajouté de la même maniere; d'où il paroît que ſuppoſé que la Statue fût de bronze, les parties extérieures en étoient toutes de marbre: il s'eſt auſſi conſervé des morceaux des mains. Cette belle tête qui n'a du tout point ſouffert, a été trouvée à Porcigliano, non-loin d'Oſtie, & à ce qu'on croit parmi les ruines de la Maiſon de Campagne de Pline, nommée Laurentum. On trouva au même endroit pluſieurs belles Figures modélées en terre cuite; entre autres le tronc d'une Vénus, & une Figure drappée haute d'environ trois palmes; deux pieds avec leurs ſandales, parfaitement ſemblables aux pieds de la Statue, & qui probablement leur avoient servi de modeles. Ces morceaux sont à Rome dans la Maison du Baron del Nero Patricien de Florence.

### 3. *Bustes des mêmes Empereurs.*

On voit que l'on multiplia beaucoup plus alors les portraits ou les têtes, que les Statues: usage qui fut encore augmenté par l'ordonnance du Sénat qui prescrivoit à chacun d'avoir dans sa Maison l'image d'un Empereur (1). Il y a des têtes de ce temps qui peuvent être regardées comme des merveilles de l'Art pour l'exécution. On voit dans la Ville Borghese trois Bustes de Lucius Verus & trois de Marc-Aurele, tous extraordinairement beaux, mais sur-tout un de chaque espece, plus grands que le naturel. Ils furent trouvés il y a environ trente ans sous de grandes tuiles à quatre milles de Rome sur le chemin de Florence, à un endroit nommé *Aqua Traversa.*

### 4. *De la Statue Equestre de Marc-Aurele en bronze.*

La Statue Equestre de Marc-Aurele est trop connue pour qu'il soit nécessaire d'en parler ici fort au long. Mais je ne dois pas manquer de relever le ridicule d'une remarque que l'on

---

(1) Conf. Casaub. Not. in Spartiani Pescen. p. 124. D.

a mise au bas de l'estampe d'une Figure Equestre de la Galerie du Comte de Pembrocke à Wilton en Angleterre (1): „ Premiere Statue „ Equestre de Marc-Aurele qui fut cause qu'on „ en fit faire par le même Artiste une autre „ plus grande dont le cheval differe du nôtre." On a mis au bas de l'estampe d'un Hermès à moitié drappé qui est dans la même Gallerie, une Inscription également impudente (2): „ Un „ des prisonniers qui porterent l'architrave de „ la porte du Palais du Viceroi d'Egypte après „ la conquête de cet Empire par Cambyse." La Statue Equestre de Marc-Aurele fut élevée sur la place devant l'Eglise de St. Jean de Latran, parce que l'Empereur étoit né dans une Maison des environs. Mais il faut que la Figure ait été comblée dans des temps postérieurs, puisque dans la vie du célebre *Cola di Rienzo*, on ne parle que du cheval, en le nommant le cheval de Constantin. Dans une grande fête

---

(1) Tab. IX.

(2) Tab. XX.

(3) Fiortifioc. Vita di Col di Rienzo. p. 107.

(4) Le Sénat de Rome donne à-présent un bouquet de fleurs au Chapitre de l'Eglise de St. Jean de Latran, comme une espece d'hommage en reconnoissance de l'ancien droit de cette Eglise sur la Statue de Marc-Aurele. On a créé un office public pour cette Statue, sous le titre de *Garde du Cheval* (*Custode del Cavallo*), depuis le temps qu'elle fut transférée au Capitole : cet emploi rapporte dix écus par mois. Une autre emploi plus

donnée du temps que les Papes siégeoient à Avignon, on fit couler pour le peuple du vin & de l'eau de la tête de ce cheval, savoir du vin de la narrine droite & de l'eau de la gauche (3). On n'avoit point alors à Rome d'autre eau que celle du Tibre, parce que les aqueducs se trouvoient détruits. Il y avoit des porteurs d'eau qui la portoient dans les rues les plus éloignées de la riviere, & la vendoient comme on fait aujourd'hui à Paris (4).

### 5. *De la Statue d'Aristide.*

La Statue du Rhéteur Aristide qui est dans la Bibliotheque du Vatican, n'est pas une des moins estimables parmi les Figures assises & drappées.

### 6. *Des Statues que fit faire Herodes Atticus.*

Herodes, célebre Orateur surnommé Atticus, fit faire une Vénus armée (5) qui n'avoit rien

---

ancien, aussi peu pénible, mais plus lucratif, est celui que l'on nomme *la Lettura di Tito Livio*, & qui rapporte trois cens écus par an qui se payent des produits de l'impôt sur le sel. Ces deux charges sont à la nomination du Pape, & attachées à des Maisons de la plus ancienne noblesse de Rome. La Maison Conti possede la derniere & s'en acquitte quand même aucun de la Famille n'auroit jamais ouvert l'histoire de Tite-Live.

(5) Phot. Biblioth. p. 1046.

de tendre ni de doucereux, mais plutôt un air mâle & triomphant comme après une victoire remportée. On peut conclure de cette description que la connoissance du beau, & le goût du style ancien, n'étoient pas tout-à-fait perdus. Ainsi il y avoit encore des hommes qui savoient goûter & estimer la noble simplicité de la nature, l'éloquence sans ornemens affectés, le style pur & simple. Pline nous dit (1) que les endroits de son panégyrique qui lui avoient coûté le moins de peine, avoient été les plus applaudis, ce qui lui faisoit espérer le rétablissement du bon goût. Malgré cela il préféra le style affecté, & sut le rendre agréable par la vérité de la louange donnée à un Prince qui la méritoit.

Herodes Atticus fit ériger des Statues à quelques-uns de ses affranchis qu'il aimoit (2). Des grands Monumens qu'il fit bâtir à Rome, à Athenes & dans d'autres villes de la Grece, il existe deux colonnes de son Mausolée, de trois palmes de diametre, d'une espece de marbre nommé Cipolino. L'Inscription qui s'y lit les a rendues célebres. Saumaise l'a expliquée. Il faut qu'un Auteur François (3) rêvât lorsqu'il disoit que cette Inscription étoit conçue en

(1) Lib. III. Epist. XVIII.

(2) Philostr. Vit, Sophist, Lib. II. Cap. 1. §. 10.

en Lettres Latines & non en Lettres Grecques. Ces colonnes furent transportées de Rome à Naples au mois de Septembre 1761, & elles sont dans la Cour du Cabinet d'Herculanum, à Portici. Les Inscriptions de la fameuse Maison de Campagne nommée Villa Triopæa, placées à présent dans la Vigne Borghese, ont été publiées par Spon (4).

### 7. *Abus des Statues érigées à des Personnes sans mérite.*

On érigea aussi des Statues à ceux qui se distinguerent dans le Cirque, & qui remporterent le prix dans les courses des chars (5). On en a plusieurs Monumens, d'abord dans quelques morceaux d'un Ouvrage en mosaïque avec les noms des personnes, que l'on voit dans la Maison Massimi. Il y a dans la Ville Albani une grande Urne sépulchrale ovale dont le relief représente un Vainqueur semblable, presque de grandeur naturelle sur un quadrige. On voit dans la Ville Negroni une autre Figure assez semblable à celle de cette Urne; mais en la réparant on en a fait un Jardinier à cause d'un petit couteau recourbé en forme de serpe qui est attaché

(3) Renaudot sur l'origine des Lettres Grecques, p. 237.

(4) Miscel. ant. p. 322.

(5) Conf. Palmer. Exerc. in Auct. Gr. p. 535.

à sa ceinture, ce qui fait qu'on lui a mis une pioche à la main. Ces Vainqueurs étoient pour la plupart des gens de la lie du peuple : ils avoient ordinairement le corps serré d'une large ceinture qui l'enveloppoit à plusieurs tours depuis la poitrine jusqu'au bas-ventre. Lucius Verus fit même placer dans le Cirque une Figure d'or de son cheval nommé *Volucris*. En parlant des Ouvrages de l'Art sous Marc-Aurele, le Traité de Morale de cet Empereur me revient toujours dans l'esprit. La Morale en est saine ; mais les pensées & le style sont assez communs & peu dignes d'un Prince qui se mêle d'écrire.

## §. XI. *Sous Commode.*

La derniere Ecole de l'Art, créée pour-ainsi-dire par Adrien, & l'Art même périrent sous & après le regne de Commode, fils & successeur de Marc-Aurele. L'Artiste qui fit la belle tête de cet Empereur encore jeune, honore l'Art. Elle fut faite probablement lorsque Commode monta sur le trône, c'est-à-dire dans la dix-neuvieme année de son âge. Mais la beauté de cette tête prouve en même temps que le Maître qui la fit n'avoit point d'égaux alors & qu'il n'en eut point dans la suite; car toutes les têtes des Empereurs suivans ne sont nullement comparables à celle-là. Les Médailles de cet Empereur, méritent, tant par rapport au dessin qu'à-cause de l'exécution, d'être comptées parmi les plus belles Médailles Impériales. Les poinçons faits pour l'exécution de quelques-unes, sont gravés avec une telle finesse, qu'aux pieds de la Déesse Roma assise sur une armure, & présentant une boule à Commode, on voit les petites têtes des animaux dont les peaux servoient à faire des souliers (1). Mais cette délicatesse d'ouvrage dans le détail n'autorise pas à juger aussi avantageusement de l'exécution d'un Ouvrage en grand. Celui qui sait faire le modele d'un petit navire n'en est pas pour cela plus habile à construire un Vaisseau bon voilier & propre à résister aux vagues orageuses de la mer. Il y a plusieurs Figures assez bien dessinées sur les revers des Médailles de quelques Empereurs suivans, mais on n'en peut rien conclure à l'avantage de l'Art. Achilles passablement dessiné en petit, auroit été Thersite si la même main l'avoit exécuté de grandeur naturelle. Si le revers de quelques médailles du troisieme siecle, est d'un travail au-dessus de l'Art de ce temps, il se peut, il est même croyable que l'on y a fait usage des anciens poinçons.

La résolution prise par le Sénat Romain d'anéantir la mémoire de Commode en détruisant les Monumens propres à la conserver, regardoit principalement les Statues de cet Empereur. On

(1) Buonarotti oss. sopra alcun. Medagl. Tab. VII. n. 5.

en voit des traces à ses Bustes & têtes découvertes par le Cardinal Alexandre Albani, lorsqu'il fit creuser les fondemens de sa belle & magnifique Maison de Campagne à Nettuno sur la mer. Toutes les têtes ont le visage détruit à coups de ciseau ; & on les reconnoît seulement à quelques traits échappés, comme le menton & la bouche ont fait reconnoître une tête mutilée pour celle d'un Antinoüs. Il y a entre autres dans la Ville Altieri une tête que l'on a réparée comme un Antinoüs sur l'indice de la bouche qui s'est seule conservée.

Il n'est pas étonnant que l'Art déchût alors d'une maniere si sensible, puisque les derniers restes des Sciences, les Ecoles des Sophistes finirent aussi en Grece sous Commode (1). Les Grecs oublierent même jusqu'à leur propre langue : il y en avoit peu parmi eux qui sçussent lire & entendre les meilleurs écrits des Anciens. Nous savons qu'Oppien qui dans ses Poésies avoit imité Homere en se servant des mêmes expressions & des mêmes mots, étoit in-intelligible pour les Grecs d'alors, comme Homere même (2). Cette ignorance leur rendit l'usage des Dictionnaires nécessaire pour l'intelligence de leur langue. Phrynichus, essaya d'apprendre aux Athéniens le langage que leurs peres avoient parlé. Mais il se trouva plusieurs mots

(1) Cresol. Theatr. Rhet. Lib. I. Cap. 4. p. 32.

dont on ne put plus déterminer la vraie signification. Les racines en étoient perdues ; il fallut en apprécier le sens par des suppositions arbitraires, & par des approximations.

## SECTION CINQUIEME.

### DÉCADENCE DE L'ART SOUS SEPTIME SEVERE.

#### §. I. *Des Ouvrages exécutés sous Septime Sévere.*

La grande décadence de l'Art après Commode se manifeste dans les Ouvrages publics que Septime Sévere fit élever peu de temps après. Il monta sur le trône un an après la mort de Commode ; Pertinax, Didius Julianus, Clodius Albinus, & Pescennius avoient régné & avoient été assassinés dans ce court intervalle. Sévere ne tarda pas à faire ressentir aux Athéniens les effets de sa colere. Il prétendoit en avoir reçu autrefois un affront dans un voyage qu'il avoit fait en Syrie. Il s'en vengea en les privant de tous les privileges que ses prédécesseurs leur avoient accordés (3). Les Ouvrages en relief qui sont sur son Arc & sur quelques autres,

(2) Conf. Bentley's Differt. upon Phalar. p. 406.
(3) Spartian. Sever. p. 594. Edit. Lugd. 1591.

que les orfevres travaillerent en ſon honneur & à leurs dépens, ſont ſi communs qu'il eſt ſurprenant que l'Art ait pu tellement décheoir dans l'eſpace de douze ans depuis la mort de Marc-Aurele. La Figure en relief, de grandeur naturelle, du Gladiateur Bato (1), qui eſt dans la Ville Pamphili, peut en ſervir de preuve: car ſi c'eſt la Statue du Gladiateur de ce nom qui fut enterré avec tant de pompe par ordre de Caracalla, on n'y aura pas employé le plus mauvais Artiſte. Philoſtrate fait mention d'un Peintre, nommé Ariſtodeme qui ſe diſtingua dans ce temps; il étoit éleve d'Eumelus.

La vue de ces Ouvrages feroit preſque douter s'il ſe trouvoit encore alors un Artiſte qui fût capable de jetter en bronze la Statue de Sévere qui eſt au Palais Barberini (2), quoiqu'on ne puiſſe par la regarder comme belle. La prétendue Statue de Peſcennius Niger (3) qui ſe révolta contre Sévere & qui en fut battu, feroit encore plus rare que la premiere, & que toutes les Médailles de cet Empereur, ſi elle le repréſentoit réellement; mais la tête reſſemble plus à Septime Sévere. Elle eſt au Palais Altieri. On a une ſeule Statue de Macrin, Suc-

(1) Frabretti Syntagm. de Columna Trajani Cap. 8. Montfauc. Ant. expl. T. III. pl. 154.

(2) Maffei Stat. n. 92.

(3) Maffei Stat. n. 110.

(4) Lamprid. Heliogab. p. 102. C.

cesseur de Caracalla, qui se trouve dans la Vigne Borioni.

§. II. *Sous Héliogabale.*

Une Statue de femme de grandeur naturelle qui se voit dans la Ville Albani, est réputée pour un Ouvrage du temps d'Héliogabale. Elle représente une personne âgée, avec un visage si mâle que la drapperie seule indique son sexe : les cheveux sont simplement peignés sur la tête, repris par derriere, & passés sous les autres. Elle tient un rouleau écrit dans la main gauche, chose extraordinaire dans une Figure de femme, qui a fait conjecturer que c'étoit la mere de cet Empereur qui parut au Conseil privé, & en l'honneur de laquelle on établit à Rome un Sénat de femmes (4).

§. III. *Sous Alexandre Sévere.*

Alexandre Sévere succéda à Héliogabale. Il rassembla de toutes parts les Statues des hommes célebres & les fit placer dans le *Forum* de l'Empereur Trajan. La Statue assise, de grandeur naturelle, de Saint Hyppolite, qui se voit dans la Bibliotheque du Vatican (5), est

(5) Quant à la preuve du nom que l'on donne à cette Statue dont la tête est neuve, voyez de Vignoles *Dissert. de anno Imp. Alexandri Severi quem præfert Cathedra marmorea S. Hyppoliti, Rom.* 1712. 4.

un Ouvrage de ce temps, & la plus ancienne Figure Chrétienne qui soit en pierre. Alors aussi les Chrétiens commencerent à jouir d'une plus grande considération qu'auparavant. Cet Empereur leur permit d'exercer librement leur Religion dans l'endroit où est à-présent l'Eglise dite *Sancta Maria in Trasterere* (1). En comparant cette Statue avec l'ouvrage de l'Arc de Septime Sévere, elle est au-dessus de l'Art de ce temps. On peut dire la même chose des grandes Urnes Sépulchrales d'Alexandre Sévere, & de Julie Mammæa qui sont de grandeur naturelle, sur le couvercle, & dans l'attitude de personnes couchées (2). Il faut que l'Artiste qui les fit ait été du nombre de ceux qui, en imitant les Anciens, surent s'élever au-dessus du mauvais goût de leur siecle.

## §. IV. *Statue de Pupiénus.*

LA Statue de l'Empereur Pupiénus, qui étoit ci-devant au Palais Vero pi, & qui a été vendue depuis peu, fut travaillée par un Sculpteur au-dessus de son siecle. Elle a dix palmes de hauteur. C'est une des Statues les mieux conservées de l'antiquité. Il ne lui manque que le bras droit jusqu'au coude. Elle a même gardé la croute argilleuse fine dont les Anciens couvroient

(1) V. Nardini Rom. p. 477.
(2) V. Bellori Sepulcr. Vet. Fig. 81.

leurs Ouvrages sous terre. La Figure tient de la main gauche le Parazonium ; il y a une corne d'abondance travaillée sur l'appui du pied droit. La premiere vue de cette Statue donne une idée beaucoup au-dessus de l'Art de ce temps. Elle montre d'abord de la grandeur & de l'élégance, mais dans le détail on remarque plusieurs parties fort au-dessous de la science des anciens Artistes. Les couleurs principales y sont bien, mais les nuances intermédiaires manquent entiérement, ce qui donne un air pesant à la Figure, & un contour trop grand pour sa proportion. Montfaucon se trompe donc quand il dit qu'il n'y avoit plus de Sculpture alors (3). Il y avoit autrefois au Palais Farnese la base d'une Statue de l'Empereur Gordien (4); mais elle n'y est plus.

## §. V. *Chûte totale de l'Art sous Galien.*

La véritable époque de la chûte totale de l'Art doit être fixée avant Constantin, pendant les troubles excités par les trente Tyrans qui s'éleverent sous Galien, c'est-à-dire vers le milieu du troisieme siecle. Les Connoisseurs en Médailles observent qu'après Galien, on ne frappa plus de monnoye d'argent en Grece. Mais plus les Médailles de ces temps furent de peu de valeur, plus on y répéta la Déesse *Moneta* ; ainsi

(3) Conf. Ficoroni Oss. sopra il Diar. Ital. di Monf. p. 14.

(4) V. Lips. Ant. Lect. Lib. V. Cap. 8.

l'honneur est un mot qui se trouve souvent dans la bouche d'une Personne dont l'honneur est un problême. La tête en bronze de Galien couronnée de Laurier, dans la Ville Mattei, est estimable par sa rareté.

On parle d'une Statue de Calpurnia, femme de Titus un de ces faux Empereurs ou Tyrans, mais sans-doute qu'elle a du être si commune qu'un mot obscur, dont l'explication a donné tant de tablature aux savans (1), ne peut contenir aucune circonstance importante pour l'Art.

## §. VI. *De l'Art sous Constantin.*

L'ÉTAT de l'Art sous Constantin se montre dans ses Statues dont il y en a une sous le portail de l'Eglise de St. Jean de Latran, & deux autres au Capitole; & dans quelques Ouvrages en relief de son Arc, dont tout le bon a été pris d'un Arc de l'Empereur Trajan. Il n'est donc guere croyable que l'ancien Tableau de la Déesse Roma qui se voit au Palais Barberini ait été fait du temps de Constantin. On a découvert en divers temps d'autres Peintures qui représentoient des ports &

(1) Trebellius Pollio (*Vita Titi*) dit: —— cujus Statuam in Templo Veneris adhuc videmus Argolicam, sed auratam. Baudelot (*utilité des Voyages T. I. p.* 174. *& suiv.*) a fait un examen prolixe de ce mot *Argolicam*; je croirois qu'il faudroit lire *argillaceam*. La Statue auroit donc été de terre cuite ou d'argile, mais

des vues ſur la mer, & qui, ſuivant l'Inſcription, pourroient bien être de ce temps (2); mais elles ſe ſont perdues: on en a ſeulement des deſſins en couleur dans la Bibliotheque de Mr. le Cardinal Albani. Mais les Peintures du plus ancien Virgile du Vatican, ne ſont pas trop bonnes pour le temps de Conſtantin, comme quelqu'un l'a penſé (3); Spenſe ne s'en ſouvenoit pas bien, lorſqu'il en parloit ainſi; il en jugeoit ſur les deſſins de Bartoli qui faiſoit paroître avec avantage ce qui n'étoit que médiocre. Il a de plus ignoré que par une relation écrite dans le même livre & du même âge, on peut prouver que cette copie a été faite du temps de Conſtantin le Grand (4). Le Térence peint de la même Bibliotheque paroît auſſi avoir été fait dans le même temps. Le célebre Peireſc, dans une de ſes Lettres manuſcrites conſervées dans la Bibliotheque du Cardinal Alexandte Albani, fait mention d'un autre ancien manuſcrit de Térence fait du temps de l'Empereur Conſtance, fils de Conſtantin le Grand, & dont les Figures peintes ont été du même Style que celles du premier.

---

dorée. Après avoir fait cette correction, je l'ai trouvée dans un Savant Allemand qui fait honneur à la Nation. *Triller Obſerv. Crit. Lib. IV. Cap. 6. p.* 328.)

(2) Burman. Syllog. Epiſt. Tom. V. p. 527.

(3) Spence Polymet. Dial. VIII. p. 105.

(4) Burman. l. cit. p. 194. & ſeq.

## §. VII. *Observation sur l'Architecture de ce temps.*

On doit se souvenir que, quand je parle de la décadence de l'Art de l'Antiquité, il s'agit surtout de la Sculpture & de la Peinture: car lorsque celles-ci déclinoient & approchoient de leur fin, l'Architecture fleurissoit dans un certain degré: l'on construisit alors à Rome des Ouvrages qui n'avoient jamais eu leurs pareils pour la grandeur & la magnificence, dans les plus beaux siecles de la Grece; & lorsqu'il y avoit peu d'Artistes en état de dessiner passablement une Figure, Caracalla faisoit bâtir ses bains magnifiques dont les décombres même semblent une merveille. Dioclétien voulut encore les surpasser dans la construction des siens; ce qui s'en est conservé suffit pour nous remplir d'étonnement; mais les entablemens des colonnes sont si surchargés de sculpture, que dans les jeux que cet Empereur fit donner, les Spectateurs furent accablés sous les fleurs qui s'en détacherent. D'après la derniere dimension prise par Mr. Adams, chaque côté du palais de cet Empereur à Spalatro en Illyrie, est long de sept-cens-cinq pieds d'Angleterre. Cet Edifice immense avoit quatre rues principales larges de trente-cinq pieds, & celle qui va depuis l'en-

(1) Rom. p. 187.

trée jusqu'au milieu de la place, a deux cens quarante-six pieds de longueur: la rue qui traverse celle-ci a quatre cens vingt-quatre pieds de long. De chaque côté de ces rues, il y avoit des Arcades larges de douze pieds, dont quelques-unes se sont conservées en entier. On avoit construit peu de temps auparavant les Temples & les Palais immenses de Palmyre dont la magnificence surpasse tous les autres bâtimens du monde, & dont on est forcé d'admirer le travail & les ornemens. Il n'y a pas autant de contradiction que le croit Nardini (1) à dire que les deux beaux morceaux d'un entablement très-artistement sculpté qui se voient au Jardin du Palais Colonna, pourroient bien être du temple du Soleil que l'Empereur Aurélien fit bâtir dans cette contrée. Pour bien comprendre ceci, il faut considérer que l'Architecture se sert d'une regle fixe & peu sujette à variation, que tout y est déterminé, que par conséquent il est plus aisé de lui donner de la permanence; d'où il est aisé de conclure qu'elle a dû être moins sujette à tomber en décadence. Cependant Platon avoue qu'un bon Architecte étoit une rareté dans la Grece (2). Malgré tout cela, il est inconcevable qu'au portail du temple faussement désigné pour celui de la Concorde, & rétabli par Constantin, suivant

(2) Amator, p. 237. l. 7. Edit. Basil.

une Inſcription qui n'exiſte plus (1) on ait poſé à rebours deux colonnes en mettant la partie inférieure ſur la ſupérieure.

§. VIII. *Statues maltraitées: Ouvrages conſervés.*

Conſtantin le Grand ayant donné la paix à ſon Empire, s'appliqua à faire fleurir les Sciences. Athenes, où les Orateurs ouvrirent de nouveau des Ecoles qui furent très-fréquentées, devint le centre ou lès Etudians accoururent de toutes les parties de l'Empire (2). Si l'extirpation de l'Idolatrie n'avoit pas fait changer de face au monde, on voit par les Ouvrages de quatre illuſtres Peres de l'Egliſe, ſavoir Gregoire de Naziance, Gregoire de Nyſſe, Baſile, & Jean Chriſoſtôme, que même après Conſtantin, la Nation Grecque n'auroit pas manqué de Génies & de talens juſques dans la Cappadoce. Comme ces Saints Peres de l'Egliſe donnerent un nouvel éclat à l'éloquence & à la pureté de la Langue Grecque, même après la décadence des Sciences, de ſorte qu'ils purent paroître avec honneur à côté de Platon & de Démoſthene, & qu'ils éclipſerent tous leurs contemporains, il étoit poſſible que l'Art ſe relevât de la même maniere. Mais tel fut le ſort de l'Art dans ces circonſtances, que quand quelqu'un com-

(1) Marlian Topogr. Rom. Lib. II, Cap. 10, p. 28.
(2) V. Creſol. Theatr. Rhet. p. 32.

mandoit une Statue, le Sculpteur soit faute de génie, ou par un motif plus blâmable, prenoit une Statue ancienne, la réformoit & l'ajustoit au caractere de celle qu'on lui demandoit par des additions ou retranchemens. On se servoit de-même d'Inscriptions antiques Romaines pour des tombeaux de Chrétiens, en mettant sur le revers une autre Inscription convenable au sujet (3). Flaminius Vacca (4) parle de sept Statues nues découvertes de son temps & surtravaillées par une main barbare. Une tête trouvée en 1757 sous d'anciennes ruines dans la Ville Albani, dont il n'existoit plus que la moitié, offre le mêlange d'un travail antique avec celui d'une main barbare: peut-être que celle-ci manqua de force & d'habilleté pour achever son ouvrage resté imparfait. Le cou & l'oreille indiquent le Style d'un Artiste ancien.

On ne trouve presque plus de vestiges de l'Art après le temps de Constantin. Il est à présumer que, comme l'on commença peu après à briser les Statues des Dieux à Constantinople, les Ouvrages de l'Art subirent en Grece le même sort. Pour empêcher un pareil desordre à Rome, on établit un Inspecteur des Statues, sous le titre de *centurio nitentium rerum*, qui avoit une troupe de soldats à ses ordres. Ils patrouilloient la nuit pour empêcher qu'on ne

(3) Conf. Fabret. Inscr. p. 168.
(4) Monfauc. Diar. Ital. p. 139.

mutilât ou brisât les Statues (1). Car lorsque la Religion Chrétienne commença à s'affermir, les temples payens furent pillés; & les Eunuques qui à la Cour des Constantins regnoient pour leurs Maîtres ornerent leurs Palais avec le marbre de ces temples (2). L'Empereur Honorius voulant réprimer ce désordre à Rome, porta une loi qui interdisoit les sacrifices, & conservoit les temples (3). On continua toujours à récompenser le mérite par des Statues. Stilicon & le Poëte Claudien eurent cet honneur sous le même Empereur. Il y a deux cens ans que l'on trouva la base de la Statue de Stilicon (4). On conserve à Constantinople deux Colonnes, dans le goût de celle de Trajan à Rome, qui furent exécutées & élevées sous le regne d'Arcadius (5). Les Ouvrages en relief de l'une ont été gravés d'après les dessins de Bellino, Peintre Vénitien que Mahomet II. fit venir à Constantinople, & il semble que l'Artiste en ait embelli l'Ouvrage dans le dessin; car le peu que nous connoissons de l'autre Colonne en donne une mauvaise idée, & differe infiniment de la premiére telle que la représente la gravure.

§. IX.

(1) V. Valef. Not. ad Ammian. Lib. XVI. Cap. 6. C.
(2) V. Ibid. ad Lib. XXII. Cap. 4. p. 299. b.
(3) Cod. Theodos. de Pagan. Lib. XV.

## §. IX. *De la décadence de la Ville d'Athenes, & de la destruction de Rome.*

SYNESIUS (6) nous apprend qu'environ soixante ans après que Bizance fut devenue le siege de l'Empire Romain, Athenes perdit entiérement sa splendeur. Il n'en resta plus que le nom & des ruines. Car, quoiqu'avant Constantin l'Empereur Valérien permît aux Athéniens de rebâtir les murs de leur ville qui étoient restés ruinés pendant quelques siecles depuis le temps de Sylla, ils ne se trouverent pourtant pas en état de résister aux Goths qui inonderent la Grece du temps de l'Empereur Galien. Athenes fut donc pillée; & Cedrenus nous dit que ces Barbares rassemblerent en un monceau autant de livres qu'ils en purent trouver pour y mettre le feu; mais que réfléchissant ensuite qu'il seroit plus à-propos d'occuper les Athéniens à la lecture, ils les leur rendirent. L'Art éprouvoit le même sort à Rome. Les Barbares prirent & saccagerent plusieurs fois cette ville; & les Romains même transportés d'une fureur féroce anéantirent des chef-d'œuvres qui ne devoient jamais être remplacés ni dans ce temps ni dans les âges futurs. Du temps de St. Jé-

(4) Marlian. Topog. Rom. Lib. II. Cap. 10. p. 29.
(5) V. Bandur. Imp. Orient, Tom. II. p. 508.
(6) Ep. 235.

rome (1) le temple magnifique de Jupiter Olympien étoit déja entiérement détruit. Dans l'année 537, ſous le regne de l'Empereur Juſtinien, Theodate Roi des Goths fit aſſiéger Rome par Vigitès qui livra un aſſaut à la ville du côté des *Moles Hadriani* : les aſſiégés ſe deffendirent avec des Statues qu'ils jettoient en-bas ſur les aſſiégeans (2). Il eſt à croire que le beau Faune dormant de la Gallerie Barberini ſervit dans ce ſiege : car lorſqu'on nettoya le foſſé de ce Château ſous le Pape Urbain VIII, on l'y trouva ſans jambes, ſans cuiſſes, & ſans le bras gauche. On y trouva auſſi la Statue de Septime Sévere, & non dans le foſſé du Château Gandolfo hors de Rome, comme Breval le dit (3).

## §. X. *Des prétendues Statues de Juſtinien & de Béliſaire.*

Plusieurs Ecrivains nous donnent une Statue preſque coloſſale qui eſt dans la Ville Giuſtiniani, pour celle de l'Empereur Juſtinien, & la maiſon Giuſtiniani a tâché de ſoutenir & d'accréditer cette opinion ſans fondement, par une Inſcription qu'elle y fit mettre il y a quelques années. Cette Statue toute médiocre qu'elle eſt, ſeroit une merveille de l'Art dans un temps

(1) Contr. Jovian. Lib. II.

(2) Procop. Hiſt. Goth. Lib. I, p. 202. Edit. Grotii.

si barbare. La tête est neuve, & faite d'après un jeune Marc-Aurele.

Il y a dans la Ville Borghese une Statue assise que l'on prend pour un Bélisaire demandant l'aumône ; mais c'est à tort. Cette méprise a été occasionnée par la main droite appuyée sur le genou & présentée de maniere à recevoir & à contenir quelque chose : car elle est creuse, ce qui peut avoir une signification particuliere. Nous savons qu'Auguste contrefaisoit le mendiant un jour chaque année en tendant la main creuse (*cavam manum*) pour recevoir l'aumône. Cette cérémonie se faisoit pour appaiser Nemesis (4), qui, selon l'opinion vulgaire, abaissoit les Grands de la terre. C'est par la même raison que l'on attachoit un fouet & des menottes, attributs de Nemesis, au char de triomphe des Vainqueurs, afin de les faire ressouvenir de l'inconstance des grandeurs, & leur dire que s'ils osoient s'enorgueillir de la pompe qui les environnoit dans ce moment, la vengeance divine les en châtieroit. Une belle Statue de Nemesis, assise dans les Jardins du Vatican, porte les attributs dont je viens de parler. Il se pourroit absolument que la Statue de la Ville Borghese fût un Auguste mendiant

(3) Remarks.

(4) Conf. Casaub. Animadv. in Sueton. p. 115. B.

à qui l'on auroit fait la main ouverte & prête à recevoir l'aumône.

Il y avoit jadis à Conſtantinople deux Statues de bronze, l'une de Juſtinien à cheval (1) & l'autre de Théodora ſon épouſe (2). On peut s'en former une idée par leurs Figures en moſaïque qui ſont à Ravenne, & qui ont été faites dans le même temps (3). La premiere de ces Statues étoit habillée comme Achilles, les jambes nues, avec des ſemelles pour chauſſure, & du reſte ſans armure : c'eſt ce que nous appellons Statue héroïque ou comme les grands hommes du temps des Héros.

## §. XI. *Dernier ſort des Ouvrages de l'Art à Rome.*

Constance, Empereur Grec, neveu d'Heraclius, vint à Rome l'an 663, & après un ſéjour de douze jours, il en enleva tout ce qu'il reſtoit d'Ouvrages en bronze, il fit même détacher les tuiles de même métal dont le Panthéon étoit couvert, & il transporta le tout à Syracuſe en Sicile. Peu après ſa mort, ce tréſor paſſa entre les mains des Saraſins qui emporterent le tout à Alexandrie (4).

---

(1) Procop. de Ædific. Lib. I. Cap. 2. p. 10.
(2) Ibid. Cap. 11. p 25.
(3) Aleman. Not. in Procop. Hiſt. arcan. Cap. 8. p. 110. Cap. 10. p. 123.
(4) Anaſtaſ. Vit. S. Vitaliani & Adeodati. Paul. Diac.

## §. XII. *Ouvrages conservés à Constantinople.*

Il resta seulement à Constantinople quelques Ouvrages échappés à la destruction générale en Grece & à Rome. Tout ce qui n'avoit pas péri y fut transporté, jusqu'à la Statue de bronze du muletier avec son âne (5), qu'Auguste fit faire à Naples après la bataille qu'il gagna contre Antoine & Cléopâtre. La Pallas de l'Isle Lindus, Ouvrage de Scyllis & de Dipœnus (6), Statuaires qui fleurissoient avant le temps de Cyrus, se conserva à Constantinople jusqu'à l'onzieme siecle. Il s'y trouvoit en même temps le Jupiter Olympien de Phidias, une des plus grandes merveilles de l'Art, la belle Vénus de Gnide de la main de Praxiteles, la Statue de l'Occasion par Lysippe, & une Junon que le même Artiste avoit faite pour Samos. Il est vraisemblable que tous ces chefs-d'œuvres furent détruits dans la prise de Constantinople sous Baudouin au commencement du treizieme siecle; car nous savons que l'on fondit alors les Statues de bronze pour en faire de la monnoye, & un Auteur de ce temps nous apprend que la Junon de Samos en particulier eut un pareil sort (7). Je prends néanmoins pour une hy-

Hist. Longob. Lib. V. Cap. 11.

(5) Glycas Annal. P. III.

(6) Cedren. p. 322. B.

(7) Frag. hist. Mich. Choniatæ ap. Fabric. Bibl. Græc. T. VI. p. 406.

perbole ce que cet Ecrivain dit du poids de la tête de cette Junon, qui après qu'elle fut brisée fit, selon lui, la charge de trois chariots. L'exagération sert toujours à donner une idée de la grandeur de cet Ouvrage, qui étoit véritablement colossal.

*Conclusion de cette seconde Partie.*

Peut-être ai-je déja passé les bornes que je devois me prescrire comme Historien de l'Art. Quoiqu'en suivant sa décadence, j'aie ressenti toute la douleur qui pénétreroit un cœur vraiment patriotique forcé de parler de la destruction de son pays, je n'ai pu m'empêcher de suivre le sort de l'Art aussi loin que la portée de ma vue. Ainsi une amante contemple du bord du rivage le vaisseau de son amant qui fuit devant elle ; elle le suit des yeux, & croit encore en voir l'image sur la voile éloignée. Il ne nous reste, comme à cette amante qu'une ombre légere de l'objet de nos souhaits. La perte de cet objet irrite nos desirs ; & peut-être si nous avions les originaux, nous les examinerions avec moins d'avidité & d'attention que nous n'étudions leurs copies. Nous nous trouvons souvent dans le cas des gens qui veulent à toute force voir des spectres où il n'y en a pas. Le nom de l'antiquité est devenu une prévention favorable pour tout ce qu'il décore : prévention qui du reste n'est pas tout-à-fait infructueuse. Il est bon de se propoſer de trouver beaucoup, afin qu'en cherchant on trouve quelque choſe. Si les Anciens avoient été moins riches, ils auroient mieux écrit ſur l'Art : nous ſommes, en comparaiſon d'eux, comme des héritiers mal partagés. Nous faiſons tous nos efforts, & après bien des tentatives, nous parvenons en raſſemblant des concluſions iſolées, à une aſſurance, au moins à une probabilité dont nous pouvons tirer plus de profit & d'inſtruction que des écrits des Anciens ſur l'Art où nous trouvons de l'hiſtorique & ſeulement quelques traits de pénétration ; ſans aucune obſervation ſur l'intrinſeque de l'Art. Enfin il ne faut pas avoir honte de chercher la vérité aux dépens de ſa propre réputation ; & quelques-uns doivent errer afin que pluſieurs trouvent le bon chemin.

FIN.

www.ingramcontent.com/pod-product-compliance
Ingram Content Group UK Ltd.
Pitfield, Milton Keynes, MK11 3LW, UK
UKHW012152240726
13966UKWH00002B/283